En Busca del

Cielo
en la
Tierra

CÓMO ENCONTRAR LO QUE REALMENTE VALE EN LA VIDA

En Busca del
Cielo
en la
Tierra

DAVID
JEREMIAH

La misión de Editorial Vida es ser la compañía líder en satisfacer las necesidades de las personas con recursos cuyo contenido glorifique al Señor Jesucristo y promueva principios bíblicos.

EN BUSCA DEL CIELO EN LA TIERRA
Edición en español publicada por
Editorial Vida – 2006
Miami, Florida

©2006 por Editorial Vida

Originally published in the USA under the title:
    Searching for Heaven on Earth
    © 2004 by David Jeremiah
Por Integrity Publishers

Traducción: *Miguel Mesías*
Edición: *Madeline Díaz*
Diseño interior: *Cathy Spee*

RESERVADOS TODOS LOS DERECHOS.

Esta publicación no podrá ser reproducida, grabada o transmitida de manera completa o parcial, en ningún formato o a través de ninguna forma electrónica, fotocopia y otro medio, excepto como citas breves, sin el consentimiento previo del publicador.

ISBN: 0-8297-4678-1

Categoría: Vida cristiana / Vida espiritual / General

Impreso en Estados Unidos de América
Printed in the United States of America

IMPRESO EN ESTADOS UNIDOS DE AMÉRICA
PRINTED IN THE UNITED STATES OF AMERICA

12 13 14 15 ❖ 7 6 5 4 3 2

*Dedicado
a
la facultad, el personal y los estudiantes
de
Christian Heritage Collage
en
El Cajón, California.*

Contenido

Reconocimientos	9
Prefacio	11
Introducción	15
1. ¿Será interminable el círculo?	23
2. Aburrido hasta el cansancio	33
3. Búsquedas triviales	43
4. Profesiones que zozobran	55
5. Impresiones en cuanto a la vida	67
6. Nociones acerca de Dios	77
7. Lea las instrucciones	89
8. Cuando la justicia no lo es	97
9. De la opresión a la obsesión	107
10. Cuando $1 + 1 > 2$	117
11. Un Dios que no puede ser usado	131
12. Los gobiernos nunca cambian	141
13. Dinero y sentido	151

14. Dinero sin significado	161
15. Trabajo sin alegría	171
16. Salomón contesta a sus preguntas	181
17. El gozo de la miseria	189
18. El placer de la represión	197
19. El camino duro hecho fácil	205
20. Tiempo de proseguir	213
21. La perspectiva de la sabiduría	221
22. El poder de la sabiduría	231
23. Es difícil ser humilde	239
24. Cuando se pronuncia la palabra prohibida	251
25. ¡La vida hace trampas!	261
26. Insensatez en las cosas pequeñas	271
27. Insensatez en el liderazgo	281
28. Trabajo, vocabulario y locura	291
29. La vida es incierta: ¡Abrácela!	303
30. La vida es corta: ¡Disfrútela!	313
31. La vida es misteriosa: ¡Examínela!	325
Conclusión: La vida es obediencia: ¡Exprésela!	333
Notas	339

Reconocimientos

Cuando veo la palabra «reconocimiento» me parece poco apropiada y muy fría. No quiero dar reconocimiento a las siguientes personas. Quiero expresar mi profunda gratitud a cada una de ellas. Quiero decirles: «gracias».

A William Kruidenier y Rob Morgan por su investigación y sus muchas sugerencias útiles.

A Rob Suggs, mi editor favorito, que siempre hace que mis escritos suenen mejor de lo que me merezco. ¡Rob, qué don te ha dado Dios!

A Dianne Stara y Lois Spain, que han leído y vuelto a leer este manuscrito con el propósito de hacer que la gramática esté como es debido.

A Diane Sutherland, mi asistente administrativa, que protege mi tiempo y me hace posible tener las horas que necesito para una asignación tan retadora.

¡A Helen Barnhart! Helen, ¿qué haríamos sin ti? Has manejado este proyecto de comienzo a fin, coordinando nuestros esfuerzos con el publicador, investigando las referencias, leyendo y volviendo a leer cada borrador, y mucho más.

A mis maravillosos amigos de Integrity Publishers, Byron Williamson y Joey Paul. Ustedes han hecho de este libro todo lo que yo soñé que podía ser.

A Sealy Yates y a todo el equipo literario Yates. ¡Sealy, sin ti, a lo mejor me hubiera dado por vencido hace muchos años! Gracias por tu constante ánimo y motivación.

Reconocimientos

A mi hijo, David Michael, que administra el creciente ministerio Turning Point para que yo tenga el tiempo para estudiar, pensar y escribir.

A Paul Joiner, la persona más creativa que jamás he conocido, por sus ideas y sugerencias.

A Barbara Boucher, que administra fielmente mi oficina en Shadow Mountain Community Church.

Al equipo principal de líderes de Shadow Mountain Community Church. Ustedes administran el ministerio cotidiano de esta congregación para que así yo pueda tener el tiempo de poner por escrito estos principios que cambian vidas.

A mi maravillosa esposa, Donna, que me permite trabajar hasta tarde en la noche y largas horas durante el día, lo cual inevitablemente es parte del proyecto de un libro. Su fe en mí me mantiene entusiasmado por las oportunidades maravillosas que Dios nos ha dado para tocar las vidas de la gente con estos escritos.

Más que a nadie, a mi maravilloso Señor y Salvador, Jesucristo. Este libro es en última instancia acerca de ti... ¡porque tú eres el fin de la búsqueda del cielo en la tierra!

—David Jeremiah
Oceanside, California

Prefacio

Permítame empezar con una pregunta difícil: ¿Está la felicidad todavía a nuestro alcance? ¿Puede haber una vida plena en una generación vacía?

Para hacer la pregunta en otras palabras: ¿Hay algún rincón aislado, algún recoveco escondido, alguna colina distante donde uno pueda encontrar el toque genuino del cielo en la tierra?

Ninguna respuesta trivial servirá. Esta pregunta en particular es muy urgente e importante para la mayoría de nosotros. ¿Dónde está la puerta evasiva, o a lo mejor simplemente una cerradura, donde podamos alcanzar un vistazo borroso del Edén que sabemos en nuestros corazones que debería ser esta tierra?

A lo mejor la felicidad perfecta es simplemente otro mito... un ensueño vacío compuesto de ilusiones y «qué tal si». A lo mejor no hemos encontrado el mapa del tesoro que nos enseñe dónde encontrar lo que en realidad vale la pena en la vida.

O quizás solo hemos estado buscando en los lugares equivocados. ¿Podría ser que una vieja y polvorienta composición encerrada en las páginas de un libro, que tal vez tenga en su propia casa, tenga un mensaje que usted y yo hemos pasado por alto?

Considere Eclesiastés: fue escrito hace miles de años, no es muy conocido, está escondido profundo en el medio de su Biblia, y es muy raramente perturbado por el pastor formal o el lector casual en estos días tan ruidosos y ajetreados. Ah, una cosa más acerca de este libro... fue escrito por el hombre más sabio de la tierra: Salomón. ¿Lo recuerda? Claro, nos sentimos cómodos con sus expresivos aforismos que se encuentran en el libro que le precede a este, y que conocemos como Proverbios.

Pero Eclesiastés... aparte de unos pocos «éxitos de cartelera» sacados de sus páginas, usted a lo mejor pasa toda su vida sin visitar Eclesiastés ni una sola vez.

Lo más probable es que se sorprenda, sin embargo, por las nociones impresionantemente modernas de este libro acerca de la condición humana. Su mensaje es contemporáneo como un libro de texto de una universidad postmoderna, una entrevista a alguna celebridad, o incluso una nota de suicidio de un adolescente. Es como un «E-mail» urgente (E por Eclesiastés) escrito hace una hora.

En él no se muestra al Salomón «proverbial», sino a un individuo cansado y desesperado, que clama hacia el vacío sus preguntas de pasión y existencia: ¿Por qué me siento tan vano? ¿Por qué los buenos pierden tan a menudo? ¿Por qué las sombras de la muerte oscurecen la luz de la vida?

Desde la soledad de un palacio atestado de gente, él expresa sus propias aflicciones... las cuales encuentran eco en Courtney Love, quien desde los palacios de la cultura popular actual cantaba: «Es el vacío que te sigue al caer. Es el dolor de adentro cuando todo arde y se consume».[1]

Salomón toca el nervio de este año. Señala los mismos lugares donde usted y yo hemos sufrido últimamente con el dedo hábil de un médico que le dice: «¿Le duele... *justo aquí?*»

Salomón explora preguntas como: ¿Qué fue lo que nos empujó a usted y a mí a realizar esfuerzos errados? ¿Las relaciones imprudentes? ¿Los hábitos destructivos? ¿Cómo podemos salir ahora de todo eso, o es ya demasiado tarde?

Sus ojos caen sobre las sombras que cubren nuestros corazones, y describe los problemas y lamenta junto a nosotros este viaje tan incómodo, como grilletes en nuestros pies que anhelan correr libres.

Oiga los títulos arduamente forjados de Salomón: monarca ungido, arquitecto visionario, hijo atesorado de David. Sí, él es todo esto. Pero en el análisis final, es un espécimen humano herido más en la sala de espera del Gran Médico, donde el resto de nosotros hemos estado sentados por meses, años o décadas.

Sin embargo, necesitamos conocer a este Salomón, porque por la gracia y la maravilla de Dios sus heridas están entremezcladas con sabiduría. Su dolor está coloreado por la percepción. Y no es *a pesar de*, sino *debido a* su sufrimiento —suplido desde el principio por un don regalo especial de Dios— que Salomón llega a ser conocido como *el hombre más sabio en la faz de la tierra*. Puede irnos mucho peor en cuanto a facultad en la escuela de la vida.

Escuche, entonces, a la voz de la sabiduría y la experiencia; la voz que, si usted está dispuesto a escucharla, le hablará directo a la carne, los huesos, y las células sanguíneas de su vida. Prepárese para que los secretos antiguos renueven y vuelvan a forjar su corazón, mente, cuerpo y espíritu, para que pueda recuperar la felicidad que ha perdido.

Esta no es solo la voz de Salomón; una voz mucho más profunda, más silenciosa, y sin embargo mucho más poderosa irrumpe a través de su hastío y desesperación. Esta anhela bendecir su vida con sabiduría y llevarle a la cumbre del monte donde pueda vislumbrar lo que parece ser imposible: el cielo en la tierra.

Introducción
Eclesiastés 1:1-3

En el amplio mundo de la poesía el nombre de John Berryman se remontó hasta la elite de su siglo. Parecía que había logrado toda conquista que cualquier poeta hubiese anhelado. Era profesor universitario y muy querido. Encima de una repisa tenía el premio Pulitzer, recibido por sus *77 Dreams Songs* [77 cantos de ensueños], audaz e innovadora colección que apareció en 1965. La amplia aclamación le trajo fama, amigos y seguidores. Parecía que había encontrado la vasija de oro al final del arco iris.

Pero un día helado, en enero de 1972, llegó a la última estrofa. El poeta cruzó un puente en Minnesota, saludó con la mano a un extraño, y saltó a su muerte en el congelado río Mississippi.

¿Por qué?

«A los cincuenta y cinco, medio famoso y eficaz», había escrito, «todavía me siento muy mal con respecto a mí mismo». En uno de sus poemas Berryman escribió: «Después que todo se ha dicho, y todo *ha* sido dicho, el hombre es un cúmulo de necesidad».[1]

¿Se siente a veces de esta manera? ¿Muy mal con respecto a sí mismo? ¿Un *cúmulo de necesidad*?

En una reciente encuesta se les preguntó a siete mil novecientos cuarenta y ocho estudiantes, en cuarenta y ocho universidades, lo que consideraban «muy importante» para ellos. El estudio, conducido por científicos de la universidad de Johns Hopkins, informó que el dieciséis por ciento de los universitarios respondieron «ganar mucho dinero».

No podemos sorprendernos demasiado. Aun así, un asombroso setenta y cinco por ciento dijo que su primera meta era «hallar un propósito y significado para la vida».

El psicólogo Carl Jung, en su libro *Modern Man in Search of a Soul* [El hombre moderno en búsqueda de un alma], escribió: «Alrededor de un tercio de mis pacientes no sufren de una neurosis que sea definible clínicamente, sino de una falta de sentido y un vacío en sus vidas. Esto se puede describir como la neurosis general de nuestro tiempo».[2] Jung escribió estas palabras a principios del siglo veinte, pero con cada año y década que pasa la verdad de ellas ha llegado a ser más obvia.

Víctor Frankl, que sobrevivió al Holocausto, produjo un volumen influyente titulado *Man's Search for Meaning* [La búsqueda del hombre por significado], en el cual escribió: «El vacío existencial es un fenómeno ampliamente extendido del siglo veinte».[3]

Ese sentido de vacío extendido al nivel de la humanidad nos ha perseguido hasta el siglo veintiuno. El libro de Rick Warren, *The Purpose-Driven Life* [Una vida con propósito] ha estado en la lista de éxitos de librería del *New York Times* porque recoge esta necesidad muy bien. En cada uno de nosotros yace un deseo intenso de comprender el *porqué* de nuestra existencia.

En su introducción Warren describe una encuesta realizada por el Dr. Hugo Moorhead, profesor de filosofía en la Universidad Northeastern de Illinois. Moorhead escribió a doscientos cincuenta filósofos, científicos, escritores e intelectuales famosos, haciendo una pregunta sencilla: «¿Cuál es el significado de la vida?» Algunos ofrecieron sus mejores suposiciones; otros admitieron que solo inventaron una respuesta; y otros más confesaron con sinceridad que no tenía ni la menor idea. ¡Varios de los intelectuales incluso le pidieron a Moorhead que les escribiera de nuevo y les dijera si *él* había encontrado el propósito de la vida![4]

La conclusión es inquietante: en nuestros tiempos los sabios andan escasos de sabiduría.

Tal vez por eso miramos a nuestro alrededor a muchos de nuestros jóvenes, esperando ver felicidad, humor y energía contagiosa, solo para encontrar abuso de substancias químicas, promiscuidad y suicidio.

Alguien me dio hace poco una copia de una nota anónima de suicidio de un estudiante universitario que decía:

A cualquiera en el mundo que le interese: ¿Quién soy? ¿Por qué estoy viviendo? La vida ha llegado a ser insensata y sin propósito. Nada tiene sentido. Las preguntas que tenía cuando llegué a la universidad siguen sin respuesta y ahora estoy convencido de que no hay respuestas. Hay solamente dolor, culpa y desesperación en este mundo. Mi temor a la muerte y a lo desconocido es mucho menos aterrador que la perspectiva de la insoportable frustración, inutilidad y desesperanza de una existencia continuada.

El sabio de los sabios

Nada de esto es nuevo. Los tiempos pueden estar cambiando, pero la naturaleza humana no. No podemos sentir ni una sola hebra de emoción que no haya sido sentida un millón de veces con anterioridad. Los más sabios de los sabios han participado por completo de nuestro quejumbroso clamor al cosmos, incluyendo al más sabio de ellos: el rey Salomón. A pesar de su éxito, a pesar de su lujosa riqueza, de estar rodeado de grandes hombres y de esposas hermosas y concubinas, y de ser sumamente bendecido por Dios, Salomón también sentía todo lo que usted y yo sentimos ahora.

El libro de Eclesiastés es un mapa de ruta interno de su jornada... un testamento de su búsqueda por significado. Se yergue en forma singular en la Biblia como clásico del mundo real, filosofía de todos los días, visto por los ojos del hombre más poderoso, influyente y educado del mundo de esos tiempos.

Salomón era rey de Israel. Encontramos su historia, tanto privada como política, en once capítulos extraordinarios en el libro que llamamos 1 Reyes. Cuando nació este hijo de David y Betsabé, el Señor le puso un nombre especial: *Jedidías*, que significa «amado del Señor». Así que desde el mismo principio había un aire de grandeza y destino que rodeaba a este príncipe.

Imagine el increíble día de la ascensión de Salomón al trono de Israel, quien reflejaba la gloria de la desenfrenada popularidad de su padre y sus logros sin precedentes. Dios le pide al recién coronado rey Salomón que haga una petición (1 Reyes 3:5).

¿Puede imaginarse que se le conceda tal privilegio? ¿Qué hubiera escogido usted, después de haber recuperado la respiración y reflexionado en las inauditas posibilidades? Salomón tuvo la oportunidad de pedir miles de vidas... y escogió el don de la sabiduría.

Al Señor le agradó eso. La mayoría de sus hijos, observó él, hubieran optado por largos años de vida o riquezas sin límites. Se necesitaba sabiduría para pedir sabiduría; Salomón entendía que este don precioso es la clave que abre la puerta a todo otro deseo legítimo.

Le fue concedida esa sabiduría, y Salomón disfrutó de una vida encantadora por muchos años. Toda decisión parecía ser sensata y perceptiva. Su pueblo lo amaba. Y su legado más grande de todos, su logro culminante, fue construir el templo de Jerusalén: una residencia maravillosa para Dios y su pueblo. Al terminar este proyecto, cumplió el sueño tanto de su padre terrenal como celestial.

Durante su reinado la nación de Israel alcanzó su edad de oro. Llegó a ser el imperio que siempre había tenido la capacidad de ser: una luz para el mundo antiguo. Gobernantes de muchas naciones, incluyendo a la reina de Sabá, hicieron peregrinajes a Jerusalén para rendirle homenaje a Salomón.

Qué maravilloso sería si el final de la vida de Salomón y de la edad de oro de Jerusalén pudiera expresarse con la frase: «vivieron felices para siempre». Tal cosa no sería así, ni para el hombre ni para la nación. La riqueza inmensa de Salomón, su fama, y en especial sus apetitos sensuales empañaron su posición ante Dios. La riqueza, el poder y el placer pueden ser peligrosos incluso en manos de sabios; estas cosas no quieren ser dominadas, sino dominar. Salomón se encontró en dificultades ante Dios, quien le había dado suficiente previsión como para saber mejor. El desvío vino despacio, engañosamente, pero mientras más se alejaba del Señor y Creador, su vacío, frustración y confusión se hacían mayores.

La maldición de la vida de Salomón, y tal vez algo reconociblemente suyo, se puede rastrear en los tres libros bíblicos que nos ha legado.

En la mañana de su vida vino Cantar de los Cantares, una rapsodia de un romance apasionado.

Introducción

En el atardecer de su vida vino Proverbios, libro de reglas celestiales para una vida terrenal en las calles principales de este mundo.

Finalmente, en el anochecer de su vida vino Eclesiastés, retrospectiva lamentable. En los años del desilusionado otoño de su vida, Salomón vuelve a visitar el desastre de una existencia desperdiciada. Desprovisto ya de la proverbial sagacidad trata de darle una última estocada a la redención: un esfuerzo por impedir que otros sigan su propio sendero peligroso, cuesta abajo, a la destrucción.

«Es lo que aprendemos *después* de saberlo todo lo que en realidad cuenta», dijo alguien una vez. Si Eclesiastés fuera una película, los cartelones a lo mejor dirían: «Salomón ha vuelto... *¡y esta vez es personal!*»

Eclesiastés es en verdad un libro personal. Salomón presidió personalmente sobre una temporada de cuarenta años de paz. Libre de los rigores consumidores del comando militar, tuvo tiempo para pensar y escribir.

Por sí mismo había acumulado la riqueza de un imperio. Las riquezas del mundo estaban a su disposición, así como también el consejo de los reyes de todo el mundo Mediterráneo.

Sobre todo, Salomón había navegado por la vida como el hombre más inteligente y mejor educado de su tiempo. Él escribe: «Me puse a reflexionar: "Aquí me tienen, engrandecido y con más sabiduría que todos mis antecesores en Jerusalén, y habiendo experimentado abundante sabiduría y conocimiento. Me he dedicado de lleno a la comprensión de la sabiduría"» (Eclesiastés 1:16-17).

El nombre tradicional de este libro, *Eclesiastés,* y el título del autor en el versículo 1, «Maestro», vienen ambos del mismo término hebreo: *kohelet.* Este término describe a uno que convoca una asamblea de sabios y sirve como portavoz principal. Salomón escogió esta palabra como su seudónimo para Eclesiastés. A lo mejor en vez de «Maestro» deberíamos llamar a Salomón el «Investigador» o el «Buscador».

Vacío en la cumbre

Éstas son las palabras del Maestro, hijo de David, rey en Jerusalén.

Introducción

> *Lo más absurdo de lo absurdo,* —dice el Maestro—,
> *lo más absurdo de lo absurdo,*
> *¡todo es un absurdo!*
> *¿Qué provecho saca el hombre*
> *de tanto afanarse en esta vida?*
>
> —Eclesiastés 1:1-3

Salomón comienza su libro con una conclusión: «Vanidad de vanidades, todo es vanidad» (Eclesiastés 1:2, RVR).

De inmediato nos tropezamos con la palabra *vanidad*. Así que conozcamos más de cerca esta palabra, ya que se va a cruzar en nuestro camino más de treinta veces en este libro. En estos tiempos relacionamos la vanidad con una actitud egoísta; con el hombre o la mujer que se dedica exageradamente a su propia persona. La vanidad siempre se basa en una ilusión. Una vez una mujer le dijo a su pastor: «Cuando confieso mis pecados, el pecado que más confieso es la vanidad. Todas las mañana me admiro a mí misma en el espejo por media hora».

A lo que el pastor respondió: «Estimada señora, eso no es el pecado de la vanidad. Usted sufre del pecado de la imaginación».

En la forma en que Salomón usa esta palabra en su texto antiguo hebreo se refiere a lo vacío, a lo transitorio y lo que tiene escaso significado. En este caso, la vanidad se relaciona con el vapor que solo dura por un momento antes de desaparecer con rapidez, sin dejar nada en su lugar. La versión en inglés *The Message* [El Mensaje] parafrasea el versículo 2 de esta manera: «Humo, nada más que humo. [Eso es lo que el Buscador dice.] No hay nada de nada; todo es humo».

¡Hablando de tener humo en los ojos! Imagínese llegar a la cumbre solo para encontrar que todo es humo, ilusión, vapor, nada, vacío.

Jack Higgins, el famoso autor de éxitos de librería tales como *The Eagle Has Landed* [El águila ha aterrizado], dice que algo que sabe ahora y que desearía haber sabido de pequeño es esto: «Cuando uno llega a la cumbre, no hay nada allí».

Salomón subió por la misma escalera y descubrió lo mismo. *No hay nada allí; todo es vanidad.* Su repetición de la palabra *vanidad* era un recurso poético hebreo que intensificaba el significado. Estaba diciendo: «La vida completa, absoluta y total no tiene significado».

El estadista judío, Abba Eban, cuenta de su encuentro con Sir Edmund Hillary, el primer hombre que ascendió el Monte Everest.

Eban le preguntó a Hillary lo que sintió exactamente cuando llegó a la cumbre. Hillary contestó que hubo un fogonazo inmediato de un éxtasis triunfal... por un momento fugaz. Rápidamente lo reemplazó un sentido de desolación. ¿A qué otro lugar podía ir desde allí? ¿Qué otras montañas quedaban por escalar?[5]

De forma interesante, otro alpinista del Everest expresó un sentimiento similar. En mayo de 1996 el periodista Jon Krakauer fue parte de una expedición que alcanzó la cima del Everest. Doce de sus compañeros murieron en ese ampliamente publicado descenso, historia que Krakauer relata en su libro escalofriante *Into Thin Air*. Sin embargo, comienza su relato describiendo lo que sintió el 10 de mayo de 1996, al alcanzar el punto más alto de la tierra:

> Sentado en la cumbre del mundo, con un pie en China y el otro en Nepal, limpié el hielo de mi máscara de oxígeno, agazapé un hombro en contra del viento y contemplé ausente hacia lo vasto del Tíbet ... Había estado soñando con fantasías sobre este momento, y con la liberación de emociones que debería acompañarlo, por muchos meses. Pero ahora que al fin estaba aquí, parado en realidad en la cúspide del Everest, simplemente no podía hacer acopio de energía para que me importara ... Con rapidez tomé cuatro fotografías ... y entonces me volví y me dirigí hacia abajo. Mi reloj marcaba la 1:17 p.m. Eso fue todo, pasé menos de cinco minutos en el techo del mundo.[6]

Salomón pasó cuarenta años en el techo de la historia, simplemente para sentir el mismo rompecabezas insípido del anticlímax. No solo hay vacío en la cumbre, sino que hay vacío abajo; y en toda parte entre uno y otro extremo. La vida, en sí misma y por sí misma, es un conjunto de electrones que recorren en silencio sus revoluciones atómicas determinadas; células que se dividen y vuelven a dividir; la naturaleza reciclando sus rituales ad infinitum. *Vacío. Vanidad.* Como Peggy Lee solía cantar: «¿Es esto todo lo que hay?

Introducción

Pienso que usted sabe exactamente de lo que estoy hablando. ¿Qué encontró en el Everest de su propia vida? A lo mejor recibió la promoción, se ganó la lotería, disfrutó de las vacaciones soñadas, publicó el libro... todo por la corona de espinas del abatimiento no esperado. Es ese vacío horrible, no la primera cana ni el cumpleaños no bienvenido, el verdadero culpable que agota nuestra adrenalina juvenil. Es el vacío del éxito, no la totalidad del fracaso, lo que nos desalienta al final.

Los sueños se realizan, no gratis, y parte de ese precio es darse cuenta de que, una vez más, esa felicidad elusiva se ha escapado de nuestras manos. Muy adentro en la quietud de nuestras almas algo sugiere que una vez más hemos buscado en el lugar equivocado. Si se puede hallar el cielo en la tierra, ninguna montaña puede ser lo suficiente alta, ningún océano puede proveer la profundidad necesaria. La búsqueda debe continuar en alguna otra parte.

Venga, entonces, y únase a la búsqueda. Escale con Salomón al techo del mundo y capte una visión panorámica. Luego descienda otra vez y ande con él por las avenidas de la vida.

Nuestra jornada conjunta de descubrimiento está diseñada para durar un breve mes. Tome un capítulo a la vez, una lectura corta por día. Esto es, después de todo, no una caminata rápida sino un peregrinaje crucial. A lo mejor usted nunca emprenda una jornada de mayor importancia. Tal vez va a querer detenerse y oler una rosa o dos, captar una verdad más profunda, sentarse y reflexionar antes de pasar al siguiente capítulo breve, pero que contiene una gran verdad.
Aprenda a conocer a Salomón —rey, filósofo, mujeriego, viejo sabio— como nunca lo ha conocido.

Luego, un mes más tarde, descansaremos como niños, libres y sin cargas, sin el peso del mundo sobre nuestros hombros... porque habremos encontrado, al fin, el objeto de nuestra búsqueda, la verdadera estrella polar de todo viaje, la luz que nunca se apaga de nuestras esperanzas más preciadas: el cielo en la tierra.

1
¿Será interminable el círculo?
Eclesiastés 1:4-7

El campo de concentración nazi Sobibor estaba situado en los pintorescos bosques cerca del río Bug, que separa a Polonia y a Rusia. La belleza natural del escenario se presentaba en marcado contraste con la pestilencia y el horror del campamento, donde la tortura y la muerte le esperaban a todo hombre, mujer y niño que llegaba allí.

El 14 de octubre de 1943 los trabajadores judíos esclavos en Sobibor sorprendieron a sus captores usando sus palas y picos como armas en un ataque muy bien planeado. Algunos de los prisioneros judíos cortaron la electricidad de la cerca y usaron pistolas y rifles arrebatados para abrirse paso por entre los guardias alemanes. Otros cientos huyeron a la carrera por entre el alambre de púas y los campos minados, a la potencial libertad del bosque cercano.

De los setecientos prisioneros que tomaron parte en la evasión, trescientos llegaron al bosque. De ellos, se sabe que menos de cien sobrevivieron. A los restantes los alemanes los capturaron y los ejecutaron.

Uno de los sobrevivientes fue un hombre llamado Thomas Blatt, o Toivi, como le conocían en su tierra natal de Polonia. Toivi tenía quince años cuando su familia fue llevada a Sobibor. Sus padres fueron ejecutados en la cámara de gas, pero Toivi, joven y sano, era un candidato excelente para el trabajo forzado. En la confusión del escape, Toivi intentó gatear por un agujero en la cerca de alambre de púas, pero fue pisoteado por los prisioneros que salieron corriendo por aquel lugar. Como resultado, fue uno de los últimos en salir del campamento.

Toivi y dos de sus compañeros emprendieron un recorrido de pesadilla por el denso bosque. De día descansaban debajo de plantas y ramas que servían de camuflaje; de noche se abrían penosamente camino por entre la negra extensión de árboles y follaje. Los empujaba su vigor juvenil y el temor, la determinación y la desesperación. Y de forma más significativa, los empujaba esa cosa elusiva de la que ahora se habían apropiado nuevamente: *la esperanza*.

Lo que necesitaban y anhelaban era un guía: alguien que supiera leer las estrellas, que pudiera distinguir entre el norte y el sur, entre el este y el oeste. Eran muchachos de ciudad que carecían de habilidades en un campo abierto.

Después de cuatro noches de tropezar por el bosque helado, los tres jóvenes vieron a la distancia la silueta de un edificio contra el firmamento oscuro. ¿Podría ser un santuario? ¿Tal vez un leñador que les pudiese ayudar a llegar a un sitio seguro? Con esperanza y una gratitud creciente, se dieron prisa para avanzar.

Al acercarse notaron que el edificio que habían visto era una torre: una torre familiar. ¡Era parte del campo de concentración de Sobibor! Los tres jóvenes habían dado un círculo gigantesco por el bosque y terminaron exactamente donde habían comenzado.
Aterrorizados y horrorizados, retrocedieron una vez más a los brazos del bosque que les esperaba. Pero solo Toivi vivió para contar su espantosa experiencia.[1]

¿Se ha sentido alguna vez como Toivi y sus amigos? Dando vueltas en círculos. Nos empujamos nosotros mismos hacia adelante, esforzándonos hacia una meta que parece ser el significado de la vida misma. Entonces descubrimos que sería lo mismo correr una maratón sobre una máquina de ejercicios... no hemos llegado a ninguna parte.

Estamos en el mismo lugar donde comenzamos.
Salomón comprendió la desesperación desoladora que sigue cuando uno se da cuenta de eso. Él empieza su jornada con la conclusión última de su búsqueda por el significado: «¿Qué provecho saca el hombre de tanto afanarse en esta vida?» (Eclesiastés 1:3).

Note la frase *en esta vida*, o *debajo del sol* (RVR). Esta es otra de las expresiones características que encontrará casi por todas partes de este libro... veintinueve veces, en este caso. *Debajo del sol* implica una noción terrenal de las cosas. Salomón no estaba hablando desde una perspectiva santa y eterna. Recuerde, él se había descarriado de su Señor con el paso de los años: día tras día, centímetro a centímetro, enredo mundanal tras enredo mundanal.

En esta helada temporada de la vida de Salomón, él comprende la necedad de su viaje personal que ha durado décadas y no ha llegado a ninguna parte. Ya no se puede hallar en él un gran celo por su propia rectitud. Y con toda su riqueza, todas sus esposas, y todo el mundo delante suyo, incluyendo un templo que inspira asombro, no le queda nada en este mundo que le dé satisfacción. Ah, estaban los placeres efímeros de la vida cotidiana, las cosas pequeñas. Pero él sabía muy bien que ninguna de ellas podría darle paz a su alma asediada.

Para ilustrar su conclusión, el Buscador presenta varios argumentos acerca de la vida «debajo del sol». En los versículos 4-7 sus pensamientos se dirigen a cuatro cosas:

1. El curso de la vida (v. 4).
2. El círculo del sol (v. 5).
3. El circuito de los vientos (v. 6).
4. El ciclo del agua (v. 7).

De paso, note que Salomón era un hombre para todas las temporadas: en parte filósofo, en parte astrónomo, en parte meteorólogo y en parte hidrólogo. No estamos acicalando la verdad al declararle el hombre más sabio y más educado de su tiempo.

El curso de la vida

Generación va, generación viene,
mas la tierra siempre es la misma.

—Eclesiastés 1:4

La opinión de Salomón es lóbrega. «Unos nacen, otros mueren, pero la tierra jamás cambia» (1:4, VP). Bien podemos imaginarnos a Salomón sentado a la mesa para desayunar con el periódico abierto, leyendo los anuncios de nacimientos en una página y los obituarios en la siguiente. Las generaciones pasan en desfile. Hay un lecho de muerte en una habitación, una cuna en la siguiente. La historia es un drama que dura milenios; la tierra permanece, pero los actores desempeñan sus papeles y salen.

Salomón vuelve a menudo al tema de la muerte. Recuerde: él se halla en el crepúsculo de su vida y su ánimo se ha marchitado. ¡Con razón! Cuando se edifica la vida sin un cimiento espiritual, la muerte es un asesino que merodea, atisbando por la ventana.

Bertrand Russell participa de este mismo sentimiento de desesperación cuando escribe en su autobiografía: «Estamos a la orilla de un océano, clamando a la noche y al vacío; a veces una voz contesta desde la oscuridad. Pero es la voz de alguien que se ahoga, y en un momento el silencio regresa».[2]

El rabino Harold Kushner cuenta de un hombre que vino a pedirle consejo. Después de la acostumbrada charla que precede a tales conversaciones, el hombre le dijo a Kushner por qué había venido.

> «Hace dos semanas», dijo el hombre, «por primera vez en mi vida fui a un funeral de un hombre de mi misma edad. No lo conocía muy bien; trabajábamos juntos, nos hablábamos de cuando en cuando, teníamos hijos como de la misma edad. Murió de forma repentina un fin de semana ... Fácilmente podría haber sido yo. Eso fue hace dos semanas. Ya lo han reemplazado en la oficina. Oigo que su esposa se va a mudar a otro estado para vivir con sus padres. Hace dos semanas él estaba trabajando a veinte metros de mí, y ahora es como si nunca hubiese existido. Es como una piedra que cae a un estanque de agua, y luego el agua es la misma de antes, pero la piedra ya no está allí. Rabino, casi no he dormido desde entonces. No puedo dejar de pensar que me puede pasar a mí, y que unos días después me habrán olvidado como si nunca hubiera vivido. ¿No debería la vida de un hombre ser algo más que eso?»[3]

¿Será interminable el círculo?

En medio de su propia búsqueda, ese podría haber sido Salomón hablando... y pudiera ser una buena cantidad de individuos actuales que no han logrado hallar el significado en las repeticiones de sus propias vidas día tras día. Nos levantamos, vamos al trabajo, venimos a casa, vemos televisión, nos vamos a la cama... tan solo para repetirlo hasta jubilarnos. Entonces morimos. O por lo menos así es como muchos ven la vida.

Salomón está diciendo: «En la superficie la vida se parece a un jerbo corriendo en una rueda. ¿Qué se propone?» Por lo menos, así es como las cosas pueden verse si usted no tiene los ojos para ver por debajo de la superficie.

El círculo del sol

Sale el sol, se pone el sol,
y afanoso vuelve a su punto de origen
para de allí volver a salir.

—Eclesiastés 1:5

Podemos disculpar a Salomón por no saber que el sol no gira alrededor de la tierra. Si lo hubiese sabido, hubiera dicho lo mismo pero de una manera diferente: «Este planeta nuestro gira alrededor del sol. Otoño, invierno, primavera, verano... y luego volvemos al principio para comenzar de nuevo. Una fiesta más de cumpleaños para todos, *¿y entonces qué?* ¿A qué tanta alharaca?» La ciencia es irrelevante; la filosofía es un asesino mortal.

La frase de Salomón, *sale el sol*, habla de la máquina silenciosa e indiferente que la vida y la naturaleza parecen ser. Parece desconcertado al comparar la consistencia impasible de la máquina cósmica a la inconsistencia de la máquina humana. Para él, cada atardecer dorado representa otro breve día que se ha ido de su vida efímera. El sol no reduce su velocidad; no se puede detener el tiempo, y la muerte se acerca a nosotros implacablemente como ejército conquistador. Podemos huir, pero no podemos escondernos.

Es intrigante que Ernest Hemingway escogiera las palabras *The Sun Also Rises* [El sol sale para todos] como título de su exitosa novela. Escribió acerca de «la generación perdida» de estadounidenses y británicos después de la Primera Guerra Mundial, y su libro conlleva la desesperación que caracterizó su vida y escritos. Años después, muy poco antes de su suicidio, el gran escritor confesó: «Vivo en un vacío que es tan solo como un tubo de radio cuando las pilas están agotadas y no hay corriente en donde conectarlo». Douglas Caffey hace poco publicó este poema en la página de Internet de International War Veteran's Poetry Archives [Archivos internacionales de los veteranos de guerra]:

> La mañana viste
> A una rosa blanca y fresca,
> Con reluciente blanco sobre blanco
> ¡De la cabeza a los pies!
>
> Al medio día, la rosa
> Comienza a marchitarse,
> Y manchas aparecen
> ¡Como una colcha de remiendos!
>
> Al anochecer
> ¡La rosa está muerta!
> ¡Su fragancia yace
> En una cama en silencio![4]

Con certeza esto no es una perspectiva alentadora. Pero recuerde, el pesimismo de Salomón viene de su desconexión con Dios.
Cuando solo vemos lo que está bajo el sol y nunca lo que está detrás, nos quedamos con esa máquina cósmica estrepitosa y vacía, una gran línea de producción corriendo a la eternidad y produciendo exactamente nada.

El circuito de los vientos

Dirigiéndose al sur,

¿Será interminable el círculo?

> *o girando hacia el norte,*
> *sin cesar va girando el viento*
> *para de nuevo volver a girar.*
>
> —ECLESIASTÉS 1:6

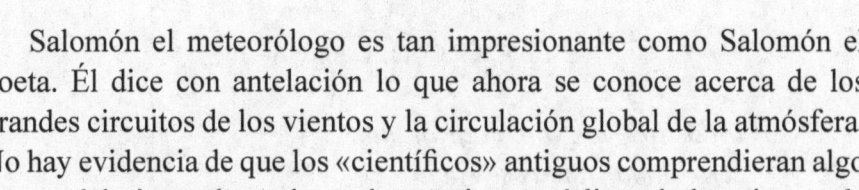

Salomón el meteorólogo es tan impresionante como Salomón el poeta. Él dice con antelación lo que ahora se conoce acerca de los grandes circuitos de los vientos y la circulación global de la atmósfera. No hay evidencia de que los «científicos» antiguos comprendieran algo acerca del viento, las nubes y las corrientes cíclicas de los vientos de la tierra. Pero Salomón, con su sabiduría especial dada por Dios, sabía algo de estas cosas y las expresó en palabras que son poéticamente conmovedoras y a la vez científicamente precisas.

Salomón parece estar fascinado por el viento. Podemos verlo pensando en la vida, agazapado en el techo de su palacio, mirando las nubes empujadas por las fuertes corrientes orientales mientras que su túnica flota en el polvo. Se refiere una vez al viento en el Cantar de los Cantares, seis veces en Proverbios, y catorce veces en Eclesiastés, en donde las referencias nos conmueven de forma profunda porque el viento se convierte en símbolo de su desesperanza.

Hay algo acerca del viento que habla al alma. Jesús habló del viento como soplando «por donde quiere, y lo oyes silbar, aunque ignoras de dónde viene y a dónde va» (Juan 3:8). En ese caso Jesús estaba hablando del misterio y la maravilla de la vida cristiana.

Pero para Salomón el viento representa la brevedad invisible de la vida. Como Margaret Mitchell más tarde expresaría en el título de su gran novela, *Lo que el viento se llevó*, tarde o temprano todo en la vida, incluso nuestras relaciones y posesiones más queridas, desaparecen con el viento.

¿Recuerda este canto popular cautivador de hace algunos años? Esto es exactamente lo que Salomón está diciendo:

Polvo al viento, todo lo que somos es polvo al viento.
El mismo viejo canto, apenas una gota de agua en un mar sin fin.

Todo lo que hacemos se desmenuza en el piso, aunque rehusemos verlo.
No te aferres, nada dura para siempre sino la tierra y el cielo.
Todo se escurre, y todo tu dinero no compra ni un minuto más.

Polvo al viento, todo lo que somos es polvo al viento;
Polvo al viento, todo es polvo al viento.⁵

El ciclo del agua

Todos los ríos van a dar al mar,
pero el mar jamás se sacia.
A su punto de origen vuelven los ríos,
para de allí volver a fluir.

—Eclesiastés 1:7

Por vívidas que sean sus pintorescas palabras, Salomón no está satisfecho con el lienzo. Procede a darnos otra ilustración: el ciclo del agua: «Todos los ríos van a dar al mar, pero el mar jamás se sacia. A su punto de origen vuelven los ríos, para de allí volver a fluir» (Eclesiastés 1:7).

Otra vez, ¿cómo lo supo? Esto es un ejemplo de lo que algunos eruditos de la Biblia llaman «presciencia»: declaraciones científicas en las Escrituras que van más allá del conocimiento general de esos tiempos. Salomón describe el maravilloso ciclo hidrológico de la tierra. Los expertos nos dicen que en cualquier momento el 97% de toda el agua sobre la tierra está en los océanos; solamente el 0,0001% está en la atmósfera, disponible para lluvia. La cooperación del sol y el viento hace posible la evaporación y el movimiento de la humedad, y esto mantiene al agua circulando. Pero el mar nunca cambia. Los ríos y las aguas se vierten en los océanos, pero el océano sigue siendo el mismo. Sorprendido por esto, Salomón lo usa como un cuadro de la monotonía notoria e interminable de la vida sin Dios.

Un psicólogo llamado William Moulton Marston preguntó a tres mil individuos: «¿Cuál es la razón de su vida?» Las respuestas lo aturdieron. Encontró que el 94% ni siquiera estaban viviendo para nada; simplemente estaban aguantando el presente mientras esperaban algo en el futuro. Estaban esperando que *algo* sucediera: esperando que los hijos crecieran y se fueran de casa, esperando el próximo año cuando las cosas mejoraran, o por lo menos fueran diferentes, esperando una posibilidad de viajar, esperando por el mañana. *Esperando... esperando*. Para ellos, la vida se había deteriorado a un ciclo con escaso significado en sí misma o por sí misma.[6]

Todos sentimos eso. Todos tenemos el sentido perenne de que el universo se equivocó, de que las cosas son exactamente al revés de lo que deberían ser. ¿No debería la máquina ignorante de la naturaleza ser transitoria, y *nosotros* ser permanentes? De alguna manera simplemente sabemos, como Salomón nos dirá muy pronto, que tenemos eternidad en nuestros corazones (3:11). Rechazamos vernos a nosotros mismos como criaturas transitorias. Fuimos creados para una vida eterna, y la cuerda del reloj en que vivimos debería acabarse mientras que nosotros continuamos eternamente.

Pero el pensamiento de *debajo del sol* nos impide dar el salto, saber si nuestra intuición tiene exactamente la razón. La verdad no se puede encontrar bajo el sol, sino en aquel que lo puso en movimiento y lo preside.

Por otro lado, el pensamiento de *sobre el arco iris* es igualmente engañoso. El optimismo sin base es otro callejón sin salida. Debemos vivir no *debajo* ni *sobre, sino encima*. La Biblia dice: «Ya que han resucitado con Cristo, busquen las cosas de arriba, donde está Cristo sentado a la derecha de Dios. Concentren su atención en las cosas de arriba, no en las de la tierra, pues ustedes han muerto y su vida está escondida con Cristo en Dios» (Colosenses 3:1-3).

Vivimos bajo el sol, pero nuestro destino está más allá de su salida o puesta. En 1890, Anna Price compuso un precioso himno que provee un tónico para la lobreguez de Salomón en estos primeros siete versículos de Eclesiastés.

Por encima de los elementos que tiemblan,
Por encima del mar incansable de la vida,

Querido Salvador, levanta mi espíritu,
¡Oh, elévame hacia ti!

Hay gran calma allí, paciencia dulce, también,
Veré tu cara;
Estaré en calma y paciente, Señor,
¡Oh, elévame hacia ti!

Y cuando mis ojos se cierren por última vez,
Mi oración todavía será
Querido Salvador, levanta mi espíritu,
¡Y elévame hacia ti!

2
Aburrido hasta el cansancio
Eclesiastés 1:8-11

La popular novelista Kathe Koja ha dicho que saca sus cuentos de hebras de la lúgubre nada. Habla del «agujero negro [que] está en el corazón de toda novela ... el vacío que todos nosotros llevamos muy cerca de nuestros corazones, el vacío de estar vivos en un mundo al que no le importa. Y la manera en que llenamos ese agujero freudiano, bueno, eso es la novela».
Cuando se le preguntó acerca de esa declaración en una entrevista reciente, Koja respondió:

> La médula de todos es ese vacío existencial, ese agujero profundo en el corazón que clama por esplendor; nuestra cultura de consumo entera se basa en la creencia de que, si uno embute suficientes cosas en ese agujero, finalmente puede satisfacerlo para que se calle. Ese nunca ha sido el caso. Ni tampoco la creatividad, el sexo, el arte, ni siquiera el amor pueden llenar ese agujero.[1]

Salomón habría convenido. En Eclesiastés 1:1-7 nos dice que la vida es *inútil;* ahora en los versículos 8-11 nos va a decir que también es *frustrante.* ¿Quién no ha oído las historias de los tiempos pasados del entrenamiento militar cuando se les decía a los reclutas que cavaran un hueco durante la primera mitad del día para luego llenarlo por el resto de la tarde? El punto de ese ejercicio era hallar el límite de frustración del recluta. ¿Cuánta inutilidad puede soportar antes de frustrarse lo suficiente para desquitarse contra el sargento?

El resultado natural de la inutilidad es la frustración... o algo peor. Por todo nuestro alrededor, en nuestro mundo, vemos gente frustrada: cólera en las autopistas, tiroteos desenfrenados en las oficinas de corporaciones, desesperanza en los corazones de los individuos. En sus observaciones Salomón pasa de la evidencia de la inutilidad a la evidencia de la frustración cuando se quita a Dios del cuadro.

Nada llena

Todas las cosas hastían
más de lo que es posible expresar.
Ni se sacian los ojos de ver,
ni se hartan los oídos de oír.

—Eclesiastés 1:8

La vida es frustrante, nos dice Salomón, porque nada satisface. «No hay nadie capaz de expresar cuánto aburren todas las cosas; nadie ve ni oye lo suficiente como para quedar satisfecho» (1:8, VP).

«¡Aburrido!» —por lo general pronunciado: «¡*Aaaaaa-burrido!*»— es lo máximo en desdén en la sociedad actual, y sin embargo todos y todo parecen sufrirlo. Este versículo explica el porqué. Nada nuevo «debajo el sol» satisface. Nunca podemos ver lo bastante, o ver lo suficiente como para que nos dé satisfacción. Todo, en última instancia, cansa y aburre, forzándonos a buscar constantemente diversión.

Toda nuestra industria del entretenimiento descansa en esta premisa. Miles de millones de dólares se gastan anualmente por todo el mundo para producir y comprar entretenimiento. Algunos gobiernan su calendario no basándose en los meses o temporadas, sino por los deportes: béisbol en el verano, fútbol estadounidense en el otoño, baloncesto y jockey en el invierno, NASCAR en la primavera. ¿A dónde va uno cuando concluye que no hay nada significativo en la vida? De regreso al estadio, donde por lo menos hay juegos con reglas consistentes, premios y sanciones.

El libro de suspenso de Michael Crichton, *Timeline*, tiene un enfoque interesante en este tema. Un personaje llamado Robert Doniger es el principal jefe ejecutivo de una compañía enorme y de una tecnología muy secreta. Cerca del final del libro Doniger se dirige a un grupo de gente en el auditorio de su compañía:

> En otros siglos, los seres humanos querían que se les rescatara, reformara, liberara, o educara. Pero en nuestro siglo, quieren que se les entretenga. El gran terror no es la enfermedad o la muerte, sino el aburrimiento. Un sentido de tener tiempo en nuestras manos, un sentido de no tener nada que hacer. Un sentimiento de que no se nos está entreteniendo. Pero, ¿dónde terminará esta manía por el entretenimiento?[2]

¿Dónde, en verdad? Las implicaciones son más bien perturbadoras.

En su profundo libro, *Man's Search for Meaning* [La búsqueda del hombre por significado], Víctor Frankl escribió que cantidades excesivamente grandes de hombres y mujeres modernos sufren de un vacío existencial que se manifiesta principalmente en un estado de aburrimiento.

> Ahora podemos entender a Schopenhauer cuando dijo que la raza humana estaba condenada de forma evidente a fluctuar por la eternidad entre los dos extremos del sufrimiento y el aburrimiento. Es un hecho real que el aburrimiento ahora está causando, y ciertamente llevando a los psiquiatras, más problemas para resolver que aflicción. Y estos problemas son cada vez más cruciales.[3]

En 1958, el escritor estadounidense Barnaby Conrad fue gravemente corneado en una corrida de toros en España. En un restaurante de Nueva York, se oyó a Eva Gabor y Noel Coward hablar del incidente.
—Noel, querido —dijo Eva— ¿has oído las noticias acerca del pobre Barnaby? Fue terriblemente herido en España.
—¿Fue *qué*? —preguntó Conrad, alarmado.
—¡Fue herido!
—Gracias al cielo. Pensé que dijiste que se había aburrido.[4]

Hay un ápice de sabiduría aquí. El aburrimiento máximo... el destino de los que pueden buscar solo debajo del sol algo de significado... puede ser el peor destino de todos.

Nada es fresco

Lo que ya ha acontecido
volverá a acontecer;
lo que ya se ha hecho
se volverá a hacer
¡y no hay nada nuevo bajo el sol!
Hay quien llega a decir:
«¡Mira que esto sí es una novedad!»
Pero eso ya existía desde siempre,
entre aquellos que nos precedieron.
Nadie se acuerda de los hombres primeros,
como nadie se acordará de los últimos.
¡No habrá memoria de ellos
entre los que habrán de sucedernos!

—Eclesiastés 1:9-11

Salomón nos da otra razón para la frustración actual tan ampliamente extendida: nada es fresco.

Nada habrá que antes no haya habido; nada se hará que antes no se haya hecho. ¡Nada hay nuevo en este mundo! Nunca faltará quien diga: «¡Esto sí que es algo nuevo!» Pero aun eso ya ha existido siglos antes de nosotros. Las cosas pasadas han caído en el olvido, y en el olvido caerán las cosas futuras entre los que vengan después (Eclesiastés 1:9-11, VP).

Miramos al mundo que nos rodea, lo que podemos ver, sentir y oír debajo del sol, y nos damos cuenta de que nada es nuevo. Es como ha sido siempre. La escuela de teología deísta establece la imagen visual de esta manera: Dios es el gran relojero que fabricó un hermoso reloj (el universo), y simplemente se alejó, abandonándolo para que marche por la eternidad. Nada es nuevo, solo es el mismo tictac de siempre.

Rudyard Kipling expresó los sentimientos de Salomón cuando escribió estas líneas:

> El arte que llamamos moderno,
> Los crímenes que llamamos nuevos;
> Juan Bunyan los tenía escritos y archivados
> En 1682.[5]

Hace poco un reportero llamado Chris Ross presentó su última columna del *Jacksonville Daily Progress*. Esto es parte de lo que tenía que decir:

> Si he aprendido algo en mis días en el *Progress* es que en realidad no hay nada nuevo debajo del sol. Una de las primeras cosas que la gente decía cuando les contaba lo que hacía, usualmente era: «Vaya, apuesto a que es interesante. Algo nuevo todos los días». Y yo sonreía y decía: «Sí, es mejor que conseguirse un trabajo de verdad», o algo así. Pero mientras más trabajo como reportero, más me doy cuenta de que estoy repitiendo las mismas historias una y otra vez. Algunos de los nombres y lugares, y aun los motivos pueden cambiar, pero en esencia es la misma cosa de siempre.[6]

Así que, al presentar Salomón este primer capítulo de su estudio de investigación, su conclusión es que la vida bajo el sol, con su repetición mecánica, es toda vanidad. Nada satisface y nada es nuevo, y nada se recuerda. No hay beneficio debajo del sol.

Salomón había perdido el sentido del significado: su razón para salir de su mullida cama del palacio por la mañana. Tenía riqueza, fama y el poder de hacer lo que quisiera, y sin embargo no podía encontrar nada que valiera la pena querer.

Podemos compararlo a la araña de una vieja fábula europea. Descendió un día por un solo hilo de las elevadas vigas del granero y se posó cerca de la esquina de una ventana. Desde allí tejió su telaraña. Esta esquina del granero era muy transitada, y muy pronto la araña engordó y prosperó. Un día, mientras revisaba su telaraña, notó un hilo que ascendía hasta donde no se podía ver. Se había olvidado de su significado, y pensando que era un hilo desviado, lo cortó. Al instante todo su mundo se desplomó a su alrededor.

Salomón había perdido el hilo de seda que sostenía todo su mundo. Se había olvidado del Dios de su juventud. Tan lejos lo había llevado la telaraña que se había olvidado por completo de su dependencia divina.

Más tarde Salomón resumiría la pregunta central de su libro de esta manera: «En realidad, ¿quién sabe qué le conviene al hombre en esta breve y absurda vida suya, por donde pasa como una sombra? ¿Y quién puede decirle lo que sucederá en esta vida después de su muerte?» (6:12).

Solo hay una Persona que sabe. Recuerde la poderosa noción de Salomón que todavía permanece delante de nosotros: «[Dios] ha puesto eternidad en el corazón de ellos» (3:11, RVR). Esa E por eternidad está grabada de forma permanente dentro de usted, y no le va a dejar contentarse con ser una criatura ligada a esta tierra. Como un compositor de himnos dijo: «Quiero vivir por encima del mundo ... Señor, guíame a una tierra más alta».[7]

Dios nos ha hecho de tal manera que mientras no regresemos al hogar a los brazos de nuestro Padre, seremos como el hijo pródigo, heredero de un reino perdido en condición miserable y sin lugar.
Howard Mumma era un pastor metodista que durante varias vacaciones de verano en los años cincuenta sirvió como ministro en la American Church de París. Un domingo después del servicio, notó que un pequeño grupo de admiradores se reunían alrededor de un hombre de traje oscuro. El hombre era Alberto Camus, famoso autor existencialista cuyos libros giraban alrededor del tema de lo absurdo de la condición humana. Camus había comenzado a asistir a los servicios de la iglesia para oír al organista, y continuaba asistiendo para oír los sermones de Mumma.

Las novelas de Camus, *La plaga* y *El extraño,* y sus ensayos tales como «El mito de Sísifo», eran la comidilla de la comunidad intelectual, y él ganó el Premio Nóbel de Literatura en 1957.
Mumma y Camus se hicieron amigos a pesar del abismo que separaban sus creencias y su reputación. En su mayor parte, sus conversaciones

giraban alrededor de las preguntas de Camus sobre las creencias religiosas. Mumma guardó en secreto el contenido de sus conversaciones por cuarenta años. Pero Camus murió en 1960, y Mumma, a los noventa y dos años, finalmente hizo constar sus conversaciones con el filósofo nihilista. En una conversación, Camus dijo a Mumma:

> La razón por la que he estado viniendo a la iglesia es porque estoy buscando. Casi estoy en un peregrinaje —buscando algo para llenar el vacío que experimento— y nadie más lo sabe. Por supuesto el público y los lectores de mis novelas, en tanto que ven ese vacío, no encuentran respuestas en lo que leen. Pero en lo más hondo usted tiene razón. Estoy buscando algo que el mundo no me está dando ... En cierto sentido todos somos producto de un mundo terrenal, un mundo sin espíritu. El mundo en que vivimos y las vidas que vivimos están decididamente vacíos ... Desde que he estado viniendo a la iglesia, he estado pensando mucho acerca de la idea de un algo trascendente que no es de este mundo. Es algo de lo que uno no oye mucho en estos días, pero lo estoy encontrando.
> Una de las enseñanzas básicas que aprendí del existencialista francés Jean-Paul Sastre es que el hombre está solo. Somos centros solitarios del universo. A lo mejor nosotros mismos somos los únicos que siempre hemos hecho las grandes preguntas de la vida. Tal vez, desde el nazismo, nosotros también somos los que hemos amado y perdido y estamos, por consiguiente, temerosos de la existencia. Con certeza yo no lo tengo, pero está allí. Los domingos por la mañana oigo que la respuesta es Dios.
> Tú me has aclarado, Howard, que no somos los únicos en este mundo. Hay algo invisible. Tal vez no oigamos su voz, pero hay alguna manera en la que podemos llegar a darnos cuenta de que no somos los únicos en el mundo y que hay ayuda para todos nosotros.[8]

Estas no son las palabras de un hombre que está haciendo profesión de su fe en Jesucristo, pero con todo son altamente significativas... note las palabras de Camus «pero lo estoy encontrando». Como las grietas y crujidos de un glaciar bajo el calor del sol, son palabras de un hombre cuya cosmovisión está cambiando. Camus había construido una carrera sobre la idea de que la vida es absurda y sin significado, pero después de haber vivido con esa filosofía por varias décadas, ya no estaba tan seguro. Estaba dispuesto a admitir que había encontrado solo tierra movediza espiritual en el paisaje de la intrascendencia... y a considerar que hay un Dios que puede después de todo satisfacer su sed de significado.

Blas Pascal, otro filósofo, vivió siglos atrás. No tenía igual, brillante pensador francés, científico, matemático e inventor. Cuando muchacho en París, su comprensión extraordinaria de las matemáticas le llevó a participar en la Academia de Ciencia, en donde se mezcló con los grandes intelectuales de sus días. A los quince años ya estaba escribiendo libros y desarrollando teoremas que dejaban a sus profesores rascándose la cabeza. En su adolescencia inventó la primera máquina calculadora digital; otros descubrimientos le llevaron a la invención del barómetro, la bomba al vacío, el compresor de aire, la jeringuilla hipodérmica y la prensa hidráulica.

Pero en su juventud Pascal tenía problemas con las ecuaciones espirituales de la vida, y pronto se desilusionó de los placeres de su sociedad de moda. Todo le parecía aburrido. Nada era fresco ni satisfactorio.

Una noche Pascal tomó una Biblia y la abrió en Juan 17. Al empezar a leer, el versículo 3 brilló como chispa y pareció incendiar el cuarto: «Y ésta es la vida eterna: que te conozcan a ti, el único Dios verdadero, y a Jesucristo, a quien tú has enviado». Su alma al instante cobró alas, y quedó abrazado de forma permanente a Jesucristo. Tomando lápiz y pergamino, comenzó a escribir con rapidez bosquejos de sus pensamientos:

En el año de gracia, 1654
El lunes, 23 de noviembre
Fuego
Dios de Abraham, Dios de Isaac, Dios de Jacob,
No de los filósofos y eruditos
Certeza. Certeza. Sentimiento. Alegría. Paz.
Gozo, gozo, gozo, lágrimas de gozo.
Esta es la vida eterna, que lleguemos a conocerte, el único y
verdadero Dios,

y a Jesucristo al cual has enviado.
Jesucristo. Que nunca me separe de él.

Pascal dedicó el resto de su vida a proclamar la grandeza de Dios. Ese retazo de pergamino fue hallado después de su muerte, cosido en el forro de su abrigo, para que siempre estuviera cerca de su corazón.

Fue este mismo Pascal el que se hizo eco de las palabras de Eclesiastés: «Hay un vacío con la forma de Dios en el corazón de todo hombre que no puede ser llenado por ninguna cosa creada, sino solo por Dios dado a conocer por medio de Jesucristo».[9] Cualquier otra cosa equivaldría a embutir una estaca cuadrada en un agujero redondo. Nadie sino Cristo puede llenar ese agujero, aunque los hombres pasen su vida tratando en vano toda otra posibilidad. Pero en el momento en que el legítimo Señor de nuestras almas llena este vacío, habrá tal plenitud como usted nunca antes pudo imaginarse que fuera posible debajo del sol.

Y justo cuando su corazón está perfecta y gozosamente lleno, también lo estará todo lo que le rodea. Los árboles parecerán alzar sus ramas en alabanza al cielo. Oirá a las mismas piedras clamar la gloria de Dios. Usted saldrá de la oscura telaraña de destrucción a la luz del cielo en la tierra.

3
Búsquedas triviales
ECLESIASTÉS 1:12—2:11

En una edición reciente del programa de televisión *NFL Today*, por la cadena CBS, Deion Sanders y Dan Marino discutían. La manzana de la discordia era el libro de Lawrence Taylor, *LT: Over the Edge*, controversial relato de los años de Taylor en la liga Nacional de Fútbol.

«Cuando estaba en la cancha, yo era Superman», había descrito Taylor en su libro. «Era casi como si operara en un plano más alto ... Pero cuando salía de la cancha algo pasaba. LT se convertía en Lawrence Taylor, y Lawrence Taylor no tenía ni la menor idea. Como Clark Kent drogado con cocaína».[1]

Taylor admitía que a menudo había perdido las riendas: adicto a la cocaína y al estilo de vida licencioso que le llevó a un amargo divorcio, numerosos arrestos, la ruina financiera, la salud quebrantada y una depresión profunda. Luego describía los excesos de otros jugadores de la NFL.

Mientras Sanders y Marino discutían sobre el libro en el programa, Marino expresó su sorpresa por algunas revelaciones del libro de Taylor e indicó que tales cosas no pasaban cuando él era mariscal de campo. Cuando Sanders se burló de la incredulidad de Marino, este se defendió. «¿Por qué dices que soy ingenuo?», respondió.

Deion replicó:

No me digas que no sabes lo que pasa en la NFL. ¿No sabes que los muchachos se drogan y hacen todo bajo el sol? Muchachos de veinte y treinta años con millones de dólares; eso equivale a la destrucción. Así que no puedes sentarte aquí y decirme que fuiste inmune a todo eso.²

Hallo interesante que Sanders haya retrocedido para recoger la frase que Salomón escribió hace tres mil años y usarla para describir la vida de los atletas modernos. Sea atleta o emperador, uno puede tratar todo «bajo el sol», pero nada de eso llena una vida vacía. *Nada de eso.*

Para recalcar este punto, Salomón vuelve a contar algunas de sus propias experiencias bajo el sol.

En busca del significado en la sabiduría

Yo, el Maestro, reiné en Jerusalén sobre Israel. Y me dediqué de lleno a explorar e investigar con sabiduría todo cuanto se hace bajo el cielo. ¡Penosa tarea ha impuesto Dios al género humano para abrumarlo con ella! Y he observado todo cuanto se hace en esta vida, y todo ello es absurdo, ¡es correr tras el viento!

*Ni se puede enderezar lo torcido,
ni se puede contar lo que falta.*

Me puse a reflexionar: «Aquí me tienen, engrandecido y con más sabiduría que todos mis antecesores en Jerusalén, y habiendo experimentado abundante sabiduría y conocimiento. Me he dedicado de lleno a la comprensión de la sabiduría, y hasta conozco la necedad y la insensatez. ¡Pero aun esto es querer alcanzar el viento! Francamente,

*»mientras más sabiduría, más problemas;
mientras más se sabe, más se sufre.»*

—Eclesiastés 1:12-18

Salomón termina el capítulo 1 de Eclesiastés describiendo la futilidad de buscar satisfacción mediante el aprendizaje. ¿Estaba el rey amargado por la educación? Ni pensarlo. Era el hombre mejor educado de su generación. Su sabiduría era legendaria; había buscado sabiduría dondequiera que se pudiera hallar. Pero para su sorpresa, mientras más aprendía, más vacío se sentía.

Él no está solo. Hace unos años, en su carta mensual del ministerio Enfoque en la familia, el Dr. James Dobson contaba la historia de Karen Cheng, de diecisiete años, de Fremont, California. Ella logró una calificación perfecta de ochocientos en las dos secciones del examen SAT. También logró un perfecto ocho mil en el riguroso índice de aceptación de la Universidad de California. Nunca antes alguien había logrado esta impresionante proeza intelectual.

Karen, estudiante sobresaliente de la secundaria Misión San José, se describía a sí misma como una adolescente típica que come comida chatarra y habla durante horas por teléfono. Incluso dijo que era dada a postergar las cosas y que no hacía sus tareas escolares sino hasta el último momento.

Sus profesoras cuentan otra historia. La llaman «la mujer maravilla» porque tiene una sed insaciable de conocimiento y tiene una habilidad increíble para retener todo lo que lee. Pero cuando el reportero le preguntó: «¿Cuál es el significado de la vida?», la respuesta de Karen fue sorprendente. «No tengo ni la menor idea», respondió. «Me gustaría saberlo».[3]

T. S. Elliot comentó una vez secamente: «Toda nuestra sabiduría nos acerca más a nuestra ignorancia».[4] En otras palabras, mientras más aprendemos, más pequeños nos sentimos.

Salomón estaba confuso. Buscó educación, sabiduría y conocimiento como nadie antes de él lo había hecho. Y mientras más dominaba estos campos, más vacíos parecían. «¡Pero aun esto es querer alcanzar el viento!», concluyó hastiado. «Francamente, mientras más sabiduría, más problemas; mientras más se sabe, más se sufre» (Eclesiastés 1:17-18).

Considere la suma total de todo nuestro conocimiento, todo nuestro progreso, toda nuestra tecnología. ¿Ha hecho algo de eso, en realidad, más llena nuestra experiencia de la vida? Sí, estamos agradecidos a

Dios por los avances en la medicina y los viajes en aviones a reacción. La mayoría de nosotros tenemos más información en los discos duros de nuestras computadoras de la que naciones enteras poseían en sus antiguas bibliotecas.

Sin embargo, nunca ha habido tanta gente desdichada, tantos analfabetos, tantos con hambre, enfermos y marginados. Todo nuestro conocimiento acumulado de la historia no puede protegernos del terrorismo, la guerra y la discordia en todo continente.

Esto, por supuesto, es una crisis global. El periódico *The Star*, publicado en Johannesburgo, África del Sur, hace poco reportó una encuesta realizada entre estudiantes de África del Sur. Había aumentos alarmantes en los niveles del abuso de substancias químicas y la expresión sexual. ¿Produjeron estas libertades felicidad? El periódico informa: «La encuesta también dio una indicación de la salud mental de muchos adolescentes, mostrando que muchos tienen sentimientos de vacío, depresión, y desesperanza acerca de su futuro. Cerca del 25% de los estudiantes se han sentido "tristes", resultando en que el 19% ha considerado el suicidio».[5]

Por todos sus beneficios, la educación y los logros intelectuales solo pueden hablarnos de la vida bajo el sol. El resto de la historia se encuentra en la Palabra revelada de Dios. Cuando descuidamos o rechazamos la verdad revelada en las Escrituras, incluso nuestros más brillantes científicos y profesores son poco más que ratones escurriéndose dentro de un piano, analizando todos los martinetes y cuerdas, pero ignorando expresamente la partitura musical que reposa sobre las teclas.

Para parafrasear a un distinguido evangelista de Carolina del Norte, Vance Havner, es sumamente raro que los escolares dominen bibliotecas enteras en la búsqueda de la sabiduría, en tanto que el portero ha disfrutado esto por años.[6]

El apologista evangélico Josh McDowell, hablando en algunas universidades en las décadas de los sesenta y setenta, a menudo hacía recordar a su público que si la educación fuera la clave para la vida, entonces las universidades serían los centros más morales, éticos y espirituales de cualquier nación. La educación debería ser igual al contentamiento. Todos sabemos que ese no es el caso.

Pablo tenía en su época el equivalente a una pared llena de títulos de las universidades más prestigiosas. Sin embargo, Jesús, el Señor de la vida, fue un campesino que se enseñó a sí mismo. El significado de la vida es algo que se descubre en otra parte.

La educación es una cosa maravillosa, un tesoro terrenal que se debe buscar. Pero debemos darnos cuenta de que la civilización occidental le ha asignado un valor demasiado alto. Como Pablo explica con claridad en 1 Corintios 13:2, el conocimiento sin alma equivale a una gran cantidad de nada. Como dice en el versículo 13, el carácter espiritual supera siempre a todos los demás dones. Así como los Estados Unidos han aprendido en los primeros años del siglo veintiuno, el conocimiento y el poder en las oficinas de las corporaciones pueden simplemente conducir a maneras más creativas para rebelarse contra la bondad y la razón.

EN BUSCA DEL SIGNIFICADO EN LA VIDA DESENFRENADA

> *Me dije entonces: «Vamos, pues, haré la prueba con los placeres y me daré la gran vida.» ¡Pero aun esto resultó un absurdo! A la risa la considero una locura; en cuanto a los placeres, ¿para qué sirven?*
> *Quise luego hacer la prueba de entregarme al vino —si bien mi mente estaba bajo el control de la sabiduría—, y de aferrarme a la necedad, hasta ver qué de bueno le encuentra el hombre a lo que hace bajo el cielo durante los contados días de su vida.*
>
> —ECLESIASTÉS 2:1-3

Prosiguiendo al capítulo 2 de Eclesiastés vemos a un rey cansado, prolongando su búsqueda por significado. La educación ha demostrado ser infructuosa, pero a lo mejor puede encontrar lo que busca en el abandono imprudente. Estos versículos suenan como un reportaje de alguno de los pasquines sensacionalistas o revistas de celebridades.

Salomón comienza con la diversión: «Vamos, pues, haré la prueba con los placeres» (Eclesiastés 2:1). Uno casi puede visualizar el escenario. Su palacio en Jerusalén probablemente se parecía a una versión del siglo diez a.C. del Caesar's Palace de Las Vegas: luces brillantes, ciudad grande, campanas y bambalinas por todas partes. Pero nada de significado... nada de paz... nada de felicidad. Las mañanas después de la orgía son todas iguales.

Las posibilidades de los placeres sensuales eran casi sin límite en el mundo de Salomón. ¿Y quién tenía mejor acceso a esas posibilidades que el rey? Él tenía un palacio y todos sus sirvientes en las puntas de sus dedos. Tenía cuartos llenos de esposas y concubinas. Y ni así encontró plenitud. El vacío de todo eso lo llevó a darse cuenta con sabiduría: «También de reírse duele el corazón, y hay alegrías que acaban en tristeza» (Proverbios 14:13). Para muchos, la sonrisa solo rompe la monotonía del llanto, y el placer es simplemente un interludio al dolor. Salomón estaba tratando de ser feliz, pero estaba fallando.

Muchos ahora pueden identificarse con Salomón. Han recorrido el camino del placer y han encontrado que no lleva a ninguna parte sino a la destrucción.

Cuando la diversión no logró darle la satisfacción, Salomón se entregó al alcohol. «Quise luego hacer la prueba de entregarme al vino», dijo, «si bien mi mente estaba bajo el control de la sabiduría» (Eclesiastés 2:3).

No es que Salomón llegara a ser alcohólico; evidentemente evitaba emborracharse. Dice que pudo mantener su mente bajo el control de la sabiduría. Mantuvo sus sentidos consigo para poder anotar sus observaciones sobre los efectos del vino. Pero mientras probaba y saboreaba la bebida que tenía delante, halló que el placer era fugaz y artificial. Su respuesta claramente no estaba en la botella.

Los presupuestos ilimitados de la industria del licor hacen a la bebida parecer muy atractiva hoy. Un vaso de vino o una botella de cerveza se convierten en el boleto a la aceptación social para nuestros jóvenes, y pronto se sienten desnudos sin ella. Las fiestas de los planteles universitarios y la vida social giran por completo alrededor de la bebida y la intoxicación, como si fueran la búsqueda más gloriosa, el foco de la vida misma. Mientras tanto, se ignoran las crecientes tragedias de accidentes causados por conductores borrachos y las vidas desperdiciadas, porque ¿quién puede gritar más alto que el mensaje de las películas, las canciones y los comerciales de televisión que glorifican el vacío?

Salomón sabía la verdad. A lo mejor el alcohol era la más vacía de las búsquedas.

En busca del significado en el trabajo

> *Realicé grandes obras: me construí casas, me planté viñedos, cultivé mis propios huertos y jardines, y en ellos planté toda clase de árboles frutales. También me construí aljibes para irrigar los muchos árboles que allí crecían.*
>
> —Eclesiastés 2:4-6

La sabiduría y la vida desenfrenada fallaron, así que salimos a trabajar. A lo mejor mediante el logro pueda encontrar el significado de la vida. Salomón se entregó a su genio para construir. Construyó casas y sembró viñedos. Plantó jardines y huertos e hizo estanques para regarlos.

La historia de ese período confirma que Salomón fue uno de los más grandes constructores de esa época. ¿Cómo pudo él haber pensado que la diversión de los placeres temporales, egoístas, o el licor servirían de algo? De seguro que la respuesta estaba en dejar un legado: un monumento sólido para que la generación futura pudiera decir: «Este era Salomón y estas son sus grandiosas obras».

Construir un monumento es una cosa gloriosa. Pero en estos tres versículos Salomón se refiere a sí mismo no menos de diez veces. En vez de hacer todas estas construcciones para Dios, o para el pueblo de Jerusalén, las estaba haciendo para sí mismo. ¿Por qué? ¿Qué estaba tratando de comprobar?

¿Es el trabajo un lugar válido para encontrar el significado último de la vida? Ciertamente muchos de nosotros pensamos así, juzgando por los horarios que llevamos. Pero David Henderson, en su libro *Culture*

Shift [Cambio cultural], sugiere que puede haber algo más sutil detrás de nuestros frenéticos niveles de actividad:

> Nuestras vidas, como nuestras agendas, están ocupadas, ocupadas, ocupadas, llenas de cosas para hacer y lugares a donde ir y gente que hay que ver. Muchos de nosotros, convencidos de que lo opuesto de una vida vacía es un horario repleto, nos contentamos con avanzar e ignorar las preguntas más profundas. Tal vez es que por el temor atiborramos nuestras vidas hasta las paredes... temor de que, si nos detenemos y formulamos las grandes preguntas, descubriremos que no hay respuestas que satisfagan después de todo.[7]

Cuando yo era muchacho, mi padre era presidente de la Universidad Cedarville cerca de Columbus, Ohio. Mi padre invirtió cincuenta años de su vida como presidente y después como rector de esa institución. Más recientemente, el Dr. Paul Dixon, un querido amigo mío, sirvió como presidente de Cedarville. Cuando el Dr. Dixon se jubiló, lo vi enfrentar los retos de entregar a otro hombre todo lo que había hecho por veinticinco años.

Un miembro del personal de la universidad me comentó: «¿Sabe que durante la presidencia del Dr. Dixon se construyeron edificios por más de cien millones de dólares?»

Me sorprendí, pero al recorrer el plantel me di cuenta de que era verdad. El Dr. Dixon fue un gran líder y un gran constructor. ¿Eran significativos esos proyectos de construcción? Por supuesto. ¿Servirán para los jóvenes y su educación? Sin ninguna duda. Pero yo sé, y el Dr. Dixon lo sabe, que ninguno de esos edificios le ha concedido a su vida algún significado duradero.

Los edificios son atractivos y útiles, pero a fin de cuentas no son más que montones de ladrillos unidos con cemento. Los estudiantes los disfrutan cuatro o cinco años; la facultad los usa durante su carrera de enseñanza. Pero a la larga todos los que entran en esos edificios saldrán de nuevo, y algún día no quedará ni un solo ladrillo sobre otro. El gran templo de Salomón, como todos sus otros edificios, perfectos en todo detalle, ha desaparecido de la tierra.

Eclesiastés nos enseña que nuestro trabajo y nuestros proyectos por lo general valen la pena, pero si los vemos como fuentes del último significado, invariablemente nos desilusionaremos. Recuerde lo que ya hemos anotado: la eternidad es el norte de la brújula de nuestro corazón (Eclesiastés 3:11). Eso significa que jamás podemos estar satisfechos con un trabajo que se basa en lo temporal. Podemos llenar la tierra de rascacielos, podemos pasar toda hora de nuestra vida esforzándonos... y el vacío permanecerá. La última satisfacción tiene una fuente exclusiva.

Ernest Hemingway fue el arquetipo del hombre del siglo veinte. Llenó muchos libros con reflexiones de sus aventuras por todo el mundo. Se le podía encontrar bebiendo champaña en París, cazando osos en Alaska, viendo una corrida de toros en España, o pescando con un arpón en los cayos de Florida. Vivió la vida más plena que uno pueda imaginarse bajo el sol. Sin embargo, el tiempo se le acabó cuando tomó la decisión de quitarse la vida. Su nota de suicidio decía: «La vida es nada más que una condenada cosa tras otra».

¡Queremos tanto creer que podemos ganarnos nuestro propio boleto en la vida! Queremos creer que nuestros orgullosos logros individuales nos traerán distinción y significado. Después de todo, eso implicará que tenemos el control absoluto, que somos «los capitanes de nuestras almas», como dijo el poeta. Pero solo una búsqueda breve por la historia es precisa para encontrar a los que han andado en grandeza y sin embargo han muerto en desesperanza.

El comentarista del Antiguo Testamento, Derek Kidner, hace esta observación: «Lo que nos arruina los placeres de la vida es nuestra hambre de extraerles más de los que pueden entregar. El logro del eterno y último significado a partir de búsquedas temporales y provisionales está designado a fracasar».[8]

En busca de significado en la riqueza

> *Me hice de esclavos y esclavas; y tuve criados, y mucho más ganado vacuno y lanar que todos los que me precedieron en Jerusalén. Amontoné oro y plata, y tesoros que fueron de reyes y provincias. Me hice de*

cantores y cantoras, y disfruté de los deleites de los hombres: ¡formé mi propio harén!

Me engrandecí en gran manera, más que todos los que me precedieron en Jerusalén; además, la sabiduría permanecía conmigo. No le negué a mis ojos ningún deseo, ni a mi corazón privé de placer alguno, sino que disfrutó de todos mis afanes. ¡Solo eso saqué de tanto afanarme!

Consideré luego todas mis obras y el trabajo que me había costado realizarlas, y vi que todo era absurdo, un correr tras el viento, y que ningún provecho se saca en esta vida.

—Eclesiastés 2:7-11

¿Qué nación pensaría usted que tiene los ciudadanos más contentos? No es la que piensa. De acuerdo a un reportaje de la cadena CNN, un análisis de más de sesenta y cinco naciones hecho por el World Values Survey [Encuesta de valores mundiales] indica un «índice de felicidad» más alto en Nigeria que en cualquiera otra nación. México le sigue, después Venezuela, El Salvador y Puerto Rico.

Los Estados Unidos están en décimo sexto lugar, Australia en el vigésimo y Gran Bretaña en el vigésimo cuarto. Esta encuesta, realizada cada cuatro años por una red internacional de sociólogos, indica que la felicidad tiene muy poco que ver con la riqueza o los ingresos. Por cierto, los investigadores incluyen esta frase sorprendente en su informe: «Encuesta tras encuesta demuestra que el deseo de bienes materiales, que ha aumentado mano a mano con el ingreso promedio, *es un inhibidor de la felicidad*» (énfasis añadido).[9]

En otras palabras, mientras más tenemos lo que queremos, más queremos lo que no tenemos. Tratamos de embutir el materialismo desenfrenado en los bolsillos vacíos de nuestras almas, pero los bolsillos tienen agujeros y nunca logramos un sentimiento de satisfacción real y existencial. Jesús lo resumió de esta manera: «La vida de una persona no depende de la abundancia de sus bienes» (Lucas 12:15).

La inmensidad de la riqueza de Salomón está más allá de toda descripción adecuada; pero intentaremos describirla, de todas maneras.

En 1 Reyes 10:14 encontramos que «la cantidad de oro que Salomón recibía anualmente llegaba a los veintidós mil kilos». En dólares actuales el ingreso anual de oro de Salomón sería casi de trescientos cuatro millones, «sin contar los impuestos aportados por los mercaderes, el tráfico comercial, y todos los reyes árabes y los gobernadores del país» (1 Reyes 10:15).

Había muchas otras fuentes de ingresos; la plata era tan abundante que ni se contaba (1 Reyes 10:21). Por lo tanto, podemos redondear con suficiente seguridad de trescientos cuatro millones de dólares a unos quinientos millones —medio millar de millones de dólares de ingresos anuales— sin temor a exagerar. Hay algunos en el mundo actual cuyos haberes se cuentan en miles de millones de dólares (la mayoría de eso en papeles, no en bienes tangibles como lo era para Salomón). Pero en esta época de riqueza hay muy pocos cuyos ingresos anuales se acercan a los de Salomón. El escritor de 1 Reyes lo resume diciendo: «El rey Salomón sobrepasó a los demás reyes de la tierra» (10:23). Es fácil ver por qué.

Si hubiéramos entrado en el palacio de Salomón durante la época de oro de la historia de Israel, hubiéramos visto piedras preciosas de África, especias de Arabia, almendra y sándalo de la India, marfil de la India y África, y cedros del Líbano. Salomón tenía cuatro mil establos para los caballos de sus carros y doce mil jinetes.

Su templo, que inspiraba asombro, dejó a la nación sin aliento. El oro se encontraba en todas partes de su diseño; las escaleras estaban hermosamente decoradas; las columnas y los postes, cortinas y patios estaban hechos de materiales raros y costosos. Una selección infinita de sirvientes lo poblaban, vestidos en ropajes maravillosos. Comida suculenta, uniformes lujosos y animales costosos fueron importados de todo el mundo. Era un edificio digno de un rey cuya sabiduría y esplendor eclipsaba a todos los gobernadores de la tierra. Salomón afirmaba con derecho ser más grande y más rico que cualquiera de sus antepasados en Jerusalén.

Pero al final, todo era «absurdo... lo más absurdo de lo absurdo». En el lenguaje de hoy, Salomón hubiera dicho: «Lo tuve todo; lo conseguí a mi manera, y ascendí a la cumbre más alta de los logros humanos. Pero lo único que busqué nunca estuvo a mi alcance».

Salomón cometió un error eterno en su búsqueda de significado: lo buscó en las cosas y las experiencias. Lo buscó en la sabiduría, en la vida desenfrenada, en el trabajo, en la riqueza... todo en vano. El objeto de su búsqueda no estaba, en verdad, disponible bajo el cielo.

Siglos más adelante, otro sabio, C. S. Lewis, corrigió la presuposición de que el significado último se puede encontrar en alguna cosa de este mundo:

> Los libros o la música en los que pensamos que se halla la belleza nos engañarán si confiamos a ellos; la misma no está en ellos, vino a través de ellos, y lo que vino a través de ellos fue el anhelo. Estas cosas —la belleza, el recuerdo de nuestro propio pasado— son buenas imágenes de lo que en realidad deseamos; pero si se les confunde con la cosa misma, se convierten en ídolos mudos, destrozando los corazones de los que los adoran. Porque no son la cosa misma; son solo el aroma de la flor que no hemos encontrado, el eco de una melodía que no hemos oído, noticias de una nación que no hemos visitado.[10]

4
Profesiones que zozobran
Eclesiastés 2:12-23

Una vez le preguntaron a la campeona de tenis Hana Mandlikova cómo se sintió al derrotar a grandes jugadoras como Martina Navratilova y Chris Evert Lloyd. Respondió: «Cualquier gran victoria significa que todo el sufrimiento, la práctica y el viaje valió la pena. Me siento como si fuera dueña del mundo».

Cuando le preguntaron cuánto duraba ese sentimiento, respondió: «Como dos minutos».[1]

Vivimos en un mundo que busca fugaces momentos de satisfacción. El ecólogo británico e incisivo crítico social, Derek Ratcliffe, hace poco escribió un análisis contundente de los televidentes occidentales y sus hábitos de ver televisión. Hablaba de

> el hedonismo insensato y superficial que parece ser el camino por el que nuestra sociedad se dirige: una búsqueda incansable de satisfacciones instantáneas, placeres triviales y efímeros que no dejan satisfacción duradera, mucho menos cumplimiento. Me parece que la televisión está alimentando en lugar de siguiendo esta tendencia, a pesar de que sus ejecutivos siempre están diciendo que le están dando al publico lo que quiere ... una decadente cultura de medios de comunicación con telenovelas, novelas documentales, programas de adivinanzas, acción policial, espectáculos de cocina, remodelaciones de casa ... fútbol, pornografía y otras expresiones del desarrollo intelectual y estético de la sociedad occidental moderna.[2]

Algunos nos levantamos de la poltrona y vamos a trabajar. Sabemos que no podemos satisfacer el alma con la diversión interminable, sino que esperamos una buena dosis de ética cristiana de trabajo que satisfaga el deseo.

No tan rápido, advierte Salomón.

NUESTRO TRABAJO NO NOS SATISFACE

Consideré luego todas mis obras y el trabajo que me había costado realizarlas, y vi que todo era absurdo, un correr tras el viento, y que ningún provecho se saca en esta vida.
Consideré entonces la sabiduría, la necedad y la insensatez —¿qué más puede hacer el sucesor del rey, aparte de lo ya hecho?

—ECLESIASTÉS 2:11-12

Pocos alcanzan más logros profesionales que Salomón. Sobresalió como político, dirigente público, educador, zoólogo, biólogo y economista. Mencione lo que sea, y él lo hizo. Pero cuando dio un paso atrás para ver todo su trabajo, analizarlo objetivamente y evaluarlo, se desilusionó. Le dejó sin ningún sentido de felicidad permanente. «Ningún provecho se saca en esta vida», se quejó.

Nos sumergimos en nuestras carreras con la adrenalina del nadador que se zambulle desde el trampolín, soñando con el impacto y la influencia... con «salpicar en grande». Queremos ser el mejor en el juego. Queremos que se nos reconozca como los que marcan el paso. Siendo uno de los mejores jugadores europeos de fútbol, el alemán Oliver Kahn dijo recientemente: «A veces... pienso para mis adentros que este es el peor trabajo del mundo. Recuerdo cómo me sentí después de perder la Liga de Campeones en 1999 en contra de Manchester United. Me sentí vacío y casi me da un quebrantamiento nervioso».[3]

No son solo los jugadores famosos los que se sienten desilusionados. Escuche a una mamá estadounidense típica: «Soy madre soltera y trabajo a tiempo completo; así que el hacer malabarismos con el trabajo, el hogar y mi vida social me coloca en una máquina de ejercicios que me deja vacía, agotada e impotente. No podría ver de qué otra manera podría vivir mi vida».

La revista *U.S. News and World Report* hace poco dedicó su reportaje de cubierta a este tema, y decía:

> En la actualidad, el trabajo domina las vidas de los estadounidenses como nunca antes, conforme los trabajadores apilan horas a un ritmo nunca visto desde la revolución industrial. Muchos trabajadores quedan sintiéndose inseguros, insatisfechos, y sin el aprecio debido ... Con razón las encuestas de los trabajadores actuales indican una declinación continua en la satisfacción en el trabajo ... La gente se siente aplastada.[4]

La revista pasa luego a comentar que los impertinentes teléfonos celulares, las máquinas de fax que rechinan, y la persecución incansable de los e-mail ha desvanecido los límites entre el trabajo y la casa. La casa ya no es un refugio sino una extensión del trabajo. El trabajo simplemente no satisface las necesidades más profundas de la vida. No lo hizo en el día de Salomón, no lo ha hecho desde entonces, y nunca lo hará.

Nuestro trabajo no nos separa

Consideré entonces la sabiduría, la necedad y la insensatez —¿qué más puede hacer el sucesor del rey, aparte de lo ya hecho?—, y pude observar que hay más provecho en la sabiduría que en la insensatez, así como hay más provecho en la luz que en las tinieblas.

*El sabio tiene los ojos bien puestos,
pero el necio anda a oscuras.*

Pero también me di cuenta de que un mismo final les espera a todos. Me dije entonces: «Si al fin voy a acabar

*igual que el necio, ¿de qué me sirve ser tan sabio?»
Y concluí que también esto es absurdo, pues nadie se
acuerda jamás del sabio ni del necio; con el paso del
tiempo todo cae en el olvido, y lo mismo mueren los
sabios que los necios.*

—Eclesiastés 2:12-16

Ahora Salomón nos aturde con su conclusión. Afirma que cuando vemos las cosas tal como son «debajo del sol», descubrimos que nuestro trabajo ni nos satisface ni nos separa; nos reduce a todos al mismo nivel. Imagínese mentalmente una vida de trabajo incesante y que cansa hasta los huesos. El hombre del siguiente cubículo vive toda una carrera de logros holgazanes. Los dos mueren el mismo día y son puestos lado a lado en la misma funeraria. Ningún extraño podría ver los dos cadáveres e identificar quién fue el que se esforzó y quién fue el holgazán.

Job dice: «Desnudo salí del vientre de mi madre, y desnudo he de partir» (Job 1:21).

Harry Ironside una vez escribió: «La muerte es la gran niveladora de todos los hombres. Sea rico o pobre, sabio o necio, poderoso o débil, renombrado u oscuro, nadie puede levantarse sobre ella, engañarla, o escapar del reclamo final de la misma sobre su vida».

El autor británico del siglo diecisiete, James Shirley, lo dijo de forma gráfica en su famoso poema «La muerte niveladora».

> La muerte pone sus manos gélidas sobre reyes:
> Cetro y corona
> Deben caer
> Y en el polvo se les iguala
> Con la pobre pala y la torcida guadaña.⁵

Nuestro trabajo no nos da sucesión

Aborrecí entonces la vida, pues todo cuanto se hace

en ella me resultaba repugnante. Realmente, todo es absurdo; ¡es correr tras el viento!

Aborrecí también el haberme afanado tanto en esta vida, pues el fruto de tanto afán tendría que dejárselo a mi sucesor, y ¿quién sabe si éste sería sabio o necio? Sin embargo, se adueñaría de lo que con tantos afanes y sabiduría logré hacer en esta vida. ¡Y también esto es absurdo!

Volví a sentirme descorazonado de haberme afanado tanto en esta vida, pues hay quienes ponen a trabajar su sabiduría y sus conocimientos y experiencia, para luego entregarle todos sus bienes a quien jamás movió un dedo. ¡Y también esto es absurdo, y un mal enorme! Pues, ¿qué gana el hombre con todos sus esfuerzos y con tanto preocuparse y afanarse bajo el sol? Todos sus días están plagados de sufrimientos y tareas frustrantes, y ni siquiera de noche descansa su mente. ¡Y también esto es absurdo!

—ECLESIASTÉS 2:17-23

Tal vez a usted no le guste oírlo, pero Salomón simplemente está tratando de decir en voz alta lo que todos sabemos que es verdad. Construya lo que quiera, ahorre todo lo que pueda, deposítelo en el banco, conviértalo en acciones y bonos, inviértalo en bienes raíces, póngalo en cualquier lugar que escoja. Usted controlará su riqueza solo por una temporada, y después quedará fuera de sus manos por completo. Cuando usted lanza su último suspiro, suelta de sus manos todo lo que se ha esforzado por construir bajo el sol. Ahora es asunto de otros.

Salomón no nos está diciendo que nos olvidemos de nuestros hijos o les neguemos una herencia razonable. El mismo hombre escribe: «El hombre de bien deja herencia a sus nietos» (Proverbios 13:22). Proveer para nuestros seres queridos después de nuestra muerte es parte de nuestra mayordomía cristiana.

No, su mensaje aquí es que la acumulación de la riqueza no produce nada que dure en el tiempo y la eternidad. Dejar demasiado a nuestros seres queridos puede ser peor que dejarles demasiado poco.

El novelista francés Gaston Leroux, autor de *El fantasma de la ópera*, casi se destruyó de esta manera. Cuando su padre murió repentinamente, dejándole con una fortuna de casi un millón de francos, Gaston abandonó su carrera y se dedicó a una existencia licenciosa de apuestas y placer en la pintoresca sociedad de París. Al año había despilfarrado su herencia... otro pródigo triste pero más sabio.

Salomón nos está advirtiendo que acumular montañas de dinero llega a perder su significado a los dos segundos de nuestra muerte. En verdad, la misma realidad de la muerte despoja a nuestras posesiones de significado duradero.

En su libro *Reasonable Faith* [Fe razonable], el brillante apologista William Lane Craig describe las implicaciones culminantes de esa verdad. Habla desde la perspectiva del que no cree, que puede decir:

> Me doy cuenta de que voy a morir y para siempre dejar de existir. Mi vida simplemente es una transición momentánea del olvido al olvido. El universo, también, enfrenta la muerte. Los científicos nos dicen que el universo se está expandiendo, y todo se aleja cada vez más y más. Al hacerlo se hace cada vez más frío, y su energía se acaba. A la larga todas las estrellas se extinguirán y toda la materia se colapsará en estrellas muertas y agujeros negros ... La humanidad es una raza condenada en un universo moribundo. Debido a que, a la larga, la raza humana dejará de ser, no importa en última instancia si alguna vez existí. La humanidad, por lo tanto, no es más significativa que un enjambre de mosquitos o una pocilga de cerdos, ya que su final es el mismo. El mismo proceso cósmico ciego que los escupió para empezar, a la larga se los tragará de nuevo.[6]

¿A quién le importa si dejamos un dólar o dos camino al olvido? ¿A quién le importa si les dejamos millones de dólares a nuestros hijos? Bien podría eso apresurar su destrucción espiritual.

Por eso Pablo nos dice que pongamos nuestro afecto en las cosas de arriba, no en las cosas de abajo (Colosenses 3:1-4). Por eso Jesús nos dice que hagamos tesoros en el cielo, no en la tierra (Mateo 6:19-20). Por eso Pablo escribe estas palabras a Timoteo:

> A los ricos de este mundo, mándales que no sean arrogantes ni pongan su esperanza en las riquezas, que son tan inseguras, sino en Dios, que nos provee de todo en abundancia para que lo disfrutemos. Mándales que hagan el bien, que sean ricos en buenas obras, y generosos, dispuestos a compartir lo que tienen. De este modo atesorarán para sí un seguro caudal para el futuro y obtendrán la vida verdadera (1 Timoteo 6:17-19).

¿CUÁL ES LA RESPUESTA?

Hace un tiempo, un aspirante a estrella de televisión recibió una oportunidad en una serie en una cadena televisora. Fue a los estudios de la NBC, vio su nombre en un lugar del estacionamiento, halló que el personal lo trataba con toda atención, y admiró la estrella en la puerta de su camerino. El programa de prueba de la serie se filmó en cinco días, pero los ejecutivos de televisión lo rechazaron. Cuando el joven actor se fue, nadie le despidió, su nombre ya no estaba en el estacionamiento y su camerino estaba cerrado con llave.

«Todo el éxito fue como humo», dijo. «No pude echarle mano; como algodón de azúcar, una vez que estuvo en mi boca, desapareció».[7]

Nuestra cultura es un mundo de algodón de azúcar —dulce y seductor—, un enrollado rosado de calorías vacías. Hoy usted puede ser el «sabor del mes», con Hollywood y Wall Street listos a sus órdenes. Mañana sus bolsillos pueden estar tan vacíos como su alma.

LA ALEGRÍA ES UN DON DE DIOS

Nada hay mejor para el hombre que comer y beber, y llegar a disfrutar de sus afanes. He visto que también esto proviene de Dios, porque ¿quién puede comer y alegrarse, si no es por Dios?

—ECLESIASTÉS 2:24-25

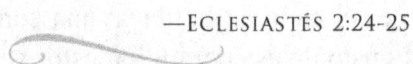

Salomón podría haberse conformado con un espíritu de escepticismo acerca de su vida bajo el sol. Podría haber vivido sus días en desesperanza silenciosa. Pero recordó algo maravilloso de su juventud. Recordó cuando la vida era más sencilla, cuando tenía mucho menos y lo disfrutaba mucho más. En particular, recordaba el mensaje de dos padres: uno le enseñó desde el cielo, el otro le enseñó desde la tierra.

Las últimas palabras de Eclesiastés 2:25 son la clave. La Nueva Versión Internacional, la New American Standard Version, así como otras traducciones modernas dan en el clavo. Por ejemplo, la Versión Popular traduce el versículo 25 de esta manera: «Porque, ¿quién puede comer, o gozar, si no es por él?» Esa es la conclusión de Salomón: Dios es la esencia de la vida positiva, y todo momento de ella es una dádiva de él.

Ocho veces en este libro oiremos este sentimiento... una especie de estribillo estimulante para los versículos lóbregos de Eclesiastés. Y no nos perdamos el alivio de este pensamiento: Incluso bajo el sol, incluso con lo que falta, lo que en efecto tenemos es una dádiva de Dios. La sabiduría, el trabajo y el placer de una buena comida no son más que aperitivos, pero son buenos aperitivos.

Podemos disfrutar de nuestras buenas casas y familias, del placer de nuestra recreación, de un chapuzón frío y del filete a la parrilla. Podemos sentirnos bien al conectarnos con nuestro trabajo. Estas cosas nunca nos darán el gran placer único que está en el centro de nuestra vida, pero lo complementarán. Se reunirán alrededor de la gran estrella brillante del contentamiento divino como luces menores que apuntan a la grandeza de lo que está en el centro.

Podemos sonreír al contemplar a Salomón desmantelar la idea de que Dios está en el cielo atisbando por entre las nubes para sorprender a la gente que se divierte, a fin de poder ponerle punto final a todo eso. El Dios de Eclesiastés no es así; él es el que da la felicidad, el que ofrece la búsqueda de placer. Cristo, el Pan de Vida, deja un rastro de cosas buenas como migajas en el bosque, que dirigen directamente al gozo que es el cielo en la tierra: una comunión íntima con él. Solo después del gusto de esa comunión estos sabores menores llegan a ser en realidad placenteros para nosotros.

¡Qué importante es, entonces, mantener a Dios en pleno medio de nuestra cuenta bancaria, nuestras posesiones y nuestros portafolios financieros! Imagínese mentalmente sus manos frente a sus ojos, unidas abiertas, con las palmas hacia arriba. En sus manos abiertas están todas las cosas que él le ha confiado: dinero, carros, una casa, muebles, todo. Todo esto es una dádiva de Dios (Santiago 1:17). Somos mayordomos, y la fidelidad es nuestro encargo. Eso significa que nuestras manos nunca deben cerrarse sobre los dones, sino que deben permanecer abiertas para que él pueda usarlas como lo requiere... y pueda volver a llenarlas.

El impulso humano, por supuesto, es el de «agarrar y apretar», apretar los puños en forma protectora. Luego nos hallamos enfrentándonos a recursos limitados. ¿Cómo puede Dios llenar cuando no hay abertura? Mientras no aflojemos nuestro apretón, no podremos disfrutar de lo que está allí.

Con corazones abiertos y manos abiertas, sin embargo, comprenderemos que Dios no carece de recursos y tampoco nos faltarán a nosotros. Mientras más descubrimos de él y lo disfrutamos, más hallamos disponible. Nuestras manos se abren más con gozo, y él da de su corazón infinitamente generoso. No son los las dádivas las que dan gozo, sino Dios mismo; las dádivas son simplemente sus expresiones creativas para decirnos cuánto nos ama. Y decimos igual que David: «Me has dado a conocer la senda de la vida; me llenarás de alegría en tu presencia, y de dicha eterna a tu derecha» (Salmo 16:11).

La iluminación es una dádiva de Dios

En realidad, Dios da sabiduría, conocimientos y alegría a quien es de su agrado; en cambio, al pecador le impone la tarea de acumular más y más, para luego dárselo todo a quien es de su agrado. Y también esto es absurdo; ¡es correr tras el viento!

—Eclesiastés 2:26

Dios no solo nos da gozo verdadero, sino que nos da iluminación verdadera. Crecemos en la sabiduría de usar sus bendiciones diarias.

Hay quienes pasan décadas construyendo casas espaciosas, pero Dios no habita ninguno de esos aposentos porque las casas están en sus manos cerradas, apretadas, acaparando... inversiones en valores materiales y financieros. Estas viviendas parecen ser hermosas a primera vista, pero se convierten en vacías y sin alma.

Hay otros con casas espaciosas que han sido abiertas, como las manos de sus dueños, para la gloria de Dios. Los que viven allí dan cabida a los estudios bíblicos. Reciben a los misioneros. Dios habita en todo cuarto, porque los que viven allí han invertido espiritualmente. Y el gozo bajo este techo es como un hermoso papel tapiz que recubre todo corredor; una música suave y deliciosa que abriga el alma.

Salomón estaba dibujando algo que aprendió temprano en su vida... la sabiduría y el conocimiento vienen de Dios. Note el parecido entre el versículo 26 y Proverbios 2:6.

> *Porque el Señor da la sabiduría; conocimiento y ciencia brotan de sus labios* (Proverbios 2:6).

> *En realidad, Dios da sabiduría, conocimientos y alegría a quien es de su agrado; en cambio, al pecador le impone la tarea de acumular más y más, para luego dárselo todo a quien es de su agrado* (Eclesiastés 2:26).

¿Preferiría usted ser el primero en la fila para la sabiduría, el conocimiento y el gozo, o le gustaría recibir las herramientas pesadas de «acumular más y más» al servicio de los que persiguen el conocimiento y la alegría? La decisión es por completo suya. Si decide servir a Dios, esos dones maravillosos de sabiduría, conocimiento y gozo vienen con el trato. De otra manera, la vida es una ronda interminable de alzar cosas pesadas.

Este mismo interesante plan jerárquico se encuentra en Proverbios 13:22: «Las riquezas del pecador se quedan para los justos». Los ojos de Dios están sobre toda la riqueza de este mundo, y él dice que la riqueza del pecador está siendo reunida y guardada para realizar sus propósitos en el tiempo preciso.

Los que conocen a Dios íntimamente pueden atestiguar el hecho de que la vida está llena de bendiciones maravillosas del cielo en cada vuelta. Dios quiere que sepamos cómo usar sus bendiciones, así que incluye la sabiduría entre sus dádivas.

Hace muchos años hubo una mujer llamada Clara Tear Williams que llegó a ser predicadora metodista itinerante, papel nada usual para una mujer del siglo diecinueve. Cuando un amigo le pidió a Williams un poema para incluir en un libro de poesía, esto es lo que ella le dio. El mismo resume el mensaje de Salomón en esta parte de Eclesiastés:

> Toda mi vida he tenido un anhelo
> Por un trago de algún manantial claro,
> Que esperaba que satisficiera el ardor
> De la sed que siento por dentro.
>
> ¡Aleluya! Le he encontrado
> ¡A aquel al que mi alma ha anhelado con ansia por tanto tiempo!
> Jesús satisface mis anhelos,
> Por su sangre ahora estoy salvada.[8]

Todo anhelo es satisfecho. Nuestra sed profunda es saciada. Y a partir de ahí, la vida es un desfile de bendiciones... los viejos artículos del hastío son transformados, así como nosotros hemos sido transformados, en nuevas y alegres dádivas cada mañana de aquí a la eternidad.

5
Impresiones en cuanto a la vida
ECLESIASTÉS 3:1-8

Se dice que un Día de los Veteranos, el 11 de noviembre de 1963, el presidente John F. Kennedy visitó el cementerio de Arlington para presentar sus respetos a los héroes estadounidenses caídos. Contemplando a las ondulantes colinas de Virginia desde la Casa Arlington, comentó: «Es tan hermoso que me podría quedar aquí para siempre». Dos semanas después regresó en un ataúd envuelto en una bandera para ser enterrado bajo una llama perenne.

El pasaje bíblico favorito de Kennedy era el poema de Salomón que se halla en Eclesiastés 3:1-8, y que comienza: «Todo tiene su momento oportuno; hay un tiempo para todo lo que se hace bajo el cielo: Un tiempo para nacer, y un tiempo para morir».

También en 1963 la nación cantaba el mismo pasaje antiguo de las Escrituras con una tonada contemporánea. El cantor folclórico Pete Seeger adaptó las palabras en la canción «Turn, turn, turn» [«Vuelta, vuelta, vuelta»], y la interpretación de los Byrds más tarde escaló hasta la cima de los éxitos musicales.

Seeger siguió muy de cerca la poesía de Salomón en su adaptación... hasta el último verso de la canción. Había llegado a las palabras de Salomón: «un tiempo para la guerra, y un tiempo para la paz». Ese, por supuesto, era un tiempo de paz; por lo menos para la generación joven que oía a los Byrds. La escena de la música folclórica estaba atareada proporcionando la pista de sonido para el movimiento antibélico, así que Peter Seeger modificó un poco la poesía de Salomón. El nuevo verso decía: «Un tiempo para la paz, y juro que no es demasiado tarde».[1]

¿Qué hay en Eclesiastés 3 que fascinó a una generación aturdida y a un joven presidente carismático? ¿Por qué ha perdurado este pasaje a través de las edades como uno de los poemas más viejos y filosóficos de nuestra literatura canónica? Ciertamente es uno de los pasajes más pensativos de la palabra de Dios, una meditación hermosa que proyecta un hechizo casi hipnótico a los lectores de toda generación.

En su escenario en Eclesiastés, viene como el paso siguiente en la lógica que está desarrollando Salomón sobre de la futilidad de la vida bajo el sol.

El autor fue el hombre más sabio y rico que jamás ha vivido, y este libro es una crónica de su búsqueda vitalicia por el cielo en la tierra. Ya hemos visto en los dos primeros capítulos de Eclesiastés cómo Salomón trató la riqueza, la sabiduría, el trabajo y la vida desenfrenada. Al final de sus experimentos de amplia variedad, llegó a la conclusión de que todo era un vacío ejercicio de la vanidad. Era como tratar de agarrar al viento en las manos.

Sin embargo, al llegar al capítulo 3 hallamos a Salomón enfrentando un reto incluso más grande, un «problema con Dios».

Yo sé todo en cuanto a un «problema con Dios». Hace años me enfrenté a un cáncer que ponía en peligro mi vida y a una aventura que cambió mi existencia. No hubiera escogido el cáncer como camino para crecer espiritualmente, ni le deseo tal temor y dolor a nadie. Por otro lado, no veo mi enfermedad como un suceso al azar, algún accidente misceláneo de la salud. Tampoco creo que hubo un momento en el que Dios estuvo ausente de la crisis física, emocional y espiritual que atravesé.

En verdad, hallé a Dios en todas partes durante ese período. Lo hallé como nunca antes. Tuve un atisbo de su rostro en los médicos y enfermeras que me cuidaron de forma tan hábil. Lo vi en su poder resplandeciente en la familia de mi iglesia, e íntimamente en el círculo familiar compuesto por mi esposa e hijos. Él vino a mi encuentro en la capilla privada de mi alma, donde cada día que pasaba sentía más profundamente su gracia y consuelo. En cada vuelta del camino encontré a mi Señor más presente y más poderoso. Y escribí sobre mis experiencias en un libro titulado *A Bend in the Road* [Un recodo en el camino].²

Sabiendo que debe haber dolor y sufrimiento para todos nosotros, de todo corazón deseo que todos pudieran recorrer el camino que yo recorrí. Deseo que toda alma humana pueda ver la cara de Dios dentro del temor y el caos. Muchos caminan en una senda muy diferente; solo experimentan la ausencia de Dios.

Me pidieron que participara en un debate con un individuo el cual había sufrido la misma enfermedad en particular. Él creía en Dios pero había llegado a conclusiones radicalmente diferentes de las mías con respecto a Dios y a los problemas de la vida. El debate fue patrocinado por la internacionalmente reconocida Clínica Scripps, de San Diego, California, líder de vanguardia en atención médica a pacientes de cáncer. El individuo con el que debatí era un rabino judío, discípulo del rabino Harold Kushner, autor de *When Bad Things Happen to Good People* [Cuando a gente buena le suceden cosas malas].

El libro del rabino Kushner provocó mucho interés cuando fue publicado en 1981, y otra vez cuando salió por segunda vez en su vigésimo aniversario. Como joven estudiante de teología Kushner tenía muchas preguntas en cuanto a Job y su experiencia del sufrimiento. Pero cuando su propio hijo de tres años contrajo una rara enfermedad que le quitó la vida a tan tierna edad, Kushner escribió sus conclusiones acerca de Dios y el sufrimiento con el propósito de proveer respuestas para otros en circunstancias similares.

La conclusión de Kushner era la popularización de un antiguo enigma teológico: ¿Cómo puede ser Dios a la vez perfectamente bueno y perfectamente poderoso? El sufrimiento en el mundo sugiere que si él es Dios, no es bueno; o si él es bueno, no es Dios. En otras palabras, algo debe estar faltando ya sea en su amor o su poder, o de lo contrario curaría todo dolor por pequeño que sea.

El rabino Kushner batalló con este antiguo enigma. Concluyó que Dios es todo amor pero no todopoderoso. Él se interesa profundamente en los seres humanos que creó, pero después de crear el mundo retrocedió y permitió que el mismo siguiera su marcha sin su interferencia... de nuevo, se trata del relojero cósmico que abandona su creación.

Kushner decidió que navegamos en las aguas de un océano que

Dios no controla. Es decir, si uno le ora a Dios en la necesidad, él tiene que contestar: «Lo lamento, ese no es mi trabajo». Se suponía que el mensaje de su libro debía ofrecer esperanza y consuelo a los que sufren. No obstante nunca he oído una explicación de cómo es eso, porque se nos dice que vivimos dentro de una especie de cerca que Dios no cruzará.[3]

El rabino con el que debatí sostenía la opinión de Kushner. Admitió que no oró por la intervención sanadora de Dios en su vida; si Dios no intervino en que él se enfermara, ¿por qué debería él intervenir para sanarlo?

Salomón tenía una opinión diferente. En el capítulo 3 de Eclesiastés concluye que Dios es soberano y tiene el control, a pesar de que los imponderables permanecen. Aquí Salomón ve a Dios estando presente dentro de la cerca con nosotros, pero no ayudando lo suficiente. El rey quiere saber por qué Dios no mejora el estándar de vida, hace algo acerca del proceso de envejecimiento, muestra un poco más de favoritismo hacia sus hijos, y a lo mejor suspende el programa del dolor humano.

En su poema anotado en Eclesiastés 3:1-8, Salomón presenta catorce versos dobles y veintiocho afirmaciones. Hay catorce declaraciones negativas y catorce positivas, y caen en tres categorías. La primera describe la influencia del tiempo en nuestros cuerpos, la segunda se enfoca en nuestras almas, y la última trata de nuestros espíritus.

Eso es, después de todo, la manera en que usted y yo estamos hechos. Somos seres humanos con cuerpo, mente y alma.

¿Cuál es el pensamiento principal de Salomón? Pues bien, no se necesita ser erudito en hebreo para notar que la palabra *tiempo* aparece veinte y nueve veces en estos versículos. Muy rara vez le damos la espalda al tiempo. Usted y yo probablemente tenemos una docena de relojes y cuatro o cinco calendarios en nuestras casas. Muchos llevamos un cuenta horas en la muñeca, y los indicadores de tiempo son partes integrales de nuestros teléfonos celulares, la pantalla de la computadora, y los asistentes electrónicos personales. Toda corporación grande en los Estados Unidos trata de enseñarles a sus empleados habilidades en el manejo del tiempo.

Cuando Don Regan llegó a ser jefe de personal para el presidente Ronald Reagan, quedó anonado por la inmensidad de la tarea de administrar el horario del presidente. «Es una experiencia aleccionadora darse cuenta», dijo, «de que a uno se le ha confiado el manejo del tiempo del hombre más poderoso del mundo». Regan escribió en sus memorias:

> Un presidente no tiene más de ocho años (y a lo mejor se le conceda la mitad de ese tiempo, o incluso menos) para cumplir las promesas que le ha hecho al pueblo. Por consiguiente es verdad en cuanto al presidente como lo es de otros pocos hombres que no tiene ni un minuto para desperdiciar. Toda reunión, toda conversación, toda ceremonia tiene que tener un propósito, y tiene que llevarse a cabo en el tiempo designado. Lo que un presidente puede no lograr hacer por falta de tiempo puede tener consecuencias profundas.[4]

Recuerde que Salomón fue el líder más grande de sus días, la cabeza de estado a la cual todo Israel y la mayoría del mundo miraban en busca de orientación. Él reflexionó con cuidado sobre la distribución del tiempo, y se daba cuenta de lo rápido que pasaba.

El tiempo y su vida física

Todo tiene su momento oportuno; hay un tiempo para todo lo que se hace bajo el cielo:

>*Un tiempo para nacer,*
>*y un tiempo para morir;*
>*un tiempo para plantar,*
>*y un tiempo para cosechar;*
>*un tiempo para matar,*
>*y un tiempo para sanar;*
>*un tiempo para destruir,*
>*y un tiempo para construir.*

—Eclesiastés 3:1-3

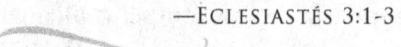

Salomón comienza su contemplación con una aleccionadora observación: el nacimiento y la muerte tienen ambos su tiempo designado.

Hace poco tiempo volé a Baltimore para el nacimiento de mi nieto, Ryland. Mirando por la ventana de la sala cuna a este hermoso nuevo ciudadano del mundo, caí en cuenta de que en el siguiente corredor algún otro ciudadano estaba siendo despedido. Alguna familia estaba reunida para la agonía de la partida. No hay una caminata larga entre la sala cuna y la unidad de cuidados intensivos. Pasamos nuestro tiempo caminando de la entrada a la salida, del vientre al sepulcro.

Mientras tanto, hay tiempo para plantar y tiempo para cosechar. Salomón se refiere al abastecimiento de comida porque sabe que Dios pone los límites de las estaciones. Tal como el compositor de una música hermosa introduce ciertos ritmos y repeticiones en sus canciones, así Dios ha insertado ciertos ritmos en su mundo. La repetición continua de las estaciones provee comodidad y una cadencia viable a la vida.

Nos incomodamos un poco al leer que hay tiempo para matar como también tiempo para sanar. Sin embargo, nuestros cuerpos están en el proceso de morir en todo momento. Los científicos nos dicen que cada siete años reaprovisionamos las células de nuestros cuerpos. Hay un continuo departamento de mantenimiento en la máquina humana que está constantemente cambiando lo viejo por lo nuevo. Y lo gobierna el tiempo.

Las células cancerosas, las células infectadas, o simplemente las células desgastadas deben ser destruidas... así que aun la matanza tiene su tiempo, y estamos agradecidos. Tiene que haber un tiempo para matar para que podamos tener el tiempo para curar.

¿Y qué tal de «un tiempo para destruir, y un tiempo para construir»? Construimos en nuestros años jóvenes, y comenzamos a desbaratarnos a medida que envejecemos... algo doloroso pero verdadero. Alguien dijo que sabemos que nos estamos volviendo viejos cuando las letras comienzan a hacerse más chicas, los escalones más altos, las voces se suavizan, los músculos se debilitan, y nuestro gabinete de remedios se hace más grande.

¿Qué tan viejo es viejo? Se es vieja a los veintiún años si la mujer es gimnasta. Su desempeño alcanza su clímax entre los quince y los diecinueve años. Usted está de bajada a los treinta si es tenista profesional. ¿Piensa que tener cuarenta años es ser viejo? Para Michael Jordan, llegar a los cuarenta significa que sus años como estrella de la NBA ya van quedando atrás.

Yo estaba disfrutando de un cumpleaños cuando David Todd, mi nieto de seis años, hizo cálculos con los números de mi edad. Dijo: «Si el abuelito tuviera los años de un perro, ¡ya estaría muerto!» Tenía razón. El tiempo es relativo para las criaturas de Dios, pero gobierna sus itinerarios.

Hay un tiempo para desmoronarse, pero Dios está allí. Él es poderoso y está lleno de amor, a pesar de lo que el rabino dijo; y uno tiene la oportunidad de experimentar su poder de forma más efectiva y vívida cuando acude a él en los trastornos de la vida.

EL TIEMPO Y SU VIDA EMOCIONAL

Un tiempo para llorar,
y un tiempo para reír;
un tiempo para estar de luto,
y un tiempo para saltar de gusto;
un tiempo para esparcir piedras,
y un tiempo para recogerlas;
un tiempo para abrazarse,
y un tiempo para despedirse.

—ECLESIASTÉS 3:4-5

El tiempo también interviene en las operaciones del alma, es la sede de las emociones humanas. Hay un tiempo para llorar, cuando las lágrimas corren libremente; también hay un tiempo para reír. Se espera que lo segundo sea más frecuente que lo primero, porque en otro pasaje Salomón receta la alegría como una buena medicina para el alma (Proverbios 17:22). Sin embargo, las lágrimas son parte de la vida. La Biblia dice: «Jesús lloró ... se turbó y se conmovió profundamente» (Juan 11:35,33). Job declaró: «Ante él me deshago en lágrimas» (Job 16:20). El salmista le pide a Dios que guarde sus lágrimas en una redoma divina, porque son preciosas (Salmo 56:8). Y el Salmo 126:5 promete: «El que con lágrimas siembra, con regocijo cosecha».

Sus lágrimas son joyas de Dios; son preciosas para él. Mientras mayor sea su sufrimiento, mayor es el ministerio y la gracia de Dios para usted. Necesitamos reír, pero a veces también debemos llorar. El Señor está cerca de nosotros tanto en la tristeza como en la alegría. Un día él limpiará toda lágrima de nuestros ojos y los días de llanto quedarán en el olvido. Pero por ahora, hay un tiempo para reír y un tiempo para llorar.

Hay un tiempo para estar de luto y un tiempo para saltar de gusto. Hay un tiempo para abrazar, y hay momentos en que dar un abrazo es inapropiado. Dios nos ha dado una amplia gama de emociones, y a veces sentimos que estamos a merced de nuestro enojo, depresión, o aflicción. Ayuda saber que cada emoción está simplemente desempeñando el papel asignado en su propio tiempo especial. Necesitamos un cielo azul y praderas verdes; necesitamos nubes blancas relucientes. De la misma manera, necesitamos nuestra gama completa de emociones que Dios nos dio, porque son el emblema de nuestra humanidad. Nos señalan como hijos de un Dios que también se enoja, se aflige y se ríe.

El tiempo y su vida espiritual

*Un tiempo para intentar,
y un tiempo para desistir;
un tiempo para guardar,
y un tiempo para desechar;
un tiempo para rasgar,
y un tiempo para coser;
un tiempo para callar,
y un tiempo para hablar;
un tiempo para amar,
y un tiempo para odiar;
un tiempo para la guerra,
y un tiempo para la paz.*

—Eclesiastés 3:6-8

Los últimos tres versículos tienen que ver con las decisiones internas... los compromisos profundos de nuestras vidas. A veces ganamos; a veces perdemos: dinero, peso, cabello, seres queridos, privilegios, derechos, responsabilidades, alegría, posesiones.

A veces guardamos cosas en nuestras cocheras, y a veces limpiamos nuestros garajes. Coleccionamos y desechamos.

Incluso las corporaciones grandes hacen eso. En los períodos de expansión devoran a las compañías más pequeñas; luego, cuando necesitan aumentar sus haberes en efectivo para pagar deudas o entrar en nuevos mercados, venden parte de lo que han acumulado. Desdichadamente, en el ámbito personal parecemos estar más interesados en acumular que en desechar. Necesitamos reconocer el valor espiritual de ambas acciones, que hay un tiempo y una estación para deshacerse de algunas cosas.

A veces necesitamos hablar. Otras veces necesitamos mantener la boca cerrada. Salomón sabía que había «un tiempo para callar, y un tiempo para hablar». Los beneficios y las desventajas de las palabras aparecen repetidamente en los proverbios de Salomón. El padre en Proverbios continuamente amonesta a sus hijos a prestar atención a las palabras de sabiduría e instrucción (Proverbios 2:1; 3:1; 4:1,10,20; 5:1,7; 7:1,24), pero también advierte en contra de hablar demasiado (17:27) y enredarse en las palabras de uno mismo (6:2).

Mientras más hablemos, es más probable que pequemos (Proverbios 10:19); el fuego del chisme muere tan pronto la habladuría termina (26:20). En resumen, las palabras contienen vida o muerte; depende de nosotros escoger usarlas con cuidado (18:21). No hay mayor sabiduría que saber las temporadas de la lengua: cuándo es tiempo de hablar y cuándo es tiempo de quedarse callado (26:4-5).

Hay un tiempo para amar e incluso un tiempo para aborrecer. ¿Tiempo para aborrecer? Sí, por supuesto. Incluso Jesús aborreció. Él aborrecía el pecado. Aborrecía el dominio del pecado sobre el alma humana. Aborrecía su estela de destrucción. Necesitamos aprender a aborrecer lo malo sin aborrecer a los malos. Podemos aborrecer el acto del aborto, pero tener compasión de la persona que aborta y del niño abortado. Podemos aborrecer los estragos del licor, pero amar a los que luchan con el alcoholismo, y querer hacer lo que sea posible para ayudarlos.

El pasaje termina recordándonos que mientras todos anhelamos un mundo de paz, hay incluso un tiempo cuando la guerra es moralmente necesaria. «Un tiempo para la guerra, y un tiempo para la paz» (v. 8).

Peter Muhlenberg fue un pastor anglicano en Virginia. En 1774 fue elegido a la legislatura de Virginia y estuvo presente en la iglesia St. John's de Richmond cuando Patrick Henry proclamó: «¡Denme libertad o denme muerte!» Peter quedó tan conmovido que de inmediato se unió al ejército de Jorge Washington.

En una mañana amargamente triste un domingo renunció a su iglesia y predicó su sermón de despedida. Leyó Eclesiastés 3:1: «Todo tiene su momento oportuno; hay un tiempo para todo lo que se hace bajo el cielo». Mirando hacia arriba dijo: «Hay tiempo para predicar y tiempo para orar, pero también hay tiempo para pelear, y ese tiempo ha llegado». Entonces se quitó su toga ministerial para revelar el uniforme de coronel de milicia que vestía debajo.

Reclutó a otros hombres de la iglesia, y bajo sus ordenes, llegaron a ser conocidos como el regimiento alemán. Es debido a hombres como Peter Muhlenberg que los Estados Unidos han sido el hogar de los valientes y la tierra de los libres por más de doscientos años.[5]

Lo que Salomón nos enseña en Eclesiastés 3:1-8 es que toda la vida se desdobla bajo las designaciones de la providencia. El nacimiento y la muerte, plantar y cosechar, alegrías y tristezas, adquirir y perder, hablar y callar, la guerra y la paz... todo tiene su tiempo designado por Dios. Él es soberano, pero él es siempre fiel.

Nuestras vidas necesitan reflejar su ritmo divino. Necesitamos la cadencia de su llamado, el ritmo de su sabiduría corriendo por nuestros momentos, nuestros días, y nuestros años. En todas las temporadas de la vida, en todas las circunstancias sinuosas de los años que pasan, Dios continúa estando a la vez lleno de amor y de poder. Como lo dice el antiguo himno metodista:

> El verano y el invierno, y la primavera y la cosecha,
> El sol, la luna, y las estrellas en sus órbitas en las alturas
> Se unen con toda la naturaleza en testimonio múltiple
> A tu gran fidelidad, misericordia, y amor.[6]

6
Nociones acerca de Dios
ECLESIASTÉS 3:9-11

Cuando todo se ha dicho y hecho, ¿cuál es el punto de todo lo dicho y hecho?

Esto suena fatalista. Suena como cualquier cosa mundanal pero no bíblica. Si usted dijera esto en la iglesiza probablemente recibiría una buena reprimida. Pero usted no es Salomón; él es el rey, y puede hacer preguntas como estas.

Y en realidad quiere una respuesta. ¿Representa todo este esfuerzo alguna diferencia? Después que los tiempos y las estaciones y los sentimientos se hayan expresado en mí, ¿qué queda?

En las palabras del rey: «¿Qué provecho saca quien trabaja, de tanto afanarse?»

Salomón presenta una pregunta correcta. Si Dios controla las cimas y los valles de la vida, si tiene todo bajo control, entonces ¿cuál es el propósito de *mi* trabajo? ¿Por qué debería yo preocuparme por llegar a tiempo cuando llega la mañana?

He conocido a amigos que han pasado veinte años construyendo una casa segura para su familia, solo para verla evaporarse rápidamente mediante algún desastre o crisis financiera. ¿Han sido todos esos años una pérdida total?

El periódico *Times* de Londres hace poco publicó un perfil de Philip Guston, el pintor expresionista abstracto canadiense-estadounidense que murió en 1980. El artículo se titulaba: «Cómo exponer una existencia inútil». Era el perfil de un hombre que logró, mediante su arte, demostrar lo insulso de toda nimiedad que la gente hace.

El cronista de arte describió a Guston como un hombre que,

habiendo sido expulsado de la escuela, «llegó a fumar tres cajetillas de Camels al día, comía y tomaba mucho, y de alguna manera triunfó en hacer un arte noble, incluso heroico, de esos excesos». Para Guston, la vida estaba vacía... fúmese otro cigarrillo.

El escritor de *Times* añadió esta línea desesperanzada: «La mayoría de las vidas modernas en realidad se deshilvanan y entonces se detienen, como una alfombra de escalera que se desenrolla».[1]
Eso es más bien vívido, ¿verdad? Es simplemente una versión más moderna del famoso monólogo de Mácbet:

Mañana, y mañana, y mañana,
Silenciosamente es su paso mezquino día a día,
Hasta la última sílaba del tiempo registrado ...
La vida no es más que una sombra ambulante, un jugador pobre,
Que se pavonea y teme su hora en el escenario
Y entonces no se le oye más, es un cuento
Dicho por un idiota, lleno de sonido e ira,
Significando nada.[2]

El plan de Dios es bueno

¿Qué provecho saca quien trabaja, de tanto afanarse? He visto la tarea que Dios ha impuesto al género humano para abrumarlo con ella. Dios hizo todo hermoso en su momento, y puso en la mente humana el sentido del tiempo, aun cuando el hombre no alcanza a comprender la obra que Dios realiza de principio a fin.

—Eclesiastés 3:9-11

Salomón le hace frente con resolución a esta actitud de futilidad y desesperanza, y en el capítulo 3 nos da tres respuestas para reflexionar.

En el versículo 10, Salomón dice que nuestro ajetreo puede oscurecer el verdadero significado de la vida a menos que nos detengamos y demos un mejor vistazo. Al hacerlo nos daremos cuenta de que el plan de Dios es bueno. La verdad es que «Dios hizo todo hermoso en su momento» (3:11). Si permitimos que el significado de esta declaración penetre en nosotros, nos percataremos de que *todo* es hermoso a los ojos de Dios; *todo* en la vida tiene un propósito.

La vida no es vacía, al azar y sin Dios, sino plena y alineada con precisión y ordenada por Dios. No es que su trabajo más importante no tenga significado, sino que sus momentos más triviales también son significativos.

Ruth Bell Graham solía tener una inscripción sobre el lavaplatos de su cocina: «Aquí se realiza un servicio divino tres veces al día». Ella comprendía que cualquier cosa que hagamos, incluso lavar una olla sucia, vale la pena si se hace en la voluntad de Dios y para la gloria de Cristo.

Alguien que entendía esto muy bien fue Nicholas Herman, a quien en la historia se le conoce como el Hermano Lorenzo. Nació en Lorraine, Francia, en 1605, pero se sabe muy poco de su niñez. Tenía diez años cuando estalló la Guerra de los Treinta Años. Luchó en el ejército francés, fue herido seriamente, y quedó cojo por el resto de su vida. Se convirtió a los dieciocho años de edad, y entró a trabajar como lacayo para un funcionario local en la tesorería.

Sin embargo, Nicholas tenía un temor hostigante a vivir una vida insignificante. A los cincuenta años, entró en el monasterio carmelita de París en donde se le puso el nombre de Hermano Lorenzo y fue asignado a la cocina. Era un trabajo que le pareció insultante y humillante. Por los siguientes años hizo sus quehaceres, sintiéndose miserable pero cumpliendo con sus obligaciones.

Entonces un día empezó a pensar en su actitud. Comenzó a recordarse a sí mismo que la presencia de Dios le llenaba de continuo. Incluso los trabajos más viles, si se los acomete para la gloria de Dios, son santos. Y eso significa que el calor de la cocina, el sudor del campo sin arar, e incluso el olor del desagüe son tierra santa, porque Dios va a esos lugares con nosotros.

Muchos años pasaron. El semblante y la actitud del hermano Lorenzo cambiaron gradualmente, hasta que otros comenzaron a preguntarle la razón de su esplendor. Su sesudo mensaje comenzó a ejercer una influencia profunda en los que le rodeaban, y lo preservó en un librito titulado *La práctica de la presencia de Dios*. De este modo el mensaje sencillo de un simple ayudante de cocina ha ejercido un impacto internacional, porque Lorenzo comprendió la implicación completa de la presencia invisible de Dios.[3]

¿Qué provecho tiene el que trabaja? Mucho provecho, si nuestros trabajos son dados por Dios y están centrados en él. La verdadera pregunta es: ¿Estoy haciendo lo que Dios quiere que haga? ¿Estoy en el lugar que él quiere que ocupe por encima de todos los demás?
Salomón continúa en el versículo 11 y añade esta hermosa oración: «Dios hizo todo hermoso en su momento». Todo lo que pasa en nuestras vidas tiene un propósito. Dios lo hace hermoso en su tiempo. Este versículo del Antiguo Testamento es el homólogo de Romanos 8:28: «Ahora bien, sabemos que Dios dispone todas las cosas para el bien de quienes lo aman, los que han sido llamados de acuerdo con su propósito».

En nuestras iglesias solíamos entonar un canto basado en este versículo:

En su tiempo, en su tiempo,
Él hace todas las cosas hermosas en su tiempo.
Señor, por favor muéstrame cada día,
Al enseñarme tu camino,
Que tú harás exactamente lo que has dicho en tu tiempo.[4]

No tenemos problemas para conectarnos con esa verdad en los momentos buenos. Pero lo que distingue a un verdadero santo es su capacidad de aplicarla en los momentos desagradables. Cuando las jóvenes parejas se enamoran y se casan, están convencidas de que Dios lo ha hecho todo hermoso en su tiempo. Sin embargo, diez años después, cuando los pequeños le pisan los dedos de los pies, hay cuentas que pagar, se ha perdido un trabajo, y uno ha recibido un diagnóstico médico que asusta, nos preguntamos qué le pasó a toda esa belleza. El matrimonio ha perdido su lustre, ser padre es menos que glorioso, y formar un hogar es más sudor que dulzor.

Hombres y mujeres abandonan sus matrimonios en tiempos como

estos, simplemente porque no se dan cuenta de la presencia de Dios en los momentos duros tanto como en los momentos buenos. Nuestro reto es reconocer que todo tiene su tiempo, su temporada, su razón, y confiar en que Dios dará sentido y unidad según su calendario. Entonces no solo habrá belleza allí, sino será mucho más hermosa debido a que hemos sido pulidos intensamente.

Cuando estuve enfermo de cáncer, la gente me preguntaba: «Pastor, ¿por qué le dio cáncer? Usted es un hombre de Dios, sirviéndole al Señor en el ministerio a tiempo completo». Es verdad que soy pastor. Pero a un nivel más profundo soy simplemente otro ser humano; y a los seres humanos les da cáncer. El juego del Monopolio tiene una tarjeta que dice: «Salga de la cárcel sin pagar», pero Dios no les ofrece tal tarjeta a los creyentes. Tenemos que recibir tanto la lluvia como el sol, la oscuridad y la luz, y sabemos que Dios está pintando un hermoso cuadro que requiere de todos los matices, de todos los colores y todas las profundidades del sufrimiento, así como también de la alegría.

Años atrás, el experto británico de medios de comunicación Malcolm Muggeridge, que llegó a ser un seguidor consagrado de Cristo, escribió lo siguiente en su libro *A Twentieth Century Testimony* [Un testimonio del siglo veinte]:

> Contrario a lo que se pudiera esperar, miro hacia atrás a experiencias que en ese momento parecían especialmente desoladas y dolorosas con una satisfacción particular. En realidad, puedo decir con completa veracidad que todo lo que en verdad ha realzado e iluminado mi existencia lo ha hecho mediante la aflicción y no por medio de la felicidad, ya sea buscada o alcanzada. En otras palabras, si alguna vez fuera posible eliminar la aflicción de nuestra existencia terrenal mediante alguna medicina u otras galimatías médicas, como Aldous Huxley se lo imaginaba en *Brave New World* [Nuevo mundo valiente], el resultado no sería hacer a la vida más exquisita, sino hacerla demasiado banal y trivial para ser soportable. Por supuesto, esto es lo que la cruz significa. Y es esta cruz, más que cualquier otra cosa, la que me ha llamado inexorablemente a Cristo.[5]

En otras palabras, si la vida fuese como dibujar un cuadro, y su lápiz incluyera un buen borrador, usted podría borrar todas las marcas más oscuras de la pintura. Pero al final no habría ningún cuadro real, porque es lo que pasa en esas uniones entre la luz y la oscuridad lo que nos dice la historia final.

El escritor devocional de la era de la Guerra Civil, E. M. Bounds, escribió muchos grandes libros sobre el tema de la oración. También compuso este pequeño poema:

¿Por qué tengo que temer al mañana? El Señor dirige mi camino.
¿Por qué tengo que pedir prestadas dificultades? Solo vivo para hoy.
Cuando estoy cansado, en Dios encuentro mi descanso,
Y cuando mi camino parece lóbrego, sé que es para mi bien.

En su libro autobiográfico *A Turtle on a Fencepost* [Una tortuga en un poste de la cerca], el líder de negocios Allan Emery cuenta de la ocasión cuando acompañó a su amigo y mentor, Ken Hansen, a visitar a un empleado en el hospital. El paciente estaba acostado muy quieto, sus ojos reflejaban angustia. Su operación había durado ocho horas, y su recuperación iba a ser larga e incierta.

«Alex», dijo Ken quedamente, «tú sabes que yo he tenido un número de operaciones serias. Sé cómo duele si uno trata de hablar. Pienso que sé las preguntas que te estás haciendo. Hay dos versículos que quiero darte: Génesis 42:36 y Romanos 8:28. Tenemos la opción de estas dos actitudes. Necesitamos la perspectiva de la última».
Hansen buscó los pasajes, los leyó, y luego oró y se fue. Allan Emery nunca olvidó esos dos versículos, ni tampoco debemos olvidarlos nosotros.[6]

La selección es esta: quedarse derrotado o ser optimista. Decir con Jacob en Génesis 42:36: «¡Todo esto me perjudica!» O decir con Pablo en Romanos 8:28: «Sabemos que Dios dispone todas las cosas para el bien de quienes lo aman».

La perspectiva que usted escoja coloreará su vida de forma intensa y por entero... ¿serán los matices suaves de la gracia y la providencia, o los latigazos duros de la desesperanza y el vacío?

El misionero Hudson Taylor a veces citaba este poema de Frederick W. Faber cuando las aflicciones le salían al paso:

> La enfermedad que Dios bendice es nuestro bien,
> Y lo bueno no bendecido es enfermedad.
> Y todo es bueno aunque parezca lo peor,
> Si eso es la dulce voluntad de Dios.[7]

Aquí es donde la fe entra en juego, por supuesto. Andamos por fe, no por vista. Si nuestra fe solo sirve cuando todo es color de rosa y optimista, no vale gran cosa. La fe interviene cuando el techo se le cae encima. Mantenemos altos nuestros espíritus y nos fortificamos al confiar en la presencia de Dios y sus promesas a pesar de las circunstancias desalentadoras.

Tenemos que comprender que el plan de Dios es bueno, y eso incluye aun las cosas negativas que vienen a nuestras vidas. Sé que se nos deja con algunas preguntas serias: ¿Qué tal del Holocausto? ¿Qué tal del 11 de septiembre del 2001? ¿Qué tal del genocidio en Bosnia? No puedo contestar todas esas preguntas. Pero sí puedo decir esto: *Cuando uno da un paso atrás, y contempla desde la perspectiva divina los grandes desfiles de la experiencia humana, las huellas de las manos Dios lo cubren todo... sobre todo los lugares de miseria y tragedia.*

En el libro de Tommy Nelson sobre Eclesiastés él presenta una lección objetiva que usaba en su iglesia. Hacía que la pianista pasara al piano. Le pedía que tocara «Cristo me ama» usando solamente las teclas blancas: las notas «do-re-mi» de la escala diatónica. Luego le pedía que tocara otra vez añadiendo las teclas negras: los sostenidos y bemoles. Entonces le preguntaba a la congregación: «¿Cuál versión prefieren?» No había competencia; se requiere de «música clara» y «música oscura», mayor y menor, sostenidos y bemoles para hacer una melodía.[8]

Si usted no aprende a confiar en Dios, hará una de dos cosas: se inventara un dios que no se basa en hechos, como mi amigo el rabino lo hizo. O creerá en el Dios verdadero pero vivirá en un estado constante de agitación porque él no actúa de la manera que usted piensa que debería actuar ni le explica lo que piensa que merece saber.

Necesitamos confiar en Dios para que sea Dios.

El propósito de Dios es claro

Ha puesto eternidad en el corazón de ellos
—Eclesiastés 3:11 (RVR).

Un misionero erudito llamado Don Richardson escribio un libro galardonado titulado *Eternity in Their Hearts* [Eternidad en sus corazones], basado en Eclesiastés 3:11. Presentó más de veinticinco ejemplo de misioneros de todo el mundo que habían descubierto culturas completamente ajenas al cristianismo en las que existían vestigios de la verdad acerca de Dios.

La gente estaba buscando a Dios, en realidad tenían *hambre* de Dios, puesto que el conocimiento acerca de él había sido transmitido en su cultura por generaciones. Llevarlos a Cristo requirió un poco más que una explicación de cómo el Dios que estaban buscando había venido a la tierra en la persona de Jesucristo para salvarles de sus pecados. Richardson propuso la idea de que todo ser humano tiene eternidad en su corazón, y que ganar a la gente para Cristo es un asunto de descubrir con qué pieza o parte de la eternidad están familiarizados y unir los puntos a Cristo.

Dios ha puesto algo en nuestros corazones, un sabor o anhelo de eternidad que no se puede descubrir mediante las experiencias de la vida. Siempre habrá en nosotros el ansia de algo más de lo que hemos experimentado hasta que conocemos a Dios personalmente.

E incluso después de que llegamos a conocer a Cristo, todavía habrá dolor, porque la Biblia dice que toda la creación gime, esperando el día de la redención (Romanos 8:22). El planeta Tierra no fue preparado para llevar una maldición de pecado, y nosotros no fuimos creados para vivir una naturaleza de pecado. Nunca encontraremos la satisfacción final en esta vida porque fuimos creados para la eternidad.

C. S. Lewis, en su clásico *Mere Christianity* [Cristianismo básico], lo dice de esta manera:

> Las criaturas no nacen con deseos a menos que exista una satisfacción para esos deseos. Un bebé siente hambre; y en efecto hay una cosa llamada comida. Un patito quiere nadar; y hay una cosa tal como el agua. Los hombres tienen deseos sexuales, y existe algo como el sexo. Si me hallo con un deseo que ninguna experiencia de este mundo puede satisfacer, la explicación más probable es que fui creado para otro mundo. Si ninguno de mis placeres terrenales lo satisfacen, eso no prueba que el universo es un fraude. Probablemente, los deseos terrenales nunca tuvieron el propósito de satisfacerlo, sino solamente de avivarlo, para sugerir la cosa real.[9]

Me pregunto si San Agustín tenía en mente Eclesiastés 3:11 cuando escribió: «Nos has hecho para ti, y nuestros corazones no tienen descanso sino cuando aprenden a descansar en ti». Esta frase lo expresa en la forma más sucinta que se pueda decir. La inquietud que vemos en nuestro mundo y en nuestros corazones nos dice que no hemos encontrado nuestro descanso completo en Dios. Y no vamos a experimentar ese descanso plenamente sino cuando entremos en el reino para el cual fuimos creados: *la eternidad.*

Otra vez, las palabras de C. S. Lewis nos ayudan: «Nuestro Padre Celestial ha provisto muchas posadas deliciosas para nosotros a lo largo de nuestra jornada, pero él ejerce gran cuidado para que no cometamos el error de pensar que alguna de ellas es nuestro hogar».

Al hacer estas paradas a lo largo del camino, solo podemos preguntarnos sobre las mansiones que él está preparando para nosotros.

Su programa es misterioso

Aun cuando el hombre no alcanza a comprender la obra que Dios realiza de principio a fin.

—Eclesiastés 3:11

El plan de Dios es bueno; su propósito es claro. Pero la última parte del versículo 11 nos dice que su programa es misterioso. Nadie lo puede descifrar.

Si usted tomó este libro pensando que tengo las respuestas a todos los misterios y miserias imponderables de la vida, debo disculparme. Yo no soy Dios, ni puedo entenderlo todo. Trato de descifrarlo tal como usted, y a menudo deseo que Dios fuese más comunicativo en las respuestas. El evangelista Vance Havner solía decir: «Dios escribe sobre algunos de nuestros días: *"Lo explicaré más tarde"*».

La expresión *por qué* aparece cuatrocientas treinta veces en la Biblia... y usted y yo la hemos preguntado muchas veces más. Catherine Marshall, elocuente escritora y esposa del capellán del senado estadounidense Peter Marshall, escribió sobre su angustia por la muerte de su querida nieta. Por algún tiempo Catherine sintió depresión y cólera hacia Dios por haber permitido tal cosa, cuando había orado de forma ferviente y confiaba en la curación de la niña.

Entonces un día ella estaba leyendo Isaías 53, penetrante pasaje sobre el sufrimiento del Mesías.

> Había leído este pasaje muchas veces antes, incluso desde la muerte de Amy Catherine, pero no me había afectado como lo hizo ahora, en particular el versículo diez. Dios hizo sufrir a su propio Hijo, pero este era un «plan bueno». Era perfecto, como solo algo de Dios podría serlo. Era terriblemente importante para el futuro de la raza humana que Jesucristo tuviera esa experiencia oscura en la cruz. Sin embargo, qué noche tan desesperadamente oscura debe haber sido para él para haber clamado: «Dios mío, Dios mío, ¿por qué me has abandonado?»

Catherine concluyó:

> Cuando la vida nos presenta situaciones que no podemos entender, tenemos una de dos opciones. Podemos revolcarnos en la miseria, separados de Dios. O podemos decirle: «Te necesito a ti y a tu presencia en mi vida más de lo que necesito comprensión. Te escojo a ti, Señor. Confío en que me darás comprensión y una respuesta a todas mis preguntas, solo si tú lo decides y cuando lo escojas».[10]

Dios es Dios, y él no nos debe una respuesta para cada pregunta al instante. Algún día entenderemos, pero ahora vivimos por fe y atisbamos oscuramente por un espejo. Es como ver por la empañada ventana de atrás una mañana de neblina. No se puede ver todo detalle de los campos y los árboles, pero uno tiene la fe de que las cosas se van aclarar, y el mundo será hermoso —un poco del cielo en la tierra—, mucho más hermoso, de alguna manera, después de un buen aguacero o neblina.

7
Lea las instrucciones
ECLESIASTÉS 3:12-15

Hace unos años, hubo un éxito de librería titulado *Life's Little Instruction Book* [Librito de instrucciones para la vida]. El título lo decía todo. Todos queremos profundas nociones en cuanto a la vida, dadas en bocaditos que podamos digerir. Fue Salomón el que inventó esta forma de enseñanza, y estos versículos de Eclesiastés 3 se pueden considerar el *Librito original de instrucciones para la vida.* Habiendo dado sus impresiones acerca de la vida (vv. 1-8) y sus nociones acerca de Dios (vv. 9-11), Salomón termina esta sección indicando algunas instrucciones para la vida (vv. 12-15).
Pero tenga cuidado: Estos versículos son cargas pesadas en paquetes pequeños. Es mejor tomarlos uno a la vez.

NO DESCARTE LA DIVERSIÓN DEBIDO A LO QUE NO PUEDA ENTENDER

Yo sé que nada hay mejor para el hombre que alegrarse y hacer el bien mientras viva.

—ECLESIASTÉS 3:12

Usted entra el parque de diversiones más grande del mundo. Tiene todo el día para pasarlo allí. ¿En que montaña rusa se va a subir primero?
¡En ninguna! Usted se sienta en una banca, saca su computadora

portátil, y se dedica a calcular con precisión las configuraciones mecánicas de cada atracción. Se figura que el hecho de dominar los lazos y vueltas mejorará la experiencia de la montaña rusa.

Después de ocho horas, es tiempo de irse a casa. La computadora portátil sigue zumbando... pero usted no ha experimentado ni siquiera una sola emoción que le entusiasme.

Eso es lo que pasa en la vida cuando uno llega a preocuparse por mirar sobre el hombro de Dios. Nunca entenderá ni siquiera una mínima porción de su programa, así que más le vale disfrutar la porción más grande de las provisiones de Dios. Si él tratara de explicarle la ciencia de la mecánica de la providencia, sería como si usted tratara de explicarle su trabajo a una pulga. Es mejor dejar que la pulga encuentre un perro y haga lo que saber hacer mejor.

La vida, el asombroso don de Dios, no debe verse afligida por la parálisis del análisis. O bien nos quedamos atascados en el temor de lo que viene luego, o bien nos confundimos tanto por el significado de todo que no nos damos cuenta del gozo que se desborda por las costuras de la vida cotidiana.

Hay un tiempo para «aligerarse» un poco, como dicen a veces. ¿Tomaremos menos en serio a Dios, su Palabra, y sus leyes? De ninguna manera. Simplemente reconoceremos los límites definidos por su grandeza y nuestra pequeñez.

No se puede poner a Dios en una caja conveniente producto de nuestro diseño. Como Archie Bunker dijo una vez (con una teología dolorosamente enrevesada): «Así es como él llegó a ser Dios». Además, metiendo las narices demasiado es como llegamos a estar en *nuestro* estado presente.

El Eterno dice en Isaías 55:9: «Como son más altos los cielos que la tierra, así son mis caminos más altos que vuestros caminos, y mis pensamientos más que vuestros pensamientos» (RVR).

«Dios se mueve de maneras misteriosas para realizar sus milagros», escribió el himnólogo William Cowper.[1] Algunos quiere dominar todo rincón del tema de Dios antes de comprometerse a creer en él, y se pierden por completo el núcleo del asunto... el asunto del corazón.

Jesús dice: «Yo he venido para que tengan vida, y la tengan en abundancia» (Juan 10:10). Al decirnos esto, Jesús usó una gran palabra bíblica antigua para describir la manera que Dios quiere bendecir nuestras vidas. Él perdona nuestro pecado *abundantemente* (Isaías 55:7). Su gracia es sumamente *abundante* (1 Timoteo 1:14).

El Salmo 37:11 nos promete una paz abundante. El apóstol Pablo afirma que por la abundancia de la gracia y justicia de Dios podemos reinar en la vida por Jesucristo (Romanos 5:17). Tenemos abundante trabajo en su reino (2 Corintios 11:23), pero también gozo abundante (Filipenses 1:26) y misericordia abundante (1 Pedro 1:3).

Pienso que cuando la mayoría de los creyentes se acercan al final de la vida, van a desear haber servido al Señor con mayor fidelidad. Pero pienso que lamentarán otro asunto: no haber aprovechado a plenitud la maravillosa abundancia de la vida que Cristo nos ofrece.

¡A Dios le encanta que disfrutemos de la vida! Él llenó el mundo con cosas buenas por una razón. Vaya a un partido de fútbol. Pase tiempo con la familia. Tómese unas vacaciones. Dedíquese a algún pasatiempo agradable. Relájese en una sauna. Haga algo por usted mismo todos los días, y déle gracias a Dios por las bendiciones que él ha derramado abundantemente sobre su vida.

El autor Jim McGuiggan ha observado:

> Algunos santos no pueden disfrutar de una comida porque el mundo se está muriendo de hambre. No pueden agradecer con gozo a Dios por su ropa y su techo porque el mundo está desnudo y sin vivienda. Tienen miedo a disfrutar una noche en casa con su familia porque sienten que deben estar afuera salvando almas. No pueden pasar una hora con uno no perdonado sin sentirse culpables si no le predican un sermón o manifiestan un espíritu cristiano sobrio. No saben nada del balance y se sienten miserables a causa de ello ... Piensan que el evangelio consiste en buenas noticias hasta que uno lo obedece. Entonces se vuelve un viaje interminable de culpabilidad.[2]

El Catecismo de Westminster lo dice muy bien: «El más alto y primordial final del hombre es glorificar a Dios, y *disfrutar* de él completamente para siempre (énfasis añadido)».[3]

No se olvidé de agradecer por los dones de Dios

*Y sé también que es un don de Dios que el hombre coma
o beba, y disfrute de todos sus afanes.*

—Eclesiastés 3:13

Lucas 17 es la historia de una de las curaciones de Jesús. Él le devuelve a diez leprosos una salud perfecta, pero solo uno tiene los buenos modales de regresar y darle las gracias. ¿Por qué fue este leproso diferente? No tenemos ni la menor idea, pero es lógico pensar que mucho antes de que Jesús llegara a este pueblo, él mostraba evidencia de tener un corazón diferente. Podemos imaginarnos a los otros nueve refunfuñado, rezongando, revolcándose en la miseria considerable de sus vidas.

Este leproso debe haber sido distinto, agradeciéndole a Dios por el sol y el cielo azul, inclinando la frente antes de cada comida para dar gracias. La enfermedad es una cosa terrible, pero su poder de infligir la desdicha sobre nosotros está, en gran medida, dentro de nuestro control. El pueblo de Dios puede luchar contra adversidades asombrosas al simplemente rehusar doblegarse ante la desgracia. El arma más poderosa en el arsenal de actitudes es la gratitud: «Den gracias a Dios en toda situación, porque esta es su voluntad para ustedes en Cristo Jesús» (1 Tesalonicenses 5:18).

El evangelista mundial más conocido a principios del siglo veinte fue Billy Sunday, ex-beisbolista profesional que predicaba con vigor acrobático y resultados poderosos. Su esposa, Helen, participaba activamente en su ministerio. El 19 de noviembre de 1935, Billy murió en sus brazos, y ella sintió que había perdido tanto a su esposo como su trabajo de toda la vida. Pero a la siguiente semana en un servicio memorial en Buffalo, su tema fue: «Cosas por las que estoy agradecida». Tenía una lista larga, pero comenzó de esta manera:

> Amigos, es sorprendente cuántas cosas Dios le puede revelar a
> una persona por las que debe estar agradecida, si en realidad ella

quiere saberlo y le pide ayuda. ¡Yo no tenía ni idea de que fueran tantas! Pero cuando oré y le pedí a Dios que me ayudara a anotarlas, vinieron a mi mente una tras otra... la primera fue que si Billy tenía que irse, ah, qué agradecida estaba al Dios Todopoderoso de que lo hubiera llamado en un instante ... Él simplemente me dijo: «Estoy mareándome, querida» ¡Y se fue! ¡Qué maravilloso es estar un segundo aquí y al siguiente en el cielo! Sin saber nada de ningún dolor real o algún sufrimiento real de ese tipo ... pienso que Dios fue muy bueno al llevarse a Billy de esa manera, y le agradezco por eso.[4]

La vida es como una de esas pruebas Rorschach que administran los psiquiatras. Algunos miran las láminas y ven las manchas negras. «Es un monstruo, preparándose para atacarme», dicen. Otros miran a las mismas manchas y las definen por el blanco que las rodea: «Es una nube celestial y un ángel que revolotea», dicen.

Los optimistas ven bendiciones en medio de las dificultades. Se dan cuenta de que el sol siempre sale tarde o temprano. Rehúsan dejarse definir por la presencia de las nubes negras. Después de todo, las nubes negras no son sino neblina; el sol fue hecho para durar.

Tenemos la oportunidad de ver a la vida por los poderosos lentes de las promesas de Dios, que amplían las bendiciones y mantienen a las pruebas en perspectiva. Mientras más vemos por esos lentes, más queremos mandar notas de agradecimiento, más queremos realizar acciones de amabilidad al azar, más queremos detenernos durante el día y dar gracias en silencio por las bendiciones sutiles que nos cubren todo el tiempo.

No le tema a la vida... tema a Dios

Sé además que todo lo que Dios ha hecho permanece para siempre; que no hay nada que añadirle ni quitarle; y que Dios lo hizo así para que se le tema.

*Lo que ahora existe, ya existía;
y lo que ha de existir, existe ya.
Dios hace que la historia se repita.*
—ECLESIASTÉS 3:14-15

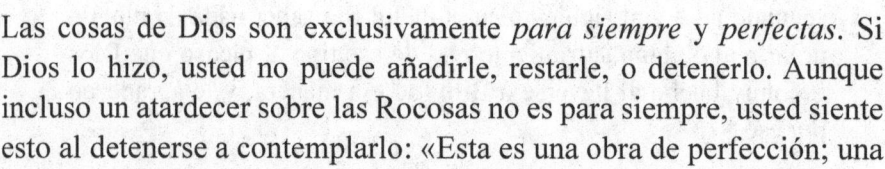

Las cosas de Dios son exclusivamente *para siempre* y *perfectas*. Si Dios lo hizo, usted no puede añadirle, restarle, o detenerlo. Aunque incluso un atardecer sobre las Rocosas no es para siempre, usted siente esto al detenerse a contemplarlo: «Esta es una obra de perfección; una obra maestra. No le puedo añadir nada, ni tampoco quitarle una pizca. Por lo tanto simplemente me detengo, con humildad y sin habla».

El diseño de Dios para su vida es tan sobrecogedor e inspirador como el atardecer de mañana. ¿Qué? ¿Tiene usted dudas acerca de ese plan? Este es perfecto; es una cosa para siempre; no se puede editar. Debemos descansar en el conocimiento de su perfección, pero debemos responder con un temor saludable.

¿Leyó usted eso correctamente? ¿Temor? Aun cuando esa palabra aparece con menos frecuencia en los sermones y estudios bíblicos actuales, consta en la Palabra perfecta de Dios, que no hay que corregir. Las frases «teme a Dios» o «teme al Señor» aparecen más de ciento catorce veces en la Biblia. Por ejemplo:

Teme al SEÑOR tu Dios, sírvele solamente a él
(Deuteronomio 6:13).

Por lo tanto, ahora ustedes entréguense al SEÑOR y sírvanle fielmente. Deshágase de los dioses que sus antepasados adoraron al otro lado del río Éufrates y en Egipto (Josué 24:14).

El temor del SEÑOR es puro: permanece para siempre (Salmo 19:9).

Alaben al SEÑOR los que le temen! Hónrenlo (Salmo 22:23).

Vivía en el temor del Señor ... fortalecida por el Espíritu Santo (Hechos 9:31).

> Como tenemos estas promesas, queridos hermanos, purifiquémonos de todo lo que contamina el cuerpo y el espíritu, para completar en el temor de Dios la obra de nuestra santificación (2 Corintios 7:1)

¿Implica esto que debemos agazaparnos por temor a Dios, temblar al entrar a la iglesia o al empezar nuestra oración de la mañana? No de la manera en que le tememos a alguna fuerza malévola, como la de un animal salvaje, o a un desastre o a una desgracia que le suceda a alguien de nuestra familia. No, este es un tipo de temor que sentimos en la presencia de algo demasiado maravilloso para expresarlo con palabras.

¿Ha visitado alguna vez las cataratas del Niágara y se ha embarcado en el buque *Maid of the Mist* para navegar en la ensenada de esas cataratas estruendosas? Es algo aterrador estar parado allí, a pocos metros de tanto poder, ensordecido por el rugido de varios millones de metros cúbicos de agua que se derraman sobre el precipicio a cada minuto, y caen como sesenta metros a la cuenca que tienen delante. El agua le salpica, y literalmente siente las ondas sonoras golpeándole la cara. Uno contempla ese inaudito poder de las aguas que rugen, y se siente muy pequeño y frágil en su sentido de admiración.

Cuando vemos al sol poniéndose sobre las Rocosas, pintando el cielo con toda una gama de matices rojos y anaranjados, reflexionamos en el tamaño y calor de esa estrella solar, y en el hecho de que en un millonésimo de segundo podemos dejar de existir si estuviéramos cerca a ese astro. Uno se siente pequeño, temeroso y asombrado.

Y aquel que es lo suficientemente poderoso para poner a ese sol en el espacio, y crear esa catarata, es mucho más digno de nuestro temor y asombro. Él tiene en su mano todo el espacio y el tiempo, ¿y cuán pequeños somos nosotros en ese contexto?

Esto es temor derivado del amor... es la manera en que tal vez en algún momento temimos a nuestra madre y padre terrenales, pero elevado a la trillonésima potencia. Es temor que inspira adoración así como el calor inspira abrigo. ¿Vida? No tenemos razón de temerla. ¿Dios? Tenemos toda razón para temerlo. Tememos su magnificencia, su infinitud, su ira, y por consiguiente tememos la perspectiva de alejarnos en algún momento de su amistad, de alejarnos en algún momento de su presencia, de perder en algún instante su poder, como Salomón lo hizo.

Tememos el atronador poder de un amor tan implacable que pudo enviar a su propio Hijo para que muriera. Tememos la total oscuridad de Dios alejándose, como Cristo la soportó en el Calvario. Nos ponemos frente a la cruz y nos damos cuenta de que no podemos añadirle nada. No podemos quitarle nada. El acto es perfecto y para siempre, y nuestro temor se convierte en amor y devoción abundante.

8
Cuando la justicia no lo es
Eclesiastés 3:16-22

La borrosa imagen de una oreja selló su destino.

En 1998, Mark Dallaher fue declarado culpable de haber matado a una mujer de noventa y cuatro años en Inglaterra. El testimonio clave fue el de un testigo experto que declaró que el intruso había presionado su oreja contra la ventana de la casa de la mujer, escuchando en silencio antes de introducirse al cuarto y asesinarla. Las huellas de la oreja coincidían con la de señor Dallaher, dijo Cornelius Van Der Lugt; en realidad, él estaba «absolutamente convencido» de que eran iguales.

El juicio provocó titulares por todo el mundo porque era la primera vez que las huellas de una oreja se habían usado para declarar a alguien culpable de un asesinato. Dallaher fue sentenciado a cadena perpetua en la notoria prisión inglesa «Old Bailey».

Pero resulta que la evidencia en contra de Dallaher fue defectuosa. Un perfil de ADN obtenido de las huellas de la oreja verificó que no pertenecía a Dallaher para nada. Más bien implicaban a otro sospechoso. Así que Dallaher fue puesto en libertad.

«He esperado siete años por este día», dijo a los periódicos ingleses al salir de Old Bailey. «He pasado seis de esos años protestando por mi inocencia ante oídos sordos. Los últimos nueve meses han sido una experiencia terrible, todo como resultado de la confianza del fiscal en evidencia experta desacreditada».[1]

Si hay un Dios de amor, justicia y poder, ¿cómo se explica el hecho de que la vida no es justa, y de que crueles injusticias puedan tener lugar? Esta es una historia tan vieja como la humanidad. Los culpables andan libres mientras los inocentes sufren.

Injusticia bajo el sol

*He visto algo más en esta vida: maldad donde se dictan
las sentencias, y maldad donde se imparte la justicia.*

—Eclesiastés 3:16

Esto le fastidiaba profundamente a Salomón... la injusticia bajo el sol. Los malvados prosperan en sus pecados mientras que los justos sufren en su integridad. La gente con dinero puede aceitar las ruedas de la justicia, haciendo que giren en su dirección y a su favor, mientras que los pobres se encuentran a merced de tribunales sobrecargados a reventar. Una nueva encuesta muestra que uno de cada setenta y cinco hombres de los Estados Unidos está en la cárcel o en prisión.[2] Las probabilidades dictan que unos cuantos de ellos son en realidad inocentes, pero es incluso más cierto que las calles están llenas de más malhechores que antes.

Salomón usa una técnica literaria singular para martillar sobre este punto. Con franqueza singular, nos lo dice exactamente como lo ve, usando la frase «he visto» no menos de cuatro veces en esta sección (Eclesiastés 3:16, 4:4,7,15). Mira a su alrededor, anota sus observaciones, y saca sus conclusiones. Él piensa en su corazón (3:17), percibe (3:22) y considera (4:1).

Nosotros hacemos lo mismo. Vemos al inocente sufrir, y esto nos afecta profundamente. Vamos hasta ese punto por la gracia de Dios. Con el tiempo nos enojamos, y nos paramos con Salomón para exigir: ¿Por qué debe ser la justicia tan injusta?

Miles de almas rectas sufren en prisiones mugrientas bajo la tiranía del comunismo, el islam militante y el totalitarismo. El «crimen» bien puede ser llevar el nombre de Cristo.

Pocos gobiernos han sido más brutales contra los cristianos que el de Corea del Norte. Soon OK Lee estuvo presa en Corea del Norte desde 1987 hasta 1992. Sin embargo, ella no llegó a ser cristiana sino hasta cuando se escapó a Corea del Sur. Cuando recibió a Cristo se sentía abrumada por sus recuerdos de lo que había visto y oído en la cárcel. Eran cosas sencillas, como los creyentes que cantaban mientras los mataban. En ese momento ella no lo entendía y pensaba que estaban locos. No se le permitía hablar, así que nunca tuvo la oportunidad de hablar con un creyente. Lo que sí recuerda es haber oído la palabra «amén».

Mientras estuvo allí nunca vio a un creyente negar su fe. Ni a uno solo. Cuando esos creyentes guardaban silencio los oficiales se enfurecían y los pateaban. En esos momentos ella no podía entender por qué arriesgaban sus vidas, cuando podían haber dicho: «Yo no creo», y hacer lo que los oficiales les pedían. Incluso vio a muchos que cantaban himnos conforme los puntapiés y las golpizas se intensificaban. Los oficiales los llamaban locos y los llevaban a la sala de tratamiento eléctrico. No vio a nadie salir con vida de allí. Era lo que cantaban lo que se le quedó grabado. A lo mejor era el cantar de esos preciosos santos lo que plantó una semilla en su espíritu y con el tiempo la llevó a Cristo.

Mientras Salomón reflexiona sobre el problema de la justicia defectuosa propone una serie de respuestas profundas en los versículos 17-21.

Y sí, *hay* respuestas.

El juicio se acerca

Pensé entonces: «Al justo y al malvado los juzgará Dios, pues hay un tiempo para toda obra y un lugar para toda acción».

—Eclesiastés 3:17

Los tiempos son justos, dice Salomón... pero espere, porque aquí viene el Juez. Y cuando tome asiento en su silla, sus decretos serán de acuerdo a los secretos de los corazones de los hombres. Es más, no habrá parcialidad por unos u otros; ni favoritismo ni tráfico de influencia. La fecha ha sido fijada, y cada uno de nosotros tendrá su día en la corte.

Como Eclesiastés 8:6 lo dice: «Para todo lo que se hace hay un cuándo y un cómo». Otra vez, hay un tiempo para todo propósito bajo el cielo.

Nos fastidia cuando alguien se «sale con la suya». Salomón nos dice que en verdad nadie se sale con la suya. Paul Harvey ilustró este punto cuando contó de un hombre llamado Gary Tindle al que se le acusó de robo. Compareciendo en la corte del juez Armando Rodríguez de California, Tindle pidió permiso para ir al baño. Fue escoltado al baño en el segundo piso, y la puerta estaba resguardada mientras él estaba adentro. Pero Tindle, decidido a escapar, se trepó por las tuberías, abrió un panel del cielo raso, y comenzó a deslizarse por el espacio del entretecho, rumbo al sur.

Recorrió unos quince metros cuando los paneles del techo se rompieron por su peso, y cayó al piso... ¡justo en el salón de la corte del juez Rodríguez![3]

Cuando parece que los culpables se han escapado de su juicio, es solo por un momento breve y un trecho corto. Luego se encontrarán ante el Juez nuevamente y a su debido tiempo. Tarde o temprano las ruedas de la justicia de Dios corregirán todo mal, equilibrarán toda balanza, y corregirán toda injusticia en el mundo. El famoso poema de James Russell Lowell: «The Present Crisis» [La crisis presente], describe esta verdad:

La verdad por siempre en el andamio. El mal por siempre en el trono;
Sin embargo el andamio hace tambalear el futuro y detrás de lo desconocido
Dios está entre las sombras, velando desde arriba por los suyos.[4]

William Wadsworth Longfellow elaboró sobre el sentimiento original de Lowell, diciendo:

Aunque los molinos de Dios muelen despacio
Sin embargo muelen extremadamente fino,
Aunque con paciencia él espera
Con exactitud lo muele todo.[5]

Fino y todo... buenas maneras de caracterizar la grandeza del juicio presente y futuro de Dios. Como alguien ha dicho: «En el coro de la vida es fácil fingir las palabras, pero un día cada uno de nosotros tendrá que cantar un solo ante Dios».

La muerte es segura

Pensé también con respecto a los hombres: «Dios los está poniendo a prueba, para que ellos mismos se den cuenta de que son como los animales. Los hombres terminan igual que los animales; el destino de ambos es el mismo, pues unos y otros mueren por igual, y el aliento de vida es el mismo para todos, así que el hombre no es superior a los animales. Realmente, todo es absurdo, y todo va hacia el mismo lugar.

*»Todo surgió del polvo,
y al polvo todo volverá.*

»¿Quién sabe si el espíritu del hombre se remonta a las alturas, y el de los animales desciende a las profundidades de la tierra?»

—Eclesiastés 3:18-21

Este es el punto de Salomón: un hombre y su perro retozan en el mismo campo, respiran el mismo aire, mueren en la misma hectárea, y por igual se hacen polvo en la tierra. Son más parecidos que diferentes.

Algunos intérpretes de la Biblia que sostienen una teología liberal aducen que este pasaje argumenta en contra de la naturaleza eterna del alma humana. Pero Salomón se refiere a un asunto de carne y huesos. Estos templos corporales no fueron construidos para durar más que el templo de oro de Salomón. Los dos llegan a derrumbarse algún día; ambos se hacen polvo.

Pero los asuntos del alma son una discusión aparte. La eternidad está fija en nuestros corazones y grabada en nuestro destino... pero no es así para los animales. Fuimos hechos a imagen de Dios, y somos sus hijos... pero no es así para los animales.

Así que la muerte es segura. El criminal puede andar libre hoy, pero la muerte tiene excelentes zapatos para correr y nadie le puede ganar.

En años recientes, los médicos y sociólogos han estado estudiando las escenas del lecho de muerte y entrevistando a los que han tenido experiencias cercanas a la muerte. El Dr. Maurice Rawlings, cardiólogo de Chattanooga, ha escrito sobre su investigación. Observa que los que sobreviven a la muerte nos dicen que el momento de la muerte es por completo indoloro, independientemente de todo instinto que tengamos al respecto. «Se siente como desmayarse», dicen los sobrevivientes, o «como un latido perdido» o «como perder el aliento». Muchos tienen un sentimiento de que sus almas están dejando sus cuerpos en un viaje tranquilo por lo que parece ser un túnel.

Pero no todas las historias tienen un final feliz. El Dr. Rawlings era agnóstico y escéptico cuando le ocurrió algo que cambió su vida. Un día estaba examinando el corazón de un cartero de cuarenta y ocho años llamado Charles McKaig, de LaFayette, Georgia. McKaig estaba en la máquina de hacer ejercicios cuando el monitor de su corazón se volvió irregular, y luego una línea recta.

De forma sorprendente, Charlie continuó hablando por un momento, sin darse cuenta de que su corazón se había detenido. Cuatro o cinco segundos más tarde, de repente se quedó boquiabierto. Entonces sus ojos rodaron hacia atrás y él cayó, mientras la máquina de trotar arrastraba su cuerpo como basura, como lo describió más tarde el Dr. Rawlings.

Rawlings comenzó de inmediato a aplicar respiración artificial. Cuando el corazón de Charlie comenzó a latir de nuevo, gritó: «¡No pares! ¡Estoy en el infierno! ¡Estoy en el infierno!»

Rawlings pensó que el hombre estaba teniendo alucinaciones. Pero Charlie continuó: «¡Por amor de Dios, no pares! ¿No entiendes? Cada vez que te detienes vuelvo al infierno». Charlie le suplicó a Rawlings que orara por él, pero Rawlings le dijo que se callara. «Soy médico», le dijo, «y no un ministro».

Las enfermeras le clavaron al Dr. Rawlings miradas tan terribles que incluso mientras le aplicaba la respiración artificial le dijo: «Está bien. ¡Dilo! Jesucristo es el Hijo de Dios. Anda y dilo». Charlie dijo esas palabras, y algo extraño sucedió. Dejó de ser el lunático combativo de ojos desmesurados que gritaba. Se relajó y se calmó, y empezó a cooperar. Sobrevivió la experiencia, siendo un hombre cambiado desde ese momento en adelante. Vivió una vida cristiana dedicada.

La experiencia sacudió a Rawlings de forma profunda. Comenzó un estudio largo acerca de las experiencias cercanas a la muerte, y debido a su investigación él mismo se convirtió en creyente. Lo que descubrió en su indagación es que las experiencias cercanas a la muerte por lo general son horrendamente negativas y llenas de terror cuando la persona no tiene una relación con Dios.

El Dr. Rawlings resumió sus conclusiones diciendo: «La mayoría tienen terror de morir. Dicen: "Doctor, tengo miedo de morir". Pero nunca he oído a alguno decir: "Doctor, tengo miedo del juicio". Y el juicio es la preocupación principal de los pacientes que han estado allí y han regresado para contárnoslo».[6]

Debemos tener cuidado para no edificar nuestra teología sobre la ambigüedad de los incidentes cercanos a la muerte. Sin embargo, es interesante que tal información a menudo armoniza con lo que la Biblia nos dice. «Está establecido que los seres humanos mueran una sola vez, y después venga el juicio», dice Hebreos 9:27. Y un capítulo más adelante leemos este aleccionador versículo: «¡Terrible cosa es caer en las manos del Dios vivo!» (Hebreos 10:31).

LA VIDA CONTINÚA

He visto, pues, que nada hay mejor para el hombre que disfrutar de su trabajo, ya que eso le ha tocado. Pues, ¿quién lo traerá para que vea lo que sucederá después de él?

—ECLESIASTÉS 3:22

Hagámoslo personal. ¿Ha sido usted alguna vez víctima de la injusticia? Tal vez le impusieron una multa por exceso de velocidad cuando, en verdad, usted estaba por debajo del límite. Tal vez un compañero de trabajo lo difamó, y eso le impidió recibir la promoción que se merecía. Tal vez un colega o familiar lo acusó falsamente.

¿Qué debería hacer al respecto? ¿Amargarse? ¿Desquitarse? ¿Quejarse a cualquiera que oiga? ¿Rezongar por la injusticia hasta que la amargura brote como mala hierba? No. Simplemente déjelo en las manos de Dios y siga con su vida.

Oí a un pastor cuyo carro fue chocado de costado por otro conductor que corría con exceso de velocidad. El extraño huyó por la autopista a toda velocidad, sin que nunca más se le volviera a ver. Aunque no recibió ninguna herida física, el joven pastor quedó devastado económicamente. Apenas empezaba en el ministerio y su pequeña iglesia solo podía pagarle un pequeño estipendio. No tenía seguro de carro, así que tuvo que pagar las reparaciones de su propio bolsillo. También sabía que fácilmente podía haber muerto en el accidente.

Mientras más pensaba este pastor, más se enfadaba. Por varios días condujo por el barrio buscando al carro ofensor, con la intención de confrontar al chofer con sus puños si fuese necesario.

Entonces comenzó a recuperar su perspectiva, diciéndose a sí mismo: *Fue Dios el que me salvó la vida. Así que será Dios el que va a cuidar de mí económicamente; y será Dios el que vea que se haga justicia. Voy a dejar este asunto en sus manos.*

Así que, para ese pastor tanto como para usted y para mí, hay sabiduría y consuelo al darnos cuenta de que debido a que la vida continua, podemos seguir adelante. Sí, las injusticias van a continuar en este lado de la eternidad. La vida no es justa... nunca lo fue, y nunca lo será.

Pero la justicia *viene,* ya sea ahora, mañana, o en mil vidas; es tan certera como la muerte. Vivir amargado no vale la pena, en tanto que el gozo bien vale cualquier costo.

Por lo tanto la vida continúa; seguimos avanzando, y aun con su catálogo entero de injusticias, la vida es buena.

Cuando la justicia no lo es

Dios sostiene la clave de todo lo desconocido, y me alegro:
Si otras manos sostuvieran la clave, o si él me la confiara a mí,
A lo mejor yo estaría triste,
No puedo leer sus planes futuros, pero esto sé:
Tengo la sonrisa de su cara, y todo el refugio de su gracia,
Mientras esté aquí abajo.[7]

9
De la opresión a la obsesión
Eclesiastés 4:1-6

SIMON WIESENTHAL SOBREVIVIÓ el Holocausto de la Segunda Guerra Mundial, pero su fe en Dios murió en alguna parte del campo de concentración nazi.

Contó la experiencia de ver a un comandante nazi ponerles grilletes a dos judíos, espalda contra espalda. El comandante encañonó su revólver en la boca de una de sus víctimas y oprimió el gatillo. Una bala mató a ambos hombres.

El nazi se volvió a sus cabos y dijo: «¿Ven? Les dije que no hay necesidad de desperdiciar balas. Se puede matar a dos con solo una». Wiesenthal concluyó: «Cuando vi la opresión, la maldad y la injusticia de ese [hecho], no pude comprenderlo, y le di la espalda a Dios».[1]

La opresión del pobre

Luego me fijé en tanta opresión que hay en esta vida. Vi llorar a los oprimidos, y no había quien los consolara; el poder estaba del lado de sus opresores, y no había quien los consolara. Y consideré más felices a los que ya han muerto que a los que aun viven, aunque en mejor situación están los que aun no han nacido, los que no han visto aun la maldad que se comete en esta vida.

—Eclesiastés 4:1-3

La perdida de la fe es trágica, pero en el caso de Weisenthal, de alguna manera se entiende. Él simplemente carecía de la perspectiva que Salomón nos ofrece a usted y a mí.

Sin embargo, el sabio rey debe haber visto también algunas atrocidades. Aquí sugiere que a los oprimidos, gente como los dos judíos en la Alemania nazi, les fuera mejor no haber nacido. Job pensó una vez lo mismo con relación a sí mismo. Después de haber perdido a sus hijos, dijo:

«Que perezca el día en que fui concebido
y la noche en que se anunció: "¡Ha nacido un niño!" ...
»¿Por qué no perecí al momento de nacer?
¿Por qué no morí cuando salí del vientre?»

—JOB 3:3,11

¿Alguna vez ha maldecido el día en que nació? Muchos hemos atravesado tiempos terribles y pruebas impensables. Hay más que unos pocos de nosotros que hemos deseado, en esos momentos que estamos sumidos en lo más hondo, que Dios nos lleve a su hogar de una buena vez. Otros simplemente dicen: «Quisiera morirme».

El impulso suicida, por supuesto, es un asunto emocional serio y requiere atención profesional. Pero la mayoría de nosotros hemos resistido medianoches del alma. En tales momentos podemos agradecer a Dios porque sabemos que él tiene un mejor lugar para nosotros; solo tenemos que ser pacientes. Pero, ¿qué de los que no creen en el cielo? ¿Qué podemos decirles a los que están temporalmente oprimidos y eternamente sin esperanza?

En mis años de ministerio he llegado a la conclusión de que a veces es mejor decir: «No lo sé. Quisiera poder darle una respuesta completa y satisfactoria a su pregunta». Seríamos necios si adujéramos comprender todos los vericuetos de los caminos de Dios, cuando en realidad comprendemos tan poco de ellos.

El Salmo 73 ofrece un vistazo contundente a este tema en particular. He regresado a este pasaje vez tras vez para beber de su fuente de sabiduría y guiar a otros hacia ella. El salmista nos dice: «Yo estuve a punto de caer, y poco me faltó para que resbalara ... al ver la prosperidad de esos malvados» (vv. 2-3).

El salmista había visto suficiente de los «que tienen» devorando a los «que no tienen». Mientras más maldad ha visto, más desolada se vuelve su perspectiva. El salmo se vuelve más oscuro y más problemático hasta que un rayo tentativo de sol sale a mitad del pasaje. Allí es cuando algo pasa que cambia la perspectiva del salmista:

> Cuando traté de comprender todo esto,
> me resultó una carga insoportable,
> hasta que entré en el santuario de Dios;
> allí comprendí cuál será el destino de los malvados.
>
> —Salmo 73:16-17

La comprensión le vino mediante el acto de la adoración.

Nosotros miramos a nuestros trabajos, a nuestros gobiernos, y a todo lo demás a través de nuestros propios puntos de vista nebulosos. Entonces, tal vez en la iglesia, tal vez en la oración, tal vez en otra tierra santa, miramos a través del portal del «santuario de Dios». Y el cuadro cambia, como un calidoscopio de colores oscuros que cambia a un hermoso paisaje a la luz de la luna. Todos los colores permanecen, pero también comenzamos a captar el cuadro. La perspectiva de Dios se basa en diferentes parámetros —su amor, su gracia, sus propósitos eternos— y en el momento en que comenzamos a tomarlos en cuenta, hacemos juicios más sabios acerca de lo que está bajo el sol.

Charles Tindley fue uno de los grandes predicadores afroamericanos del siglo veinte. Había nacido en la esclavitud en 1851. Después de la Guerra Civil, se mudó a Filadelfia, en donde comenzó a asistir a la iglesia y encontró a Cristo como su Salvador. Fue llamado al ministerio e hizo el impresionante peregrinaje vocacional de portero de la iglesia a pastor principal.

Su congregación creció de modo tan radical como su carrera. Con el tiempo miles venía a oírle predicar cada domingo. La mayoría de ellos eran pobres y negros, en un tiempo cuando había opresión en particular para los pobres y los negros. El mismo Tindley murió en la pobreza, a pesar de su fama, y fue enterrado en una tumba sin lápida.

Él enfrentó gran opresión en su vida: injusticia racial, falsas acusaciones, puro maltrato. Cuando fue candidato para el cargo de obispo, un ministro contrincante le dijo en la cara: «Eres un ignorante analfabeto. Sabes que no tienes educación suficiente como para ser obispo». Una carta anónima le acusó de inmortalidad, y se le negó el cargo. La esposa de Tindley falleció, su hijo murió en la Segunda Guerra Mundial. Su ministerio era un paisaje a medianoche.

Tindley canalizó toda su carga de sufrimiento a su música maravillosa. Sus himnos perduran. «Triunfaré algún día», por ejemplo, se convirtió en «Triunfaremos», que sirvió de base para el gran tema de la época de los derechos civiles. También compuso «Ven a mi lado», «Nada entre mi alma y el Salvador», y «Lleva tu carga al Señor y déjala allí». Eso es lo mismo que Tindley había aprendido a hacer.[2]

Pero uno de sus himnos tiene un lugar especial en nuestros corazones. «Lo entenderemos mejor en el más allá» va mano a mano con la perspectiva de Salomón:

> A menudo estamos destituidos de las cosas que la vida demanda,
> Escasos de comida y escasos de abrigo, en colinas sedientas y tierras áridas;
> Estamos confiando en el Señor, y de acuerdo a la Palabra de Dios,
> Lo entenderemos mejor en el más allá.
>
> Pruebas negras por todos lados, y no podemos entender
> Todos los caminos por los que Dios nos lleva hacia esa bendita tierra prometida;
> Pero nos guía con su ojo, y le seguiremos hasta morir,
> Porque lo entenderemos mejor en el más allá.
>
> Las tentaciones, las trampas ocultas a menudo nos toman por sorpresa,
> Y a nuestros corazones se les hace sangrar por una palabra u obra descomedida;
> Y nos preguntamos por qué la prueba cuando tratamos de hacer lo mejor que podemos,
> Pero lo entenderemos mejor en el más allá.[3]

De la opresión a la obsesión

El mensaje de Salomón para usted y para mí es: «Al mirar a los oprimidos nuestros corazones se parten. Preferimos no ver; preferimos concentrarnos en cosas agradables. Pero, ¿cómo podemos darles la espalda a los amados hijos de Dios? Debemos dar una mirada firme y aceptar que no tenemos todas las respuestas. Nuestro Señor sí las tiene, y lo comprenderemos mejor en el más allá».

El sufrido Salomón se queja por las masas aglomeradas de los pobres y hambrientos porque sabe que Dios sufre por ellos. Pero los marginados y necesitados no son los únicos objetos de su lástima. Le vemos cambiar su mirada, y nos sorprendemos al verlo mirar al resto de nosotros... los que codician.

La obsesión de los prósperos

Vi además que tanto el afán como el éxito en la vida despiertan envidias. Y también esto es absurdo; ¡es correr tras el viento!

El necio se cruza de brazos,
y acaba muriéndose de hambre.
Más vale poco con tranquilidad
que mucho con fatiga ...
¡corriendo tras el viento!

—Eclesiastés 4:4-6

El entrenador de baloncesto Pat Riley, en su libro *The Winner Within* [El triunfador de adentro], cuenta la historia del campeonato mundial de 1980 y los Angeles Lakers. Después de llegar a ser campeones de la NBA, se pensaba que eran invencibles. Al acercarse la temporada de 1980 al 1981 los expertos de los deportes estaban de acuerdo en que los Lakers con toda seguridad repetirían su dominio en su liga.
Entonces, a pocas semanas del primer juego, Magic Johnson se rompió un cartílago de la rodilla y se vio frente a tres meses de recuperación. Él era la estrella. Era el jugador clave. El equipo y sus aficionados

estaban desanimados, pero se unieron. Los Lakers buscaron dentro de sí mismos, y encontraron el valor y la intensidad, llevando al equipo a un nuevo nivel. Jugaron de todo corazón.

Magic estaba en la banca, pero había una magia fresca en la cancha.

Los Lakers estaban ganando un sorprendente 70% conforme se acercaba el regreso de Johnson. La expectación de los aficionados aumentaba. Durante los recesos el locutor decía por los altoparlantes: «Y no se olviden de marcar sus calendarios el 27 de febrero. Magic Johnson regresa a la alineación de nuestros campeones mundiales: ¡Los Angeles Lakers!»

Los compañeros de Johnson oían el anuncio y rezongaban: «Vamos, estamos en la cumbre de nuestro juego *ahora*. ¿Qué tiene de especial el 27 de febrero?»

Pero incluso mientras continuaban rindiendo por encima de lo esperado, toda la atención se dirigía al jugador que ni siquiera había visto la cancha. El 27 de febrero, diecisiete mil quinientos espectadores pasaron por los torniquetes y se les entregó botones que decían: «¡Magic ha vuelto!»

Por lo menos cincuenta fotógrafos de prensa abarrotaron el piso mientras decían el nombre de cada uno de los jugadores. Normalmente se presenta solo a los que comienzan el juego, y Magic iba a estar en la banca cuando el juego empezara. Sin embargo, lo incluyeron en la presentación. Cuando mencionaron su nombre, el estadio tronó con una ovación de pie. Las luces de las cámaras estallaban como palomitas de maíz. Alabaron a Magic Johnson como al conquistador que vuelve, como si los juegos sin él en realidad no hubieran contado para nada.

Los otros jugadores ardían por el resentimiento. Esa noche sus juegos anduvieron mal, y a duras penas pudieron ganarle al peor equipo de la liga. Conforme progresaba la temporada, la moral del equipo decayó. Empezaron a señalarse con los dedos y había recriminación entre lo que había sido una familia de jugadores muy unida. Despidieron al entrenador. El récord de ganados y perdidos de los Lakers se desplomó, y tomaron la salida rápida en las semifinales.

«Debido a la codicia, la mezquindad y el resentimiento», dijo Riley después, «ejecutamos una de las más rápidas caídas de la gracia en la historia de la NBA. Fue la Enfermedad del Yo».[4]

El sitio en Internet PersonnelToday.com, una herramienta para directores de recursos humanos de la fuerza laboral, hace poco informó de una encuesta sobre este tema. El titular dice: «El celo profesional atrapa a la nación». El artículo bajo ese titular daba la evidencia:

> Casi nueve de cada diez oficinistas sienten «envidia profesional» hacia colegas que perciben que tienen trabajos más glamorosos y mejor pagados, de acuerdo a una encuesta hecha por Office Angels. La encuesta entre mil quinientos oficinistas por parte de la asesoría de reclutamiento encontró que más de dos tercios de los que respondieron sentían celos profesionales hacia amigos que hacían que sus vidas laborales parecieran insípidas en comparación a la de ellos. Casi un tercio envidiaban el trabajo de un socio o cónyuge, mientras que un quinto sentía celos de un colega de trabajo que estaba más arriba en la escala profesional.[5]

Salomón traslada su mirada a la envidia, los celos, y el deseo de ser mejor que los demás. El antiguo rey pudo haber escrito para el *Wall Street Journal* al resumir la motivación que impulsa al mundo laboral de hoy.

La mayoría de nosotros trabajamos duro en nuestros trabajos. Pero nuestras motivaciones son ambiguas. Muchos trabajadores se estimulan a sí mismos simplemente porque quieren que otros los envidien y admiren. Quieren la oficina en la esquina, no porque tiene una vista hermosa, sino porque sus compañeros sentirán celos. La razón principal para comprar el carro más caro son las miradas hambrientas que anhelan ver en las caras de los vecinos de al lado.

Nos encanta estar un paso más adelante. Es normal querer aprobación, pero queremos más que eso... queremos admiración y envidia. Para muchos de nosotros el empuje competitivo es un motivador más profundo de lo que nos damos cuenta.

Edwin Lutzer dice que la envidia es básicamente una rebelión contra el plan de Dios. No queremos que otros sean más bendecidos que nosotros, sin que importe el plan maestro de Dios. J. I. Packer nota que la envidia es peligrosa porque la alimenta el orgullo, «la raíz principal de nuestra naturaleza caída». Billy Graham ha señalado que la envidia arruina reputaciones, divide iglesias, e incluso incita asesinatos. Es precisamente lo opuesto al amor, ya que el amor se alegra por la buena suerte de otros.

Algunos nos damos cuenta de la verdad de esto y determinamos ser diferentes. No queremos ser ese tipo de gente que pisotea a los demás al subir nuestra escalera profesional. Pero debemos evitar el extremo opuesto, como Salomón lo señala en el versículo 5. «El necio se cruza de brazos, y acaba muriéndose de hambre».

Durante la década de los sesenta y a principios de los setenta algunos jóvenes decidieron abandonar lo que llamaban «el establecimiento». Los llamamos «hijos de las flores». Vendieron lo que tenían, amontonaron lo que sobró en sus vetustas furgonetas VW decoradas con gráficos psicodélicos, y se fueron a vivir en comunidades.

Naturalmente, esto es menos un rechazo a la competencia que una excusa para la flojera. Debido a que estamos diseñados para ser fructíferos, la holgazanería no le va bien al espíritu humano. El letargo se asienta, el respeto a uno mismo cae hasta los suelos, y las relaciones personales se debilitan. Y no se olvide de que por cada holgazán, la sociedad paga el precio. Los que no producen se convierten en cargas sociales de varias maneras.

Ni competir más allá de lo debido ni hacer lo menos posible es la respuesta. Salomón sugiere la verdadera solución en 4:6: «Más vale poco con tranquilidad que mucho con fatiga ... ¡corriendo tras el viento!» Traducción: *Busque balance*. Una mano llena de prosperidad, satisfacción y calma es mucho mejor que dos manos llenas de envidia y rivalidad. Compita pero coopere; descanse pero reanude.

La mayoría de nosotros estaríamos de acuerdo con el hecho de que nuestra sociedad ha errado del lado de trabajar demasiado. Por eso un artículo reciente de la Prensa Asociada detalla el creciente número de jóvenes adultos que están rebajando su estilo de vida. Se están mudando a casas más pequeñas, vendiendo sus carros caros, y muy a menudo renunciando a sus trabajos de alta presión. «Esto es verdad entre gente de todas las edades», dice Bruce Tulgan, consultante de Connecticut que rastrea las relaciones de las generaciones y las tendencias en el lugar de trabajo. «Pero es mucho más fuerte, mucho más notable entre las generaciones más jóvenes». Tulgan dice que estos adultos jóvenes quieren más tiempo para «la parte de la *vida* de la vida».[6]

De la opresión a la obsesión

He disfrutado al usar un recurso devocional diario llamado *Daily Light* [Luz diaria], versión actualizada de lo que fue primero compilado por Samuel Bagster en el siglo diecinueve. El plan es sencillo: exclusivamente pasajes bíblicos, con una colección de versículos para la mañana, otra para la noche, y un índice de temas. Lo llamo el «Starbucks» del tiempo de devoción porque es pura cafeína espiritual... un poderoso fogonazo de verdad que viene del programa basado solo en las Escrituras. He desarrollado la disciplina de ubicarme a mí mismo en los pasajes de la Biblia y ofrecerlos como mis propias oraciones a Dios. Este es un ejemplo, anotado en mi diario, para el tema de la administración financiera:

> Señor, te pido que no me des ni pobreza ni riquezas; por favor aliméntame con la comida designada para mí; no sea que me llene y te niegue, y diga: «¿Quien eres tú, Señor», o no sea que empobrezca y robe, y profane el nombre de mi Dios. Dame hoy mi pan cotidiano.
>
> Señor, ayúdame a no preocuparme por mi vida, qué comeré o qué beberé; ni por mi cuerpo, qué me pondré. ¿No es mi vida más que comida y mi cuerpo más que vestido? ... Así que Señor, permite que mi conducta sea sin codicia; ayúdame a contentarme con lo que tengo ... porque tú mismo has dicho: «Nunca te dejaré ni te abandonaré».

Si usted conoce la Biblia, reconocerá los versículos que yo estaba leyendo en esos días. Las Escrituras estaban hablándome acerca del contentamiento en las finanzas, y esta era mi manera de responder a Dios en el poder de su Palabra. Me di cuenta de la naturaleza crucial del contentamiento en la vida. Cada uno de nosotros, involucrados en una carrera para acumular la cantidad más grande de juguetes, resultará un perdedor al final. Salomón, el hombre más rico del mundo, sabía esto y lo supo muy temprano. Cuando joven escribió: «Más vale tener poco, con temor del Señor, que muchas riquezas con grandes angustias» (Proverbios 15:16), y siguiendo la misma línea: «Más vale tener poco con justicia que ganar mucho con injusticia» (Proverbios 16:8).

Ayúdanos en verdad a contentarnos, Señor, en el valle agradable entre lo demasiado y lo demasiado poco; entre la esclavitud y la holgazanería; entre competir exageradamente y hacer lo menos posible. Allí, en ese valle donde el cielo se encuentra con la tierra, podemos andar con nuestra mano en la tuya antes que tratar de agarrar al viento.

10
Cuando 1 + 1 > 2
ECLESIASTÉS 4:7-16

«PALOS Y PIEDRAS pueden romperme los huesos, pero las palabras nunca me lastimarán». Eso suena a ensoñación, pero me parece que quien lo dijo tenía muy pocos amigos íntimos.

La verdad es que las heridas más terribles vienen de las personas, de sus palabras, y de los dolores que sufrimos simplemente al tratar de relacionarnos unos con otros para que haya algo parecido a una vida social.

Se tuerce el tobillo... ¡*ay*! El dolor inmediato es considerable. Lo siente por unos pocos días, y a lo mejor hasta vaya al médico. Pero de aquí a un año, o a lo mejor dos, ¿recordará siquiera el incidente? Cuando alguien menciona el día que se torció el tobillo, ¿se oscurecerá su cara al sentir la descarga de dolor fresco y la tristeza? Lo dudo.

Pero considere una relación personal resquebrajada... y no estamos considerando divorcios, pleitos judiciales, o asuntos en realidad serios. Simplemente piense en la última vez en la que alguien cercano a usted dijo algo que *en realidad le dolió*.

Como el tobillo, el dolor inmediato fue considerable. Lo sintió con intensidad por días. Pero no había médico que le pudiera ayudar, y pocos podían siquiera comprender su dolor. Esto no fue en nada tan genérico como un tobillo torcido... esto era *personal*. Alguien tocó un nervio del tipo emocional, y puedo predecir que en un año, dos años, a lo mejor una década, usted recordará exactamente lo que se dijo y cómo se sintió. Solo el tiempo y Dios curan heridas como esas.

Salomón sabía esto. Ciertamente era el rey, y es probable que hubiera muy pocos que se arriesgarían a endilgarle algún comentario mordaz.

Con todo, él venía de una familia que tuvo su parte de discordia. Absalón fue su medio hermano; David era su padre. Salomón tuvo abundante oportunidad para observar el sufrimiento profundo que puede resultar del hecho de que siempre lastimamos a los que queremos. Muchos luchamos toda nuestra vida para superar el dolor que surge temprano en la niñez, incluso después de habérselo entregado a Dios. Las primeras heridas en la vida son las más profundas.

T. S. Elliot proveyó una definición escéptica de la familia típica en uno de sus poemas:

> Dos personas que saben que no se pueden entenderse el uno al otro,
> Criando hijos que no entienden
> Y que nunca los entenderán a ellos.[1]

Sí, las familias también son hermosas, dones maravillosos de Dios. Si pueden ser monstruosas, también pueden ser maravillosas mediante las abundantes bendiciones de Dios.

Pero usted y yo sabemos la verdad, ¿no es cierto? Varias veces cada año nos quedamos boquiabiertos por las cosas hirientes que pasan en las familias consagradas que conocemos. Un adolescente, activo en el grupo de jóvenes de la iglesia, se fugó de su hogar; otro que se formó en la Escuela Dominical se metió en problemas; una pareja, dos pilares de la iglesia, se está divorciando. Sufrimos con ellos. Hablamos en voz baja, aunque no deberíamos hacerlo. Pero los más sabios entre nosotros no lanzan piedras; podemos estar viviendo en casas de cristales de nuestra propiedad. Sabemos que la tarea más peligrosa de la vida puede ser el mantener una familia emocional y espiritualmente exitosa.

Salomón lo sabía también, y en el capítulo 4 de Eclesiastés comienza a reflexionar sobre el dolor terrible de la discordia de las relaciones personales.

Cuando 1 + 1 > 2

Las riquezas por sobre las relaciones personales

> *Me fijé entonces en otro absurdo en esta vida: vi a un hombre solitario, sin hijos ni hermanos, y que nunca dejaba de afanarse; ¡jamás le parecían demasiadas sus riquezas! «¿Para quién trabajo tanto, y me abstengo de las cosas buenas?», se preguntó. ¡También esto es absurdo, y una penosa tarea!*
>
> —Eclesiastés 4:7-8

Salomón percibe que surge un problema cuando la gente escoge a las riquezas por sobre las relaciones personales. Tal vez dio una caminata y estudió a los constructores sudando al construir el templo. Miró al valle y vio a los obreros laborando en los campos incluso después del atardecer. Les vio llegar para la adoración y les miró a los ojos, llenos de cansancio y con grandes ojeras.

Esta gente estaba trabajando hasta que sus dedos sangraban, acumulando cientos de horas adicionales. No se estaban divirtiendo gran cosa; simplemente se negaban a dedicar tiempo para ello. Muchos de ellos, desde los agricultores hasta los albañiles, estaban acumulando fortunas. Su trabajo estaba siendo pagado a la manera en que el trabajo se paga: financieramente.

Pero hay un costo así como también hay una paga para nuestro trabajo. Todos comenzamos con el mismo número de minutos, y los invertimos como escogemos. Si el grueso de nuestra inversión está en el trabajo, nuestro portafolio de relaciones personales será muy débil. Salomón miró a un trabajador en particular, «a un hombre solitario», y dijo de él: «sin hijos ni hermanos».

¡Qué cuadro más solitario! Vemos imágenes del personaje inolvidable Ebenezer Scrooge, inventado por Carlos Dickens, sentado solo en una noche de navidad, sirviéndose su sopa ante una fogata apenas suficiente para una persona. Todos los costosos muebles que le rodean están lentamente llenándose de polvo y moho, porque ¿quién hay para que los comparta? ¿Por qué limpiar las ventanas cuando nadie va a mirar por ellas? Era rico, pero el dinero no le compraba amigos; en realidad, parecía hacer precisamente lo opuesto.

Haga la suma y usted descubrirá que 1 + 0 = 0.

Las relaciones personales por sobre las riquezas

Luego Salomón cambia a una imagen más feliz. Es uno de los pasajes más conocidos de Eclesiastés, pero ¿lo ha estudiado en su contexto? Salomón nos implora mantener nuestras relaciones personales en primer lugar. Estoy en deuda con Warren Wiersbe, que concibió títulos perfectos para estas verdades sobre la amistad, y yo los he tomado para desarrollar los siguientes cuatro puntos.[2]

Dos son mejores que uno para trabajar

Más valen dos que uno,
porque obtienen más fruto de su esfuerzo.

—ECLESIASTÉS 4:9

Tan simple... tan dolorosamente simple. Más valen dos que uno, porque son más eficaces de esa manera, porque Dios lo hizo así, y porque simplemente es más divertido así.

¿Alguna vez ha notado que las amistades fuertes florecen al participar juntos en un trabajo? Un grupo pequeño de la iglesia se va al otro lado del mundo para un proyecto misionero, o construyen una casa para Habitat para la Humanidad. Hay algo en ese ambiente de martillos y de alzar cargas pesadas, de cemento y músculo, que nos obliga a dejar a un lado nuestras inhibiciones usuales y permitir que la gente nos conozca en realidad. Usted puede conocer a alguien por veinte años en una oficina o en el ambiente de una iglesia y no conocerlo en nada. Pero pasen una tarde juntos trabajando en un jardín y pueden llegar a ser amigos inseparables por toda la vida.

El trabajo es un sacramento de sudor por el que Dios nos reconcilia el uno con el otro. Esto funciona para hombres y mujeres, casados y solteros, familia y extraños, y para toda raza. Cuando se trata de trabajo, «más valen dos que uno».

Dos almas humanas combinan sus fuerzas, creatividad, talento y ambición. La sinergia (la química intangible de trabajar juntos) toma las riendas. Usted toma parte de un trabajo pero también toma parte de un premio más grande.

El todo puede ser más que la suma de sus partes. Cuando se hace la suma, se encuentra que 1 + 1 es igual a un valor mayor que dos.

Dos son mejor que uno para caminar

Si caen, el uno levanta al otro.
¡Ay del que cae
y no tiene quien lo levante!

—Eclesiastés 4:10

La vida, como Eugene Peterson lo dijo una vez, «es una obediencia larga y lenta en la misma dirección». Es un maratón, un peregrinaje épico. Los que caminan juntos van más lejos. El camino puede ser cuesta arriba y arduo, y andar con otro ayuda si tropezamos y caemos. Compadezco al que no tiene amigos en quienes apoyarse cuando la vida se pone dura. No solo enfrenta las dificultades de la vida, sino también enfrenta el desánimo y la soledad de afrontar esos retos solo. ¿Ha notado alguna vez que incluso el Llanero Solitario tiene a Tonto? Debería haber sido más sincero y llamarse el Llanero Casi-solitario. Debe haber sabido que una fogata para uno solo al acampar puede ser solitaria y deprimente, pero una fogata compartida con otro es animada y divertida. Esa es precisamente la manera en que Dios hizo las cosas para nosotros. El énfasis moderno en ser «independiente» y «marchar por su propio camino» no es bíblico. Fuimos hechos para trabajar, caminar y vivir juntos, porque Dios entendió que no era bueno que estuviéramos solos (Génesis 2:18).

La soledad es una luz de advertencia de un medidor interno que confirma que estamos agotando el combustible principal que requerimos para funcionar de forma eficiente. Fuimos hechos para las relaciones personales. De no ser así, ¿quién querría casarse? ¿Quién va a querer una noche para salir con los muchachos o muchachas? ¿Quién va a disfrutar de las reuniones familiares o los grupos de estudios bíblicos, a diferencia del estudio individual? Anhelamos todos estos grupos porque nos necesitamos el uno al otro, y nos necesitamos el uno al otro a diario, de la misma manera que necesitamos comida, agua, aire y techo.

En verdad, Salomón no debería ni siquiera tener que recordarnos tales hechos obvios de la vida. Pero hay muchos que tratan de marchar solos todo lo que sea posible, y es para esos verdaderos llaneros solitarios que Salomón reitera este punto. «¡Ay del que cae y no tiene quien lo levante!

Dos son mejor que uno para calentarse

Si dos se acuestan juntos,
entrarán en calor;
uno solo ¿cómo va a calentarse?

—Eclesiastés 4:11

¿Tiene su esposo o esposa los pies fríos?

Cuando nos acostamos por la noche, el calor llega a ser más importante, porque nuestros cuerpos pasan a una especie de almacenaje en frío. Permanecemos casi completamente sedentarios por ocho horas. Se queman pocas calorías, y por lo tanto incluso en el verano necesitamos cubrirnos con algún tipo de frazada cuando dormimos. A nadie le gustan esos pies fríos o la baldosa fría del piso cuando vamos al baño temprano por la mañana; a todos nos gusta el calor.

Y como todos lo sabemos, dos cuerpos crean más calor que uno mientras dormimos. Hay algo placentero y seguro al tener a alguien que duerma junto a uno.

En el tiempo de Salomón el frío era un asunto más serio. Cuando se veían obligados a dormir a la intemperie, o aun en una carpa, mientras más cuerpos se acurrucaban juntos, más abrigados se sentían todos. Me hacer recordar una frase aborigen de Australia: «una noche de tres perros», la cual se refiere a una noche helada en las partes remotas de Australia. Es una noche que exige que por lo menos tres perros duerman alrededor de uno para protegerlo del frío.

Así que Salomón dice que dos son mejor que uno para mantenerse abrigados. El amor es una cobija abrigada de afecto y afirmación que nos mantiene seguros y a salvo de las heladas ventiscas de la vida.

Dos son mejor que uno para cuidar

Uno solo puede ser vencido,
pero dos pueden resistir.
¡La cuerda de tres hilos
no se rompe fácilmente!

—Eclesiastés 4:12

¿Nota el patrón? Salomón comienza su discurso hablando de uno, luego de dos, y termina con tres, número que significa perfección y santidad. Un amigo es un tesoro; dos amigos es una casa de tesoros.

El énfasis aquí es la seguridad que hay en los números. Uno no es solo el número más solitario, sino también el más riesgoso. De seguro en parte por eso Jesús envió a sus discípulos «de dos en dos» a predicar el evangelio (Lucas 10:1). Imagínese a esos grupos de dos jóvenes cada uno, espiritualmente faltos de confianza, yendo a pueblos extraños con tal mensaje. Las buenas noticias eran en realidad buenas, pero también en verdad eran *nuevas*; con certeza iban a encontrar hostilidad, y el «sistema de compañeros» tenía sentido no solo para trabajar y caminar juntos, sino también para que cada uno cuidara del otro.

Y si nuestro propio mundo es mucho más civilizado, ¿por qué tenemos rociadores de pimienta, silbatos de alerta y clases de defensa personal? En los paisajes nocturnos de las ciudades de hoy, nunca se camina solo... si se tiene buen sentido común. Sin embargo, como

Salomón dice: «¡La cuerda de tres hilos no se rompe fácilmente!»
Podemos ser atacados de forma física, pero también espiritual, emocional, o económicamente. El mundo está lleno de trampas, y hay una seguridad maravillosa en el sentimiento de comunidad que tenemos. Parte el corazón leer de los que envejecen sin el consuelo de los amigos y la familia. Un día la policía o un vecino abre la puerta a la fuerza para encontrar a un alma vieja muerta hace ya varios días, y no hubo seres queridos que notaran el silencio. Nunca lograré entender cómo puede alguna persona normal vivir hoy sin la familia de una iglesia.

El gran compositor de himnos Carlos Wesley no es tan famoso como su hermano Juan, el fundador del metodismo; pero los himnos de Carlos son más conocidos que los sermones de Juan. Por todo el mundo los cristianos cantan: «Oh, que tuviera lenguas mil», «Cristo ya ha resucitado» y «Oíd un son en alta esfera».

Carlos compuso himnos día y noche, algunas veces saltando de su caballo y corriendo a las casas cercanas, gritando: «¡Papel y lápiz! ¡Papel y lápiz!» Informó haber compuesto ocho mil novecientos ochenta y nueve himnos durante su vida, un promedio de diez reglones poéticos cada día de su vida por cincuenta años. Todavía estaba componiendo himnos en su lecho de muerte.

Cuando Carlos se enamoró, escribió sus cartas de amor en forma de himnos. Al reflexionar en su amor por Sally, y al estudiar Eclesiastés 4, unió las dos cosas en este himno que comienza:

Dos son mucho mejor que uno
Para el consejo o la pelea;
¿Cómo puede uno calentarse solo,
O servir bien a su Dios?
Unamos entonces nuestros corazones y manos,
Cada uno a amar provoque a su amigo;
Corra el sendero de sus órdenes
Y sígalo hasta el final
Ay de aquel cuyo espíritu se agazapa,
¡Del que cae solo!
No tiene quien lo levante,
Para ayudarlo en sus debilidades:

Estamos más contentos unos con otros,
Llevamos el uno las cargas del otro;
Nunca dejando a nuestro pie resbalar,
Sostenidos por la oración mutua.

¿Está usted luchando para hacer amigos y mantenerlos? ¿Están algunas de sus relaciones deteriorándose? No se preocupe tanto por *hacer* amigos; esfuércese por *ser* amigo. Salomón escribe en otra parte: «El hombre que tiene amigos ha de mostrarse amigo» (Proverbios 18:24, RVR).

Dale Carnegie observó que podemos hacer más amigos en dos meses de mostrar interés en otros que en dos años de tratar de que se interesen en nosotros. Y Andy Rooney ha dicho que vale la pena conservar viejos buenos amigos, ¡ya sea que nos gusten o no!

Todo lo que vemos a nuestro alrededor pasará, pero toda persona que usted conozca es una criatura eterna. Trate a la gente con profundo amor y respételos como los conciudadanos del cielo que son, o pueden llegar a ser. Conserve a sus amistades como guardaría el diamante más grande del mundo, porque puede estar seguro de que el menor de sus amigos es infinitamente más valioso a los ojos de Dios que cualquier joya.

Las relaciones personales por sobre la popularidad

*Más vale joven pobre pero sabio
que rey viejo pero necio,
que ya no sabe recibir consejos.*

Aunque de la cárcel haya ascendido al trono, o haya nacido pobre en ese reino, en esta vida he visto que la gente apoya al joven que sucede al rey. Y aunque es incontable la gente que sigue a los reyes, muchos de los que vienen después tampoco quedan contentos con el sucesor. Y también esto es absurdo; ¡es alcanzar el viento!

—Eclesiastés 4:13-16.

Salomón echa otro vistazo a los industriosos obreros que cargan grandes piedras para llevarlas a su lugar al construir el templo. Les ve ayudarse uno al otro instintivamente, casi sin pensarlo; protegiéndose el uno al otro; apoyándose uno al otro bajo el calor y el sudor del día. Ve al gran edificio que se está construyendo, luego a la gente pequeña que lo está edificando. Y Salomón de repente se da cuenta de que por grandioso que vaya a ser este templo —de seguro el edificio más suntuoso y santo del mundo— vale menos que las personas para quienes y por quienes se está construyendo, porque el Dios de este templo ama a cada una de esas almas con amor eterno. Y él hace posible que amemos, apoyemos, animemos, y protejamos de la misma manera.

Todo es una cuestión de gente, reflexiona un Salomón más viejo y más cansado en sus años posteriores, al componer Eclesiastés. *Gente que necesita a gente.* Y lo que se necesita de esas personas es amistad y amor verdadero y sincero, y no el poder que viene por la fama o la envidia. Ese es el punto que Salomón resalta en estos versículos.

La fama es como un amante que hay que evitar: hermosa al ojo, seductora al espíritu, e inconstante hasta el final. La fama es costosa, exigiendo que se la busque con obsesión. Una vez que se la atrapa, sus atractivos no son solo fugaces sino profundamente decepcionantes.

Ganar el Super Bowl es un sueño profesional de todo jugador de la NFL. No se trata del dinero que ganan; las ganancias del ganador que participa en un Super Bowl son menores que el cheque que recibe por juego completo el jugador promedio de la NFL. No se trata del trofeo Vince Lombardi, que no pueden llevarse consigo. Es la fama, el respeto, ese momento de gloria suprema.

Los jugadores sí reciben un anillo, y el anillo del Super Bowl es tal vez el premio más codiciado del mundo de los deportes... a la par con la medalla olímpica de oro.

Pero ni siquiera tal anillo dura. Eso lo descubrió Charlie Waters de los Vaqueros de Dallas cuando le robaron del armario de su casa sus *cinco* anillos del Super Bowl.

Joe Gilliam ganó dos anillos del Super Bowl como jugador de los Pittsburgh Steelers en 1974 y 1975, pero más tarde los empeñó por unos cuantos dólares después de caer atrapado en el círculo vicioso de la adicción a las drogas y la indigencia. Otro antiguo jugador de los

Steelers, Rocky Bleir, vendió sus cuatro anillos para pagar los costos de su divorcio y su bancarrota.

A Thomas Henderson de los Cowboys le incautaron su anillo del Super Bowl XII como pago de impuestos atrasados. El antiguo delantero Raider Lester Hayes vendió su anillo para pagar un trabajo dental. Mercury Morris de los Delfines de Miami vendió su anillo para conseguir dinero a fin de limpiar su nombre en un caso de tráfico de drogas.

Ese anillo, símbolo de meses y años de gran trabajo coronado por una temporada en la cumbre, es tan fugaz como la gloria que se supone que representa. El alboroto puede ser espectacular, los índices de audiencia de televisión pueden ser los más altos del año, el tiempo de comerciales costar millones... pero la gloria es oro de tontos. Su lustre efímero se oxida rápidamente. Como el reportero deportivo de Houston, Steve Campbell, lo dice: «Uno de los sucios secretos del Super Bowl es que la euforia del ganador por lo general dura menos que la vida de un recipiente de requesón en el estante del supermercado».[3]

Con esas nociones en mente, démosle otro vistazo a Eclesiastés 4. Allí encontraremos referencias misteriosas a ciertos individuos:

Un joven pobre pero sabio; ¿cuál de ellos?

Un rey viejo pero necio; ¿humm, quien puede ser?

Un segundo joven; ¿nos atreveríamos a adivinar?

La mayoría de los autores, como todos sabemos, escriben de lo que saben (primera regla de la literatura). Naturalmente, usan sus propias experiencias familiares, tal vez cambiando los nombres o usando algún otro subterfugio literario. Pienso que los personajes sombríos de este pasaje son miembros del círculo familiar de Salomón.

Por ejemplo, él señala que un joven pobre pero sabio es mejor que un rey viejo y necio que ya no sabe recibir consejos. Enseguida pensamos en Saúl, el primer y desdichado rey de Israel. Cuando Saúl fue coronado, tenía fama palaciega y era aclamado. Su índice de aprobación llegaba a las nubes. Para Saúl, fue bueno ser rey. Ascendió en gloria pero a la larga cayó en llamas.

Eso podría identificar para nosotros al joven pobre pero sabio con David, que nació como campesino pastor en un pueblo pequeño, destinado a cabalgar en el Antiguo Testamento como Coloso, a edificar un reino, a asegurar la supremacía militar, componer salmos y llegar a ser un hombre conforme al corazón de Dios.

Pero el versículo quince habla del «joven que sucede al rey». Pienso que ese joven es el hijo de David, el mismo Salomón, que sucedió a su padre en el trono. Salomón empezó en forma rápida y prometedora como líder, apoyándose en la sabiduría de Dios y en sus propios dones considerables. Extendió el imperio para el que su padre había puesto el cimiento. Gente de todo el mundo sabía de Salomón y de la ascendencia de los hijos de Israel... una vez esclavos en Egipto, ahora gobernantes del mundo mediterráneo.

Pero, ¿qué dice Salomón acerca de este segundo joven? La versión *The Message* [El Mensaje] dice: «Vi a todos apoyar el gobierno de este joven sucesor del rey. Sin embargo, la emoción murió rápidamente, las multitudes perdieron pronto su interés».

Fama voluble y fugaz. Salomón sabía que las huellas en las arenas del tiempo pueden ser profundas al presente, pero la marea de la historia muy rápidamente las borrará. Su padre había contado reminiscencias de los días cuando cabalgaba por las calles para oír a la gente cantar: «Saúl destruyó a un ejército, pero David aniquiló a diez» (1 Samuel 18:7). Era un estribillo encantador si uno era David, pero si uno era Saúl era un canto fúnebre.

Saúl murió, y de forma rápida y feliz fue olvidado en la gloria de las proezas de David como rey militar sobre Israel. Pero como su predecesor, el índice de aprobación de David no iba a elevarse hasta las nubes por siempre. El joven Salomón tuvo que darse cuenta de que esta nueva fama hallada tenía un sabor agridulce para su anciano padre.

Y ahora el mismo Salomón estaba envejeciendo. Ya podía oír a la gente preparando sus corazones para un nuevo héroe.

Anillos de Super Bowl, Oscares, y cantos que llegan al primer lugar de las carteleras son como el sabor del mes en su heladería local. Son suaves al paladar, deliciosos, y se deslizan fácilmente. Pero los reemplazarán al momento. El apóstol Pablo se refería a una corona mucho mejor que cualquiera que el mundo pueda ofrecer. Esta era una corona por la que vale la pena esforzarse para alcanzarla, una que puede ser ofrecida solo por unas manos con cicatrices de clavos.

Pienso que Salomón pudo haber apreciado la sabiduría ofrecida en 1 Corintios 9:25: «Todos los deportistas se entrenan con mucha disciplina. Ellos lo hacen para obtener un premio que se echa a perder; nosotros, en cambio, por uno que dura para siempre». Buscamos la corona no de la fama suprema sino de la fe suprema.

11
Un Dios que no puede ser usado
Eclesiastés 5:1-7

Allí estaba yo sentado, sumergido en mis pensamientos acerca del antiguo rey y su búsqueda de significado. Y mientras trabajaba en este capítulo, nuestra comunidad fue asolada por uno de los incendios más grandes y destructivos de California. Varios miembros de nuestra iglesia perdieron sus casas, y muchas de las demás familias, incluyendo la mía, tuvimos que evacuar por razones de seguridad.

Fuimos los beneficiarios de la compasión inmensa de Dios, y nuestra casa fue librada del desastre. Pero hasta hoy eso no me da gran consuelo. Vez tras vez, Dios ha permitido que mi itinerario de predicación coincida con los sucesos mundiales más amplios.

Después de los grandes desastres naturales la gente camina por entre los escombros y hacen las grandes preguntas: *¿Por qué tenía que suceder esto? ¿De qué sirvieron todos nuestros años construyendo esta casa solo para verla, literalmente, hacerse humo? ¿Cuál puede ser posiblemente el propósito de Dios en todo esto? Pastor, ¿me está escuchando? ¡Nos gustaría recibir algunas respuestas!*

Acudí a mi Biblia y resultó que la abrí en Eclesiastés esa semana. Así es como lo había planeado... o por lo menos *pensé* que fui yo quien lo hizo. Pero allí tenemos a Salomón, andando entre los escombros de su propia vida devastada, formulando todas las mismas preguntas a una distancia de tres mil años. Y otra vez se nos reitera el punto: Este es un libro para toda época.

Todavía nos quedan preguntas que exigen buenas respuestas. Salomón ya ha dedicado dos capítulos a considerar el vacío de una vida apartada de Dios. Luego, en el capítulo 3, ha admitido que aun así la pregunta obstinada permanece. Pero Salomón se afirma intrépidamente en la declaración de que Dios tiene un plan, y de que aun cuando está velado en varias capas de misterio, es un plan bueno... un plan digno de confianza.

Ahora llegamos a Eclesiastés 5 y los escombros nos llegan a los tobillos. Este es un sitio donde estaba todo lo que en un tiempo edificamos: nuestras esperanzas aquí, nuestros sueños en ese montón de allá. Usted todavía puede alargar su mano y hallar rastros húmedos de nuestra sangre, nuestro sudor y nuestras lágrimas. Pero ahora todo eso ha sido nivelado. Ahora está en ruinas a todo nuestro alrededor, y nada está de pie excepto estas preguntas imponentes... preguntas demasiado altas como para que veamos más allá de ellas, aun cuando nos pongamos de puntitas.

En tiempos como estos la vida es dura, los ánimos andan por los suelos, y la fe se mantiene en su sitio con venditas adhesivas. ¿Dios? No aparece por ningún lado. Tal vez sea mejor así, porque ¿qué le podríamos decir en estos mismos momentos, después de todo?

No le eche la culpa a Dios

El autor John Killinger nos relata acerca del director técnico de un equipo de béisbol de las ligas menores, que estaba tan frustrado por la actuación de su jardinero del centro que lo sacó del partido y se puso él mismo en su lugar. La primera pelota bateada vino hacia el director técnico, rebotó de manera muy extraña, y se estrelló contra su boca. La siguiente pelota se elevó muy alto y el hombre la perdió por el sol, hasta que se estrelló contra su frente. La tercera pelota que vino en su dirección fue un batazo directo y fuerte, y la pelota se le escurrió por entre las manos y se estrelló contra su ojo.

Furioso, salió de la cancha y se fue al sitio de los jugadores, agarró al jardinero central por la camiseta y le gritó: «¡Has arruinado tanto el centro de la cancha, que ni siquiera yo puedo jugar allí!»[1]

Dios recibe más de lo que le corresponde en esto de señalar con el dedo. A decir verdad, un joven de diecisiete años fue acusado hace poco de incendiar una iglesia en Nashville, Indiana. En su juicio, explicó que tomó un encendedor de cigarrillos y le prendió fuego al edificio, de casi un siglo, porque «estaba enojado con Dios».

Una mujer, habiendo perdido a su esposo e hijo en accidentes separados, puso una nota en la internet: «Estoy ENFADADA con Dios. ¡Estoy BIEN ENFADADA!» Ella se atrevió a decir en voz alta lo que usted y yo en realidad sentimos algunas veces.

Dios entiende nuestro enojo, y cuando oramos, es bueno decirle lo que sentimos con franqueza. Pero la amargura sostenida hacia el Señor que nos ama es irracional e insensata.

El *Journal of Health Psychology* [Diario de salud psicóloga] publicó hace poco un estudio interesante. La psicóloga social Julie Juola-Exline y su equipo de investigadores encontró una conexión entre la ira contra Dios y la ansiedad y la depresión. Los que no podían dejar atrás su resentimiento contra Dios eran más proclives a experimentar problemas con las emociones negativas. La buena noticia, de acuerdo a Juola-Exline, era que «los que podían perdonar a Dios en cuanto a algún incidente específico poderoso, informaban niveles más bajos de ansiedad y depresión».[2]

«Perdonar a Dios» es un término que preferiría evitar. Implica que Dios ha hecho algo malo que requiere nuestro perdón. Necesitamos subrayar la declaración de que debido a su perfecta naturaleza, Dios no va a hacer ni hará ningún mal. Lo que parece ser una jugarreta es un misterio. Lo importante es recordar que su amor y su compasión son perfectos, ininterrumpidos, y para siempre.

De igual manera es muy fácil echarle la culpa a Dios por nuestras perdidas y aflicciones. Aquí en Eclesiastés 5:1-2, Salomón nos da una instrucción directa.

Camine con cuidado ante Él

Cuando vayas a la casa de Dios, cuida tus pasos y acércate a escuchar en vez de ofrecer sacrificio de necios, que ni conciencia tienen de que hacen mal.

—Eclesiastés 5:1

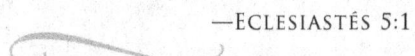

Imagine llegar a tropezones a la casa de Dios, llevando una pesada carga. Es el peso muerto de todas sus aflicciones. En realidad las trae al lugar preciso, pero necesita traerlas de la manera correcta. Cuando uno está sobrecargado es importante fijarse en dónde pisa.

Queremos depositarlas con cuidado en el altar en lugar de violentamente a sus pies. Es decir, tenemos que entregarle a él nuestras cargas, pero no la culpa. Hay una diferencia. Por eso necesitamos pisar con cuidado en la casa del Señor.

Recuerde que Salomón fue el constructor del templo, el edificio más hermoso de toda la tierra en ese entonces. Nunca había existido un lugar así que uniera a Dios y a sus hijos. Era, en un sentido, el lugar preciso para el cielo en la tierra. El arquitecto comprendía que no se debía entrar a tal lugar de forma descuidada o desconsiderada... en particular no con resentimiento.

Necesitamos decidir de qué lado estamos: ¿Honramos a Dios como el Señor de la vida, o no? ¿Confiamos en él en los tiempos adversos, o solo cuando es conveniente? Nuestra expresión moderna: «¡Cuidado donde pisas!», proviene del aviso de Salomón: «Cuida tus pasos». Literalmente, el hebreo dice: «Detén tus pies».

Tal vez recuerde un tiempo cuando oyó de sus padres esa frase. Usted estaba enfadado, y sus palabras se acercaban al territorio conocido como *faltar al respeto*, entonces mamá o papá decían: «Cuidado por donde pisas, jovencito» o «jovencita».

El respeto debido a los padres y a Dios es un asunto lo suficiente urgente como para que se le consagre en los Diez Mandamientos. La vida sin fronteras es un caos, y cuando tratamos a Dios como si no tuviera el control o no fuera todo amor, cuando lo reducimos a nuestra medida con un enfoque mezquino, cuando nos extraviamos fuera de los límites entre él y nosotros, invitamos al caos a nuestras vidas.

Cuando entramos a la casa de Dios, debemos acercamos para oír, para entender, aprender y adorar. Debemos cultivar una actitud de reverencia y expectación, y un sentido santo de resignación a su voluntad.

HÁBLELE CON CAUTELA

No te apresures,
ni con la boca ni con la mente,
a proferir ante Dios palabra alguna;
él está en el cielo y tú estás en la tierra.
Mide, pues, tus palabras.
Quien mucho se preocupa tiene pesadillas,
y quien mucho habla dice tonterías.

—ECLESIASTÉS 5:2-3

Ahora que hemos andado el camino, debemos dialogar sobre el hablar. Debemos hablar a Dios con cautela tal como andamos con cautela ante él; siempre teniendo en mente que estamos hablando desde la base de la ignorancia.

Pienso en el incendio terrible que se abrió paso en nuestra comunidad. Por lo general no sabemos cómo empieza un incendio como este. Una tormenta eléctrica puede lanzar un rayo. Algún individuo perturbado puede realizar una acción consciente y empezar a propósito el incendio. Una persona descuidada puede comenzar sin darse cuenta un gran fuego.

¿Y qué de Dios? ¿Podría él comenzar un incendio? *Por supuesto.* ¿Podría él también prevenirlo o sofocarlo? *Sí.* ¿Podría ser que lo haya hecho muchas veces en muchos lugares sin que ningún humano se diera cuenta? *¡Sí!* Y eso es algo que muy rara vez consideramos. Vemos todo incendio que Dios permite, pero ninguno de los que evita.

Así que cuando filosofamos acerca del carácter de Dios basados en nuestras observaciones limitadas, hablamos desde la ignorancia. En un día determinado, la mano de Dios puede intervenir y prevenir algunos actos horrendos de terrorismo global... y después cinco minutos más tarde un carro con un conductor borracho choca, y todos los que conocían a la víctima le endilgan a Dios su buen rapapolvo.

Nada ilustra esta noción de forma más vívida que un famoso programa de televisión que muchos ven, *The West Wing* [El ala oeste], en cual el ficticio presidente Josiah Bartlet (representado por Martin Sheen) se desquita contra Dios. Bartlet, luchando contra la esclerosis múltiple, está angustiado por la muerte de su secretaria de muchos años debido a un accidente provocado por un conductor borracho. Después de asistir a su funeral en la Catedral Nacional, espera que todos se vayan, y luego ordena que las puertas se cierren para poder estar solo. Parado ante el altar, Bartlet, católico romano en la serie de televisión, se desquita contra Dios. «Ella compró su primer carro y tú haces que un borracho choque contra ella», grita Bartlet en la gigantesca caverna de la catedral. «¿Se supone que eso sería divertido? ¿Te he disgustado en algo, irreflexivo desalmado?»

El colérico presidente se lanza entonces a una diatriba en latín. Traducidas, sus palabras son: «¿Debo en realidad creer que estos son los hechos de un Dios de amor? ¿De un Dios justo? ¿De un Dios sabio? ¡Al diablo con tus castigos!» Luego, en un gesto de desprecio, el presidente ficticio prende un cigarrillo y lo aplasta en el piso de la catedral.

La reacción de los televidentes fue predecible. Mientras que algunos se quedaron boquiabiertos por la cólera de Bartlet y sus palabras blasfemas, otros lo elogiaron por su expresión de franqueza brutal y por representar a miles de gente en su cólera contra Dios.

Salomón habría sentido de manera muy diferente. Nos recuerda que Dios sabe el tiempo y la ocasión designada de toda vida. Dios incluso cuenta los pelos de nuestra cabeza, y ni un gorrión cae a tierra sin que él lo sepa. Y como Jesús nos dice: «Ustedes valen más que muchos gorriones» (Mateo 10:31). Es más, Dios sabe toda implicación de cada acontecimiento: positiva, negativa o neutral. Vivimos en la pecera del tiempo y el espacio, con todas las limitaciones impuestas por esa habitación. Dios está fuera por completo de la pecera, y ve simultáneamente el pasado, el presente, el futuro, y cada centímetro de su creación. Nosotros no podemos captar con nuestras mentes nada más de lo que un pececito dorado podría entender sobre un mapa de la nación.

Viendo, oyendo, sabiendo y planeando todas las cosas, y basado en sus propios propósitos misteriosos, Dios gobierna los asuntos de este planeta. Habrá un tiempo para intervenir y un tiempo para abstenerse de intervenir. Enojarse y sentirse frustrado es de humanos; pero regañar a Dios es hacer un espectáculo cósmico de nuestra propia insensatez en la presencia del Alfa y la Omega, el Rey de reyes que nos ama tanto que llevó las huellas de los clavos en sus manos, en la presencia de serafines y querubines, y de todo el reino celestial.

Salomón nos aconseja que seamos hombres y mujeres de pocas palabras, porque la marca del tonto radica en sus ráfagas de hablar imprudente. El versículo 3 es difícil de traducir, pero Salomón parece decir que el necio balbucea sin cesar, como el hombre que tuvo un día muy ajetreado e imagina sueño tras sueño toda la noche. Nosotros en efecto dormimos mejor cuando no nos atascamos en nuestras quejas de corta perspectiva en contra de un Padre de amor.

No soborne a Dios

Cuando hagas un voto a Dios, no tardes en cumplirlo, porque a Dios no le agradan los necios. Cumple tus votos:

> *Vale más no hacer votos
> que hacerlos y no cumplirlos.*

No permitas que tu boca te haga pecar, ni digas luego ante el mensajero de Dios que lo hiciste sin querer. ¿Por qué ha de enojarse Dios por lo que dices, y destruir el fruto de tu trabajo? Más bien, entre tantos absurdos, pesadillas y palabrerías, muestra temor a Dios.

—Eclesiastés 5:4-7

En su atribulada juventud el joven caminaba por un campo de Alemania, cuando una terrible tempestad eléctrica cubrió el cielo. Un rayo le cayó a un árbol cercano, e instantáneamente el joven tomó eso como una señal de Dios. «¡Ayúdame!», gritó, «y me haré monje». Ese voto repentino cambió la vida de Martín Lutero.

Otro joven, un personaje de terrible reputación llamado John Newton, hizo una promesa similar a Dios en medio de una mortal tempestad en el mar. «Ayúdame», oró, «y cambiaré mi vida». De esa oración brotó una transformación gradual que llevó a Newton al ministerio y le hizo un himnólogo de clase mundial, autor de «Sublime gracia».

Hay veces cuando Dios usa una tempestad o crisis para despertarnos y para que hagamos votos que cambien nuestra vida y los compromisos hacia él. El problema es que la mayoría de nosotros somos más rápidos para hacer compromisos que para cumplirlos. Vivimos en una época de votos a medias y promesas incumplidas. Si toda persona cumpliera las promesas que le hizo a Dios en un apuro, entonces África y Asia estarían abarrotadas con millones de misioneros.

A veces le llamamos a esto «cristianismo de trinchera». Es la expresión culminante de usar a Dios. Regatear con Dios es una actividad en extremo cuestionable, que por lo general se debe evitar. Pero si usted se mete en este compromiso, ni siquiera piense en no cumplirlo, porque Dios no puede ser burlado. Lo que se promete ante él es *obligatorio*, tanto como él está obligado a sus muchas promesas dadas en las Escrituras.

Salomón nos enseña que los juramentos o votos son serios. Son duraderos, y a los ojos de Dios, no están sujetos a revocaciones de «cambios de parecer».

Me encanta lo que dice David en los Salmos al pensar en un juramento que le hizo a Dios: «Me presentaré en tu templo con holocaustos y cumpliré los votos que te hice, los votos de mis labios y mi boca que pronuncié en medio de mi angustia» (Salmo 66:13-14).

No sabemos exactamente en qué clase de problema David estaba metido, pero fuera lo que haya sido, es evidente que Dios lo sacó de allí. Y en el proceso David le hizo un voto a Dios. Los votos no eran raros en el Antiguo Testamento, ni tampoco romperlos. De no haber sido así Salomón no hubiera advertido en su contra, ni Jesús habría hecho un comentario al respecto cuando puso en perspectiva espiritual lo que había llegado a ser una tradición de los fariseos en cuanto a la ley mosaica (Mateo 5:33-37). Pero David guardó el voto que le hizo a Dios.

Eva J. Alexander nació de padres creyentes en Chennai, India, y nació de nuevo a los doce años durante una reunión de Billy Graham. En 1963 se casó con R. D. Alexander, y los dos aceptaron cargos en el gobierno de la India. El trabajo de Eva la expuso a la situación difícil de las mujeres en su país, por lo que comenzó a hablar acerca de la situación de ellas y su sufrimiento. Por un tiempo se dedicó tanto a su actividad social que su vida espiritual sufrió. La política llego a ser para ella más importante que su fe.

Pero el Señor le mandó una enfermedad seria que la puso de rodillas, entonces hizo un solemne voto ante el Señor. Debatiéndose al borde de la muerte en el hospital, oró: «Dios, si eres real, no permitas que muera. Yo te serviré».

A la larga Eva se recuperó de su enfermedad. Cuando regresó a casa comenzó a leer su Biblia de nuevo. Una palabra de Mateo 21:31 penetró en su mente como un torpedo, la palabra *prostitutas*. Jesús dijo: «Los recaudadores de impuestos y las prostitutas van delante de ustedes hacia el reino de Dios». Nuestro Señor quiere llevar a las *prostitutas* a su reino.

Una semana después un pastor de una iglesia cercana le habló de una prostituta que había huido de los burdeles, y le pidió a Eva que proveyera un cuarto para ella. «No puedo», dijo Eva, «recójala usted». Eva tenía esposo y cuatro hijos en casa, incluyendo a dos varones adolescentes. Pero una vez más el Señor trajo a Mateo 21:31 a su mente, y Eva cedió.

Su familia quedó espantada: «¿Qué es esto? ¡Estás convirtiendo tu casa en un burdel!» Pero sus actitudes pronto cambiaron, y aceptaron este ministerio como algo que venía de Dios. Otras jóvenes empezaron a aparecer, y la casa de los Alexander se convirtió en un centro de rehabilitación. Los oficiales de la policía y de las cárceles enviaban a Eva a las mujeres en problemas, y hoy hasta quince mujeres viven en la casa de los Alexander en cualquier momento dado. Los Alexander proveen tratamiento médico, entrenamiento de trabajo, y brindad un testimonio poderoso del evangelio.

Como resultado de su voto a Dios al borde de la muerte, Eva ha comenzado un hogar para los hijos de las prostitutas. En ese hogar sesenta niños, de doce meses a trece años, encuentran refugio. Su esposo e hijos se le unieron en su trabajo y estimulados por ese pasaje de Mateo están llevando a muchas prostitutas al reino de Dios.[3]

Lo hemos visto en toda la historia de la iglesia. Una promesa a Dios, honrada por el que la hizo, puede llevar a un toque del cielo en la tierra. Pero un voto en peligro de que se le rompa es una idea que nos debe hacer estremecer con temor. En este momento, cuando las llamas están en la puerta, un voto viene fácilmente a los labios; pero mañana, cuando la lluvia fresca espanta de la memoria la calamidad, es muy fácil darle la espalda a Dios. Las implicaciones en el alma pueden ser peores que el peligro original que nos llevó a hacer el voto.

¿Mi recomendación? Mantenga su boca cerrada cuando su espalda está contra la pared, y conserve la fe en Dios. Luego siga avanzando. Ese es el único voto que en realidad él está buscando.

12
Los gobiernos nunca cambian
Eclesiastés 5:8-9

Nikita Khrushchev estaba parado ante una ventana alta del Kremlin y contemplaba hacia el oeste, hogar de la democracia y la libertad. Levantó su puño en gesto de desafío y gritó: «¡Te enterraremos!»

Otra traducción de su frase rusa dice: «Estaremos presentes en tu funeral». Hablaba de un tiempo cuando los soviéticos gobernarían el mundo, y verían al último cristiano de la última nación libre ser llevado a su ejecución.

Dejando la traducción a un lado, su significado era claro e inequívoco. La Unión de Repúblicas Socialistas Soviéticas había llegado a su cenit. Abarcaba una sexta parte del territorio del mundo... dos veces y media el tamaño de los Estados Unidos de América. Su dominio de la ciencia y la tecnología militar marchaba adelante del progreso de los Estados Unidos. Y en una noche clara de 1957, los norteamericanos se subieron a sus techos y vieron al *Sputnik*, el primer satélite, dar una vuelta de victoria alrededor del mismo planeta que algunos sintieron que sería aplastado por el comunismo soviético.

Sin embargo, en menos de treinta y cinco años, es decir, un ápice más de una generación, ese mismo gobierno comunista estaba en ruinas, una víctima más de la arrogancia política. ¿Qué había pasado? El desmantelamiento de la URSS es un asunto complejo y no se le debe simplificar demasiado. Existieron muchos factores, incluyendo un clima cambiante en la economía mundial. Pero los historiadores concuerdan en que uno de los principales factores que contribuyeron al derrumbe del comunismo soviético fue la increíble corrupción personal de los funcionarios del gobierno. Usaban sus cargos, no para servir a los agricultores de la nación y a los obreros de las fábricas que se morían de hambre, sino para llenar sus propios bolsillos. Explotaron el sistema, mordisqueando sus cimientos hasta que todo el edificio se tambaleó y se desplomó desde adentro.

Recuerde, este imperio fue la fruta radiante de una revolución idealista. Iba a ser un organismo socialista que prefiguraría un nuevo orden mundial, según Lenin y sus defensores. La producción y la prosperidad estarían en la clase trabajadora y serían para ella. Tales eran las promesas de los insurgentes.

Pero en diciembre de 1991, cuando Gorbachev firmó los documentos que disolvían el sueño de Lenin, todo eso ya había desaparecido tiempo atrás. El gobierno impulsado por los ideales de la clase obrera había dado paso rápidamente al más totalitario de los regímenes. Como hemos observado por mucho tiempo, los revolucionarios de hoy en día se vuelven los burócratas del mañana, o como el filósofo roquero Pete Townsend lo dijo: «Les presento al nuevo jefe... es igual que el anterior».

A esto Salomón, presidiendo sobre su propio régimen idealista, hubiera asentido vigorosamente.

Instituciones imperfectas

> *Si en alguna provincia ves que se oprime al pobre, y que a la gente se le niega un juicio justo, no te asombres de tales cosas; porque a un alto oficial lo vigila otro más alto, y por encima de ellos hay otros altos oficiales. ¿Qué provecho hay en todo esto para el país? ¿Está el rey al servicio del campo?*
>
> —Eclesiastés 5:8-9

Es difícil imaginar un pasaje más oportuno... y como hemos visto es oportuno para cualquier época. Si usted mete demasiado sus narices

en el gobierno, dice Salomón, no se asuste por lo que encuentre: corrupción, injusticia y explotación. El gran palacio del estado siempre tiene un problema de comejenes. Como las palabras de *The Message* dicen en el versículo 8: «La explotación se filtra de un subalterno a otro. No hay final a eso, y nada se puede hacer al respecto».

¿Cómo le parece esto como resumen desolador de las ruedas del estado que hacen que el mundo gire?

La iglesia es imperfecta porque está hecha de carne y hueso, y no de ladrillos; es lo mismo con el gobierno. Las instituciones humanas siempre caen presas de la corrupción, y debido a la presencia de la riqueza y el poder, los gobiernos más que todas las demás.

Así que debemos conservar un cierto nivel de pesimismo realista. Es de esperar que el sistema falle ocasionalmente, y debemos lavar las manchas de cuando en cuando, tratando de mantener la ropa del estado lo más pura y limpia que sea posible. Por lo tanto, alentamos a los representantes y líderes honrados, y usamos el sistema para sacar de raíz a los que traicionan la confianza. Pero no albergamos ilusiones de mantener a la maquinaria en funcionamiento perfecto. Este es el punto de Salomón: no se puede evitar la corrupción que se filtra subrepticiamente.

En Inglaterra la iglesia establecida persiguió en los siglos dieciséis y diecisiete a los que se identificaron con el movimiento de la Reforma de Martín Lutero. El «derecho divino de los reyes» fue la doctrina fuera de la Biblia usada por los monarcas para establecer su voluntad como la voluntad de Dios.

En contra de tal regla tiránica en las Islas Británicas se levantó la voz tronante de Juan Knox. Y de esta inspiración escocesa surgieron los escritos de Samuel Rutherford. Su libro, *Lex Rex: or The Law and the Prince* [Lex Rex: o la ley y el príncipe] (1644), resultó en su propio veredicto de muerte, a pesar de que murió de causas naturales antes que se le aplicara la sentencia.

Lex Rex afirmaba la noción bíblica de los reyes: ellos y sus estatutos son súbditos de Dios y sus leyes. Los reyes terrenales deben ser todo lo que Dios es: justos, rectos, buenos, misericordiosos, generosos... todo lo que no eran los reyes establecidos de esa época. El tratado de Rutherford era consistente con las enseñanzas del Nuevo Testamento acerca de los gobernantes civiles: que son una extensión de la mano de Dios sobre la tierra para llevar a cabo su voluntad (Romanos 13:1-7; 1 Pedro 2:13-17).

Con esa clase de filosofía, es fácil ver por qué Rutherford se ganó el menosprecio de los reyes que afirmaban su «derecho divino» para reinar.

Desdichadamente, los reyes del período posterior a la Reforma en Inglaterra no son los únicos gobernantes que no reinaron conforme a las prioridades de Dios. Incluso los Estados Unidos, el gobierno más exitoso de la historia del mundo, ha tenido que recordarse constantemente a sí mismo de sus obligaciones y responsabilidades hacia los gobernados.

Y mucho antes que los gobiernos estadounidenses, ingleses o cualquier otro perdieran de vista sus prioridades, gobernantes del tiempo de Salomón habían perdido la visión de un gobierno bueno. Salomón dice que se oprimía a los pobres, y se pervertía la justicia y la rectitud. La corrupción se filtraba hacia abajo de una capa a otra entre gobernantes que se rascan las espaldas unos a otros.

En la década de los ochenta hubo una sucesión de conciertos de beneficencia de parte de estrellas de rock e ídolos de películas que se preocupaban por asuntos como el hambre, la enfermedad, o la suerte de los agricultores. Recogieron inmensas sumas de dinero, solo para descubrir que el dinero demasiado a menudo tenía que ser canalizado mediante los gobiernos corruptos del tercer mundo. En vez de ser humildes mayordomos para el pueblo, los funcionarios se embolsaron grandes cantidades como ganancia personal.

Gastamos gran cantidad de energía recriminando estas cosas, y bien que debemos hacerlo. El enfado justificado es natural, pero Salomón nos dice que es simplemente ingenuo sorprenderse.

En los buenos tiempos el pueblo ve al gobierno como su protector, y en los malos tiempos como su salvador. Los fracasos de los gobiernos son nada más que los fracasos de los hombres. ¿Por qué deberíamos esperar que el gobierno sea diferente a otros segmentos de la sociedad siendo que todos están poblados y supervisados por pecadores? Cualquiera que pone sus esperanzas en el gobierno con toda certeza se verá decepcionado. Eso no significa que no apreciemos las cosas justas que el gobierno hace. Simplemente expresa que nuestra última esperanza para protección y salvación está en un Dios que nunca decepciona.

El autor ruso Alekandr Solzhenitsyn dice: «La línea que divide al bien del mal no pasa por estados, ni entre clases, ni tampoco entre partidos políticos; sino directamente por cada corazón humano».

El gobierno no es nada más que seres humanos reunidos para un propósito en particular. A veces toman buenas decisiones, y a veces no. En este sentido mirar a los gobiernos es como mirar en un espejo. Si siente que el gobierno debería estar haciendo un trabajo mucho mejor al gobernar al pueblo, ¿qué tal del trabajo que usted está haciendo para gobernar su propia vida? ¿Hay asuntos de integridad? ¿Asuntos de salud? ¿Uso efectivo de su tiempo y recursos?

El problema es el mismo con los principados como lo es con el príncipe: *el pecado*. Somos necios si esperamos que el trabajo del gobierno sea de alguna manera más efectivo que la vida de su pueblo.

DIOS, LA GRACIA Y EL GOBIERNO

A veces nos olvidamos de la maravillosa idea de la providencia de Dios. Alguien ha definido esto como «la manos de Dios detrás de los titulares». Un predicador llamado T. DeWitt Talmage dijo una vez: «Los déspotas pueden planear y los ejércitos pueden marchar, y los congresos de las naciones pueden pensar que están ajustando todos los asuntos del mundo, pero los poderosos de la tierra son solo el polvo de las ruedas del carruaje de la providencia de Dios».[1]

La providencia es la creencia de que Dios se saldrá con la suya al final. Él gobierna sobre tierra y mar, y guía el curso de la historia hacia los fines que ha determinado. Benjamín Franklin admitió esto cuando dijo: «Mientras más vivo, más pruebas convincentes veo de esta verdad, de que Dios gobierna los asuntos de los hombres».

El rey David se refirió a la providencia cuando escribió: «Porque del SEÑOR es el reino; él gobierna sobre las naciones» (Salmo 22:28). Proverbios 8:15-16 dice: «Por mí reinan los reyes y promulgan leyes justas los gobernantes. Por mí gobiernan los príncipes y todos los nobles que rigen la tierra».

No es difícil que nos apropiemos de estas promesas en particular en estos días. Sabemos más de los gobiernos del mundo. Los secretos son más difíciles de mantener. De la misma manera, la Biblia nos asegura que Dios tiene el control. No podemos y no debemos esperar que el gobierno sea la corte más grande de apelación o de confianza. Cada rey de este mundo sirve por voluntad de Dios... y a propósito, también usted en su propia posición. Nuestro Dios tiene el control de todo; ¿por qué deberíamos pensar que su autoridad divina termina en las gradas del capitolio nacional?

Así que nuestra primera respuesta a la esfera política y gubernamental debería ser la confianza en la soberanía del Dios Todopoderoso. Al hacer eso, dormiremos mucho mejor.

Segundo, tenemos que orar por nuestros funcionarios. Pablo ordena: «Así que recomiendo, ante todo, que se hagan plegarias, oraciones, súplicas y acciones de gracias por todos, especialmente por los gobernantes y por todas las autoridades, para que tengamos paz y tranquilidad, y llevemos una vida piadosa y digna» (1 Timoteo 2:1-2). ¿Cuán a menudo en realidad ora usted por su presidente, sus legisladores, sus gobernadores, sus alcaldes, sus miembros del concejo municipal? Ore por ellos, y luego dé otro paso: escríbales una nota para animarlos, y hágales saber que usted está respaldando todos los días con oración el trabajo de ellos. A lo mejor si todos hiciéramos esto, comenzaríamos a ver un efecto positivo en los que se esfuerzan para servirnos.

Participación e insurrección

Tercero, Pedro nos dice que seamos buenos ciudadanos; en realidad, ciudadanos *excelentes*. «Sométanse por causa del Señor a toda autoridad humana, ya sea al rey como suprema autoridad, o a los gobernadores que él envía para castigar a los que hacen el mal y reconocer a los que hacen el bien» (1 Pedro 2:13-14). Obedecemos a nuestros dirigentes con lealtad, sabiendo que al servirles a ellos servimos a Dios. Una ordenanza es una ley. Muchos nos hemos vuelto escépticos con respecto a nuestras leyes y nuestros deberes hacia ellas. Sea un defensor de la ley y un servidor proactivo del bien público de su comunidad. Conozca a sus policías y otros servidores públicos. Pregúnteles cómo puede ayudar.

Es inquietante ver a los creyentes retirándose del discurso público. Nuestra influencia necesita estar presente en cada suceso que ocurre en este mundo. Linda Ellerbe escribió:

> La civilización es un arroyo con orillas. El arroyo a veces está lleno de sangre de gente que mata, roba, dispara, y hace cosas que los historiadores por lo general registran, mientras que en las orillas, sin que se note, la gente construye casas, hace el amor, cría hijos, entona cantos, escribe poesía, e incluso talla estatuas. La historia de la civilización es la historia de lo que pasó en las orillas. Los historiadores y periodistas son pesimistas porque ignoran las orillas por el río.[2]

Algo de esa actividad en las riveras lamentablemente nos hacer recordar la actividad de la iglesia: entonando cantos, realizando comidas, disfrutando de nuestra cultura evangélica mientras construimos torres lo suficiente altas para bloquear nuestra vista del riachuelo. ¡Necesitamos zambullirnos y hacer notar nuestra presencia!

Cuarto, adopte una posición a favor del Señor cuando el gobierno claramente desafíe a Dios. Pedro y Juan se vieron frente a tal decisión. Fueron retados cuando las autoridades les ordenaron no predicar el nombre de Jesús. Ellos respondieron: «¿Es justo delante de Dios obedecerlos a ustedes en vez de obedecerlo a él? ¡Júzguenlo ustedes mismos! Nosotros no podemos dejar de hablar de lo que hemos visto y oído» (Hechos 4:19-20).

Hubo un tiempo cuando los creyentes miraban a las profundidades de ese arroyo y veían la perversidad de la esclavitud. En Inglaterra en el siglo dieciocho, por ejemplo, las voces cristianas estuvieron entre las pocas que hablaron en contra de ella. Por supuesto, algunos cristianos la defendieron con pasajes de la Biblia, como aquel en el que Pablo le dice a los siervos que se sometan a sus amos. Pero la convicción del Espíritu Santo estaba dando una interpretación diferente. La esclavitud era una situación vergonzosa que necesitaba que se le atendiera. Muchos creyentes dedicaron sus vidas a combatir la anticuada institución. Recopilaron información sobre el maltrato del ser humano explotado por causa del crecimiento económico. Estos creyentes preocupados comenzaron a reunir seguidores que alzaron su protesta. Con todo, necesitaban de alguien en el poder que asumiera su causa. Necesitaban una voz dentro del gobierno.

William Wilberforce se convirtió en creyente en 1785, cinco años después de su elección al Parlamento. De forma interesante, la obra del antiguo traficante de esclavos, John Newton, fue un factor en la conversión de Wilberforce. Newton era un hombre que llevaba toda una carga de culpabilidad; había capitaneado barcos llenos de almas que gemían, sangraban y morían. «Sublime gracia» fue el primer legado de la reivindicación de Newton; Wilberforce fue el segundo. Bajo la influencia de Newton, Wilberforce comenzó a luchar en el Parlamento por la abolición de la esclavitud.

Esto no fue algo que se llevó a cabo en un año de elecciones; fueron veinte años de búsqueda de una visión divina. El cabildeo que favorecía la esclavitud gozaba terriblemente de influencia en el gobierno. Por todos lados Wilberforce hablaba del corazón de Dios en contra de tal explotación inhumana, hasta que Lord Melbourne dijo mofándose: «Las cosas han llegado a un buen paso cuando se le permite a la religión invadir la vida pública».

El ejército de Cristo ganó la victoria cuando el comercio de esclavos fue abolido en 1807.

Wilberforce, que perseveró en contra del Goliat de la esclavitud, nos inspira. También nos inspira Martin Luther King Jr., mártir del Goliat del racismo. Y nos damos cuenta de que los creyentes debemos caminar por la cuerda floja de respetar al gobierno (como estos dos hombres claramente lo hicieron) mientras que a la vez trabajamos dentro del mismo para la gloria de Dios. Siguiendo su ejemplo, podemos representar una diferencia. Podemos sacar las malas hierbas de la corrupción como nos advierte Salomón y dar un golpe para el reino de Dios.

Pero nunca, nunca espere que una utopía llegue a un capitolio cercano a usted. El cielo en la tierra no puede ser establecido en las urnas de votaciones, sino solo en los corazones de los hombres. Un día veremos descender a la nueva Jerusalén, y habrá al fin un solo Gobernante ante el cual nos postraremos, sin necesidad de intermediarios; un solo partido al que servir, sin necesidad de debate o disensión; un Señor, una fe, un bautismo para el mundo que siempre ha sido nuestro destino como sus divinos constituyentes.

13
Dinero y sentido
Eclesiastés 5:10-20

Haría bien en confesarlo: usted ha tenido esas fantasías. Nadie puede crecer en este país, o tal vez en ningún país, sin tenerlas.

Estoy hablando de esos sueños de riquezas abundantes. Usted ha soñado con ganarse la lotería, o tal vez con ver a Ed McMahon llegar a su puerta con el premio gordo de Publisher's Clearinghouse. Ha visto los programas de televisión sobre el estilo de vida de los ricos y famosos, y se ha preguntado cómo sería tener tan solo un poco de eso usted mismo.

Ha soñado despierto con que el 15 de abril sea como otro día cualquiera, cuando la fecha límite para el pago de impuestos ya no se cierne sobre su casa como un depredador, con tener un ejército de sirvientes que le preparen las comidas y le laven la ropa, con llegar a su mansión en un carro de lujo nuevo y brillante.

Todos hacemos castillos en el aire, pero Salomón nos advierte que no nos ilusionemos demasiado. Todo es una ilusión, dice, no importa cómo aparezca... ¡y las revistas de hoy y las cámaras de televisión pueden hacerlas parecer muy encantadoras!

Salomón quiere que comprendamos que nuestros deseos más profundos son por el cielo, y nunca se materializarán en la tierra mediante el paraíso de papel de la riqueza.

La riqueza se queda lejos cuando se trata de producir felicidad, pero produce mucho más de lo que se espera cuando se trata de acarrear una situación miserable. Eso es verdad ahora, fue verdad en la Jerusalén antigua, y siempre será verdad bajo el sol.

Recientemente la cadena televisora CNN transmitió un reportaje sobre un hombre que tenía dolor de estómago. El reportero dijo: «Los médicos franceses quedaron anonadados cuando descubrieron la razón del estómago hinchado y adolorido del paciente: se había tragado trescientas cincuenta monedas, con un valor de seiscientos cincuenta dólares».

El hombre de sesenta y dos años llegó a la sala de emergencia del Hospital General Cholet en el occidente de Francia, con un largo historial de enfermedades psiquiátricas. Su familia advirtió a los médicos que a veces se tragaba monedas, y algunas le había sido extraídas del estomago en visitas anteriores. Con todo, los médicos se quedaron asombrados por lo que vieron en las radiografías. En el estómago del paciente había una masa opaca enorme que pesaba seis kilos. Era tan pesada que había empujado su estómago hasta las caderas. Cinco días después de su llegada, los médicos le abrieron y le quitaron el severamente dañado estómago con su contenido, pero el hombre murió unos pocos días después víctima de complicaciones. Los médicos dijeron que el hombre sufría de una enfermedad rara que hace que la gente coma dinero.[1]

Pero eso es simplemente *locura*. Usted y yo no nos parecemos en nada a este enfermo mental, ¿verdad? Nunca nos hemos convertido en consumidores de riqueza... bueno, por lo menos no literalmente. Pero, ¿que tal espiritualmente?

En el ámbito de la fe necesitamos cierta clase de alimento. Así como el cuerpo necesita agua y los pulmones anhelan aire, también el alma tiene hambre del cielo. Nos alimentamos con la Palabra de Dios, su presencia, su servicio y su visión para nosotros... con muchos nutrientes buenos y saludables. Él ha puesto una mesa llena ante nosotros, y todo lo que necesitamos es participar del banquete.

Sin embargo, el mundo nos seduce para alejarnos de la mesa de Dios. Atrae nuestra mirada hambrienta hacia sus baratijas relucientes hasta que nos volvemos unos consumidores voraces del sueño estadounidense. Saciamos el hambre del alma con las calorías vacías del mundo, y terminamos hinchados y enfermos como el hombre de la crónica de la cadena CNN. Tal vez la única diferencia es que el precio de este hombre fue seiscientos cincuenta dólares. ¿Cuál es el nuestro?

Somos espíritus en el mundo material, fantasmas en la máquina, como alguien ha dicho. Vivimos en la tierra, pero nuestro hogar es el cielo, y eso crea una disonancia en el alma. Nunca estaremos en paz sino cuando encontremos el puente entre los dos mundos. Así que continuamos en busca de las cosas que en realidad importan en la vida... por el cielo en la tierra.

Se nos ha hipnotizado de forma tan completa que no importa cuántas veces nos decimos que la riqueza *no* es contentamiento, no importa cuántas veces presenciamos la completa bancarrota de ese mito en la vida real, no importa cuántos millonarios miserables andan por la tierra, y no importa cuán poderosamente nuestra propia experiencia señala esa verdad; nosotros seguimos regresando al sueño vacío, cautivados por el espejismo.

Y cuando la vida anda mal, lo primero que miramos es el remedio financiero. Su matrimonio fracasó, y ella se pregunta si una casa más grande hubiera significado la diferencia. Él se enfrenta a la depresión, así que sale y se compra un costoso carro deportivo. Están perdiendo a sus hijos, así que los colman de regalos.

Muy sencillo, *la riqueza no es la respuesta.* ¿No piensa que es significativo que esta idea impregne toda la Palabra de Dios, de Moisés a Pablo? ¿No está Dios tratando de decirnos algo con urgencia?

La ilusión es poderosa, persistente y mortal. Promete el cielo pero entrega corazones destrozados. En este capítulo de Eclesiastés, Salomón nos ofrece cinco puntos sobre las finazas, y luego dos verdades profundas en cuanto a Dios.

CINCO COSAS QUE DEBEMOS SABER ACERCA DEL DINERO

1. Mientras más tenemos, más queremos.

> *Quien ama el dinero, de dinero no se sacia. Quien ama las riquezas nunca tiene suficiente. ¡También esto es absurdo!*
>
> —ECLESIASTÉS 5:10

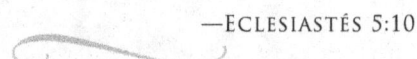

Mire a los magnates más ricos del pueblo. Reúnase con ellos en sus clubes campestres para un juego de golf o tenis; hable de sus sueños. Predigo que usted descubrirá que se concentran en conseguir *más*.

Usted puede ser el campesino más pobre o el terrateniente más rico, sin embargo parece que siempre quiere *más*. Mientras más ganamos, más queremos. Al fuego se le alimenta pero nunca se sacia.

Jesús dijo: «¡Tengan cuidado! ... Absténganse de toda avaricia; la vida de una persona no depende de la abundancia de sus bienes» (Lucas 12:15).

No hay muchos «Tío Bud» Robinson entre nosotros. A Robinson, bien conocido predicador de santidad de otra generación, unos amigos lo llevaron a Nueva York y le mostraron todas las vistas de la ciudad. Esa noche en sus oraciones dijo: «Señor: Te doy gracias por haberme permitido ver todas las vistas de Nueva York. Y te doy gracias, sobre todo, porque no vi ni una sola cosa que quisiera».[2]

¿No sería maravilloso estar en verdad satisfecho? ¿Estar libre de la carga de acumular más, y sentirse en paz con el lugar que ocupamos en la vida? ¿Por qué nos sentirnos miserables por algo que jamás ha demostrado que puede satisfacer?

Parte del poder increíble de Pablo en su ministerio viene de este rasgo: «No digo esto porque esté necesitado, pues he aprendido a estar satisfecho en cualquier situación en que me encuentre. Sé lo que es vivir en la pobreza, y lo que es vivir en la abundancia. He aprendido a vivir en todas y cada una de las circunstancias, tanto a quedar saciado como a pasar hambre, a tener de sobra como a sufrir escasez» (Filipenses 4:11-12).

Hay sabiduría y poder en saber cómo estar satisfecho con mucho o poco.

2. Mientras más tenemos, más gastamos.

> *Donde abundan los bienes, sobra quien se los gaste; ¿y qué saca de esto su dueño, aparte de contemplarlos?*
>
> —Eclesiastés 5:11

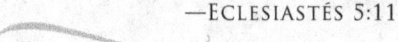

La gran promoción llega con su esperado aumento de salario. Simplemente podemos mantener el mismo estilo de vida y usar el dinero de forma sabia, pero en un microsegundo estamos saboreándonos ante la perspectiva de carros nuevos, muebles nuevos, tal vez una segunda casa. Salomón dice que cuando las posesiones se hacen más pesadas, también nosotros. Él quiere saber, ¿de qué vale tener más dinero? Sencillamente saldremos a gastar lo que sea que hemos recibido.

La versión *The Message* ofrece este consejo de esta manera: «Mientras más botín adquieras, más ladrones aparecen».

El autor William MacDonald dice: «Cuando las posesiones de un hombre aumentan, parece que hay un aumento correspondiente en el número de parásitos que viven de él: consultores de administración, asesores de impuestos, contadores, abogados, empleados domésticos, y parientes que chupan».[3]

Mientras más se tiene, más se quiere. Mientras más se quiere, más se gasta. Mientras más se gasta, más se necesita. Mientras más se necesita, más hay que tener. Detenga al mundo... ¡quiero bajarme!

3. Mientras más tenemos, más nos preocupamos.

> *El trabajador duerme tranquilo, coma mucho o coma poco. Al rico sus muchas riquezas no lo dejan dormir.*
>
> —ECLESIASTÉS 5:12

Cuando los incendios del condado de San Diego comenzaron a acercarse a nuestro barrio, vino la orden de recoger nuestras cosas de valor y evacuar nuestras viviendas. Conduciendo cuesta abajo por la colina en que se halla nuestra casa, me volví para decirle a mi esposa Donna: «¿Te das cuenta de que solo nos llevó diez minutos recoger nuestras cosas de valor? Todo lo demás son solo "cosas"».

Cuando usted puede poner en el asiento trasero de su coche todas las cosas de valor de su vida, puede dormir bien por la noche porque ha reducido su «campo de preocupación». Por la gracia de Dios puedo decir que nunca he perdido el sueño por el estado de mis inversiones.

Muchos piensan que mientras más dinero tengan, más tranquilos dormirán por la noche, pero la verdad es lo opuesto. Mientras más tienen, más se preocupan por preservarlo.

Cuando el dinero es su escudo y su baluarte, usted pasará todo su tiempo preocupándose por lo que pueda pasar si pierde su protección. Felizmente, mi escudo y protector es aquel que ya a dicho: «Nunca te dejaré; jamás te abandonaré» (Hebreos 13:5).

Cuando tenía cincuenta y tres años, John D. Rockefeller era el único multimillonario del mundo. Sus ingresos eran de un millón de dólares por semana. Pero era un hombre enfermo que vivía de galletas y leche, y no podía dormir porque se preocupaba demasiado por su dinero. A la larga aprendió cómo repartir el dinero, y su salud mejoró radicalmente. Como filántropo vivió hasta cumplir noventa y ocho años.

Parejas ancianas recuerdan los días en que comían un paquete de macarrón en un diminuto apartamento. Y concluyen que esos días pueden haber sido los mejores tiempos de su matrimonio. La Gran Depresión fue un tiempo severo para la gente, sin embargo muchos recuerdan esos mismos años con añoranza.

La falta de dinero nos saca del aislamiento de la autosatisfacción. Nos obliga a salir, a conocer a la gente y a necesitar de algunos de ellos. Al aumentar nuestra riqueza, nos alejamos de la comunidad. Nos perdemos un montón de gracias pequeñas y encuentros de relaciones personales que hacen a la vida real y satisfactoria; y las reemplazamos con baratijas que nunca entregan lo que su brillo seductor promete.

4. Mientras más tenemos, más perdemos.

> *He visto un mal terrible en esta vida: riquezas acumuladas que redundan en perjuicio de su dueño, y riquezas que se pierden en un mal negocio.*
>
> —ECLESIASTÉS 5:13-14

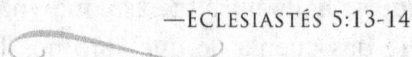

Permítame ser claro en este punto, porque es fácil entender mal lo que Salomón está diciendo. La esencia de su mensaje es esta: no se puede perder lo que no se tiene.

No debemos evitar buscar las cosas simplemente porque podemos perderlas. Pero nos damos cuenta desde el mismo principio de que estamos añadiendo un elemento más a nuestras vidas, una dependencia más, una responsabilidad más. Cualquiera que haya comprado una casa por primera vez comprende el concepto. Nos llegamos a apegar a nuestras posesiones a nuestro propio riesgo porque ahora tenemos mucho más que perder.

5. Mientras más tenemos, más dejamos.

> *Y si llega su dueño a tener un hijo, ya no tendrá nada que dejarle. Tal como salió del vientre de su madre, así se irá: desnudo como vino al mundo, y sin llevarse el fruto de tanto trabajo.*
> *Esto es un mal terrible: que tal como viene el hombre, así se va. ¿Y de qué le sirve afanarse tanto para nada? Además, toda su vida come en tinieblas, y en medio de muchas molestias, enfermedades y enojos.*
>
> —ECLESIASTÉS 5:14-17

Todos conocemos la traducción moderna de esto: *No se lo puede llevar consigo.*

Es simplemente sentido común. Usted paga sudor y esfuerzo por las cosas que acumula. Pero nunca posee nada de forma permanente; solo lo renta por una temporada, hasta que se marcha de esta tierra. Sus posesiones preciosas, aun si duran más que usted, le pertenecerán a otra persona.

La otra cara de la moneda es positiva: mucho bien se ha hecho por los legados sustanciosos a las obras de beneficencia, los ministerios evangélicos, o los individuos. La acumulación puede trabajar mano a mano con los objetivos del reino de Dios. Mas por ahora solo necesitamos recordar que en términos eternos no podemos *poseer*... solamente *rentar*. Jesús nos recuerda que actuemos con sabiduría, por lo tanto, e invirtamos en los tesoros que en realidad son permanentes, porque están asegurados en el cielo. «Más bien, acumulen para sí tesoros en el cielo, donde ni la polilla ni el óxido carcomen, ni los ladrones se meten a robar. Porque donde esté tu tesoro, allí estará también tu corazón» (Mateo 6:20-21).

Una manera de encontrar el cielo en la tierra es hacer inversiones desde la tierra. Y a ese banco se tiene acceso por lo que ponemos en nuestros corazones.

Dos cosas que debemos saber acerca de Dios

Ahora Salomón se vuelve a las nociones en cuanto a Dios.

1. Nuestra habilidad de ganar dinero es un don de Dios.

> *Esto es lo que he comprobado: que en esta vida lo mejor es comer y beber, y disfrutar del fruto de nuestros afanes. Es lo que Dios nos ha concedido; es lo que nos ha tocado.*
>
> —Eclesiastés 5:18

Es tradición estadounidense ser un hombre o una mujer que se ha hecho a sí mismo. Las historias de Horatio Alger a fines del siglo diecinueve, sobre dos muchachos pobres que lograron riqueza y respeto gracias al trabajo duro y la virtud, inculcaron una ética de trabajo en la cultura industrial creciente de los Estados Unidos que nunca se ha desvanecido.

No podemos decir nada negativo acerca de trabajar duro o de la virtud; las Escrituras promueven la diligencia personal (Proverbios 6:6-11; 2 Tesalonicenses 3:10). Pero los motivos dicen la historia, y la historia estadounidense carece de una premisa espiritual, porque no hay tal cosa como un hombre o mujer que se haya hecho a sí mismo. Cada persona que por siempre haya ganado un centavo lo hizo con corazón, mente, alma, fuerza, talentos y oportunidades suministradas por Dios. Y lo que da Dios, Dios lo puede quitar (Job 1:21).

Salomón dice que usted ha trabajado por lo que tiene, así que adelante y disfrútelo. «Diviértete», diría en términos modernos. «Te lo mereces». Pero recuerde que todo don es de Dios, y esos dones no son fines en sí mismos sino recordatorios de la bondad del Señor. Él nos da cosas por la misma razón que usted compra regalos de cumpleaños para sus hijos. Los hacen sonreír. Dios también disfruta nuestro placer, el cual aumenta exponencialmente cuando vemos sus dones por lo que son; manteniendo corazones de humildad, contentamiento y gratitud, y dando gracias y alabanzas diarias a él como fuente de todo lo que es bueno en la vida.

2. Nuestra habilidad de disfrutar el dinero es un don de Dios.

> *Además, a quien Dios le concede abundancia y riquezas, también le concede comer de ellas, y tomar su parte y disfrutar de sus afanes, pues esto es don de Dios. Y como Dios le llena de alegría el corazón, muy poco reflexiona el hombre en cuanto a su vida.*
>
> —ECLESIASTÉS 5:19-20

Dios no solo nos da el don, sino también la capacidad de disfrutarlo, la comida y la boca para comerla, el arte y la mente para apreciarlo, la tierra hermosa y los pies para correr sobre ella. Todo componente de la vida, hasta la molécula más pequeña, es parte de su don. Pero no podemos disfrutar ningún don de forma adecuada sin una referencia al Dador.

Al prepararme para predicar sobre este capítulo en particular de Eclesiastés, Dios me ofreció una ilustración viva en los incendios que nuestra comunidad sufrió. Las cosas materiales que muchos habían pasado toda su vida acumulando quedaron consumidas en pocos momentos. La gente lo soportó con entereza si sus corazones estaban en el Dador y no en los dones. Esas personas sabían que lo que se hizo humo era poco más que humo desde el principio. La misma vida es un vapor que revolotea por un momento antes de evaporarse (Santiago

4:14). Pero para los que tenían sus corazones puestos en las posesiones materiales, la devastación de lo perdido en realidad fue terrible.

Hemos mencionado a John D. Rockefeller, que aprendió la terapia dadora de vida de la generosidad antes de que fuera demasiado tarde. En una entrevista en 1905, dijo:

> Dios me dio dinero. Yo creo que el poder de ganar dinero es un don de Dios ... que hay que desarrollarlo y usarlo lo mejor que sea posible para el bien de la humanidad. Habiendo sido dotado con el don que poseo, creo que es mi deber ganar dinero, todavía más dinero, y usar lo que gano para el bien de mis semejantes humanos de acuerdo a los dictados de mi conciencia.[4]

Dios es un Padre amoroso y generoso, pero no quiere que nuestras cosas *nos* posean. ¡Qué alegría aprender la lección que aprendió Rockefeller: el dinero y las posesiones no son malas en tanto no nos esclavicen! En vez de destruir vidas, la riqueza puede servir al reino de Dios. Todo don bueno y perfecto viene de Dios y tiene un uso bueno y perfecto. En cuanto descubramos esto y lo honremos, honraremos a Dios. Y estaremos un paso más cerca del cielo en la tierra, en vez de tener un pie más hundido en el espejismo dorado del paraíso del necio.

14
Dinero sin significado
Eclesiastés 6:1-6

¿Qué pasa después del «y vivieron felices para siempre»? ¿A dónde va uno después de que su sueño se hace realidad? Tres que ganaron la lotería tuvieron la oportunidad de averiguarlo.

Carl D. Atwood, de Elwood, Indiana, apareció en el programa de televisión llamado *The Hoosier Millionaire*. Le dieron las buenas noticias, y se entusiasmó mucho. «Estoy muy agradecido», dijo a los televidentes el hombre de setenta y tres años. «Debo confesar que nunca esperé irme del programa con esta cantidad de dinero. Ahora puedo comprar un buen carro».

Horas después Atwood se fue caminando hacia la misma tienda donde compró el boleto ganador. Un camión lo atropello y lo mató.[1]

Un boleto ganador le dio a Rosa Grayson, de Washington, cuatrocientos dólares a la semana por el resto de su vida. Ahora se esconde en su apartamento y sufre de desórdenes nerviosos. «La gente es muy cruel», dijo. «Espero que usted se gane la lotería y vea lo que le pasa».[2]

Y tenemos a Jack Whittaker, ganador del premio de lotería indivisible más jugoso en la historia de los Estados Unidos. El contratista de construcción de Virginia del Oeste, siendo ya dueño de un negocio multimillonario, escogió recibir el premio de una sola vez en diciembre del 2002, el cual después del pago de impuestos fue de ciento trece millones de dólares.

El deseo más profundo de Whittaker era ayudar a la gente de su estado. Él, su esposa e hija dieron una conferencia de prensa por televisión nacional en la que anunció que daría su diezmo a su iglesia y comenzaría una fundación para ayudar a los pobres de Virginia del Oeste.

Ahí fue cuando la realidad le cayó encima. Los aluviones de cartas y visitantes a la puerta de su oficina y casa hasta la fecha todavía no se han reducido en nada. Miles de ruegos pidiendo ayuda, lo suficiente para llenar tres paredes llenas de archivadores en la sala de conferencia de la oficina nueva de Whittaker, siguen llegando por correo a diario.

Guardias de seguridad cuidan su casa y su oficina las veinticuatro horas del día, y las visitas vienen de todo el país trayendo sus tristes historias. A la mayoría los recibe en la puerta principal de su casa la esposa de Whittaker, Jewel.

Jewel dice que va a escribir un libro sobre cómo manejar la fama al estar en primera plana, para ayudar a otros cuyas vidas con toda probabilidad serán cambiadas de repente debido a la fortuna financiera. Su nieta Brandi, de dieciséis años, ha perdido a casi todas sus amigas. «La quieren por su dinero», dice Whittaker. «Ella es la muchacha de dieciséis años más amargada que conozco. No se comunica con nadie sino conmigo. No obstante, estoy procurando resolverlo».

Han habido algunos resultados positivos de su ganancia. Jack amplió su negocio, gastó catorce millones de dólares en obras de beneficencia, y estableció la fundación Jack Whittaker para ayudar a los ciudadanos de Virginia del Oeste a conseguir trabajos, comprar comida y educarse. La fundación de tres empleados tuvo que contratar a investigadores privados para verificar la situación de aproximadamente la mitad de las novecientas familias que han ayudado hasta la fecha. También ha donado más de siete millones de dólares a tres de los pastores de su denominación.

Una de las metas que esperaba que la lotería le permitiera alcanzar no se ha realizado: pasar más tiempo con su familia. Whittaker, que trabajaba catorce horas al día antes de ganar la lotería, ahora está más ocupado que nunca. «Esperaba comenzar a tomar siestas por la tarde», dijo. «Pero eso todavía no ha sucedido».[3]

Un estudio afirma que los millonarios instantáneos tienen el mismo nivel de felicidad que las víctimas de accidentes. Se puede citar caso tras caso de gente cuya fama y fortuna alcanzada de repente los han hecho sentirse más miserables que cuando eran ciudadanos promedios. Algunos consiguen conservar en su puesto su corazón y su hogar, pero estos casos son muy pocos y esporádicos. Sin embargo, la gente sigue haciendo fila en las tiendas y las gasolineras por toda la nación para entregar su dinero a cambio de una posibilidad de desdicha.

Si convocáramos una convención de ganadores de lotería, tengo el presentimiento de que estarían de acuerdo con las cinco verdades de Salomón que he señalado en el capítulo previo:

1. Mientras más tenemos, más queremos (Eclesiastés 5.10).

2. Mientras más tenemos, más gastamos (5:11).

3. Mientras más tenemos, más nos preocupamos (5:12).

4. Mientras más tenemos, más perdemos (5:13-14).

5. Mientras más tenemos, más dejamos (5:14-17).

Esperaría que esos ganadores de lotería estuvieran de acuerdo con que es Dios el que nos da nuestra capacidad de ganar dinero (5:18) y de disfrutar el dinero (5:19-20). Pensamos que estamos hablando de algo muy material, pero en realidad todo se trata de Dios. Sin la referencia a él, es imposible disfrutar del dinero.

Eclesiastés 6 muestra lo que resulta cuando se viola ese principio. Sin Dios, no puede haber significado, ni gozo, ni respuestas. La riqueza en sí misma no es mala; la riqueza aparte de Dios es otra cosa por completo.

Nociones de Salomón

Hay un mal que he visto en esta vida y que abunda entre los hombres: a algunos Dios les da abundancia, riquezas y honores, y no les falta nada que pudieran desear, pero es a otros a quienes les concede disfrutar de todo ello. ¡Esto es absurdo, y un mal terrible!

—Eclesiastés 6:1-2

Eclesiastés, se nos recuerda de nuevo, es un tipo de memoria velada. Las conclusiones de Salomón en cuanto al mundo están matizadas por sus propias fortunas y desgracias. No sorprende que la riqueza llegue a ser un tema importante en este libro.

Sumar la cantidad de la riqueza neta de Salomón es una tarea un poco complicada, pero sabemos que fue el hombre más rico que jamás vivió. Y sabemos cómo adquirió su fortuna. Cuando tenía veinte años, el Señor se le apareció mientras adoraba y le invitó a que pidiera cualquier cosa que quisiera. Salomón pidió sabiduría, y a Dios le agradó eso.

> Entonces Dios le dijo a Salomón:
> —Ya que has pedido sabiduría y conocimiento para gobernar a mi pueblo, sobre el cual te he hecho rey, y no has pedido riquezas ni bienes ni esplendor, y ni siquiera la muerte de tus enemigos o una vida muy larga, te los otorgo. Pero además voy a darte riquezas, bienes y esplendor, como nunca los tuvieron los reyes que te precedieron ni los tendrán los que habrán de sucederte (2 Crónicas 1:11-12).

Es característica de Dios darnos más de lo que pedimos. El Señor sabe que no poseemos ni la sabiduría ni el valor para pedir lo que debemos pedir de él. Nuestras mentes diminutas no pueden comprender todo lo que él anhela otorgarnos, así que siempre nos da más de lo que pedimos. Nos bendice «muchísimo más que todo lo que podamos imaginarnos o pedir, por el poder que obra eficazmente en nosotros» (Efesios 3:20). Nuestros vasos rebosan, y la bondad y la misericordia nos siguen todos los días de nuestras vidas.

Salomón le pidió a Dios sabiduría y la recibió; pero vino mucho más con la bendición: riqueza, éxito, poder, fama. Con Dios en su lugar legítimo, en el centro, el joven rey y su imperio florecieron como nunca antes. Construyó el templo de Jerusalén, un lugar para que Dios morara en medio de su pueblo. Desarrolló iniciativas en el comercio y el mercado que surtieron efecto económico en toda la tierra conforme el dinero entraba y salía de Israel. Salomón fue un tipo de rey Midas para Israel; todo lo que tocaba se convertía en oro.

Pero incluso las bendiciones de Dios vienen envuelta en pruebas y tentaciones por las que él desarrolla nuestro carácter. Como el resto de nosotros, Salomón tuvo que conquistar sus propios apetitos para alcanzar la piedad que su Señor quería para él. Sin embargo, Salomón comenzó a fallar en sus pruebas.

Estableció relaciones con países vecinos paganos. Como parte del proceso diplomático, tomó esposas de estos países; algo que Dios le había advertido en específico que no hiciera (1 Reyes 11:1-8). Estas mujeres extranjeras trajeron su adoración idólatra a la vida de Salomón. De forma trágica, el centro espiritual del rey, Dios mismo, fue gradualmente empujado cada vez más a un lado de su vida. «En efecto, cuando Salomón llegó a viejo, sus mujeres le pervirtieron el corazón de modo que él siguió a otros dioses, y no siempre fue fiel al Señor su Dios como lo había sido su padre David» (1 Reyes 11:4).
Salomón comenzó a hacer concesiones con relación a su compromiso. Llegó tan lejos como para construir centros de adoración para los ídolos de sus esposas en una colina cercana a Jerusalén.

Cuando Salomón más tarde le dio una mirada a su vida, escribió de su propia frustración al tratar de hallar significado a través del dinero y los matrimonios impíos. Me hacer recordar una oración conmovedora de Jerry White en su pequeño libro *The Power of Commitment* [El poder de comprometerse]: «Los cristianos nunca han vestido bien las ropas de la afluencia».[4]

El mismo Salomón que escribió: «Además, a quien Dios le concede abundancia y riquezas, también le concede comer de ellas, y tomar su parte y disfrutar de sus afanes, pues esto es don de Dios» (Eclesiastés 5:19), después rechazó la mesa de provisión del banquete de Dios y decidió salir a buscar comida chatarra.

Conforme Salomón comenzó a apoyarse en su riqueza financiera a exclusión de su riqueza espiritual, su vida y su imperio nacional se tambalearon. Permitió y respaldó la idolatría, introduciendo un virus mortal en el reino del cual Dios lo había hecho pastor. Llevaría cuatro siglos para que ese virus llegara a extinguirse.

David comenzó como pastor y tuvo que aprender a ser rey; Salomón comenzó como rey y tuvo que aprender a ser pastor. Permitir otros dioses equivalía a dejar entrar lobos entre sus ovejas.

El autor Warren Wiersbe resume la lección que debemos aprender de este fracaso:

> Disfrutar los dones sin el Dador es idolatría, y esto nunca puede satisfacer el corazón humano. La diversión sin Dios es simplemente entretenimiento, y no satisface. Pero la diversión con Dios es enriquecimiento y trae verdadera felicidad y satisfacción.[5]

Las ilustraciones de Salomón

> *Si un hombre tiene cien hijos y vive muchos años, no importa cuánto viva, si no se ha saciado de las cosas buenas ni llega a recibir sepultura, yo digo que un abortivo vale más que él. Porque el abortivo vino de la nada, y a las tinieblas va, y en las tinieblas permanecerá anónimo. Nunca llegará a ver el sol, ni sabrá nada; sin embargo, habrá tenido más tranquilidad que el que pudo haber vivido dos mil años sin disfrutar jamás de lo bueno. ¿Y acaso no van todos a un mismo lugar?*
>
> —Eclesiastés 6:3-6

Salomón usa dos ilustraciones para reiterar sobre la vanidad del dinero y el placer aparte de Dios.

Primero, nos ofrece la comparación instructiva de un abortivo y de un hombre de dos mil años que tiene cien hijos. Uno disfruta todo el rico festín de la vida y llena su plato de nuevo veinticinco veces; el otro ni siquiera logra llegar a la mesa.

Salomón exagera para martillar su punto. La vida más larga que se anota en las Escrituras es la de Matusalén, y él «solo» vivió novecientos sesenta y nueve años (Génesis 5:27). ¿Se imagina al que viva el doble de eso, y que tenga dos mil años y cien hijos en el proceso? No conozco a nadie que haya tenido cien hijos, aunque el propio hijo de Salomón, Roboán, casi los tuvo. ¡De acuerdo a 2 Crónicas 11:21, Roboán tuvo dieciocho esposas y sesenta concubinas, y tuvo veintiocho hijos y sesenta hijas!

En el Antiguo Testamento se consideraba que una familia judía gozaba de la bendición de Dios si el patriarca tenía una larga vida y tenía muchos hijos (Salmos 91:14; 127:3-5). El punto de Salomón es obvio aquí: uno puede vivir dos veces más que cualquier otro y tener más hijos que cualquier otro; pero si Dios no interviene, todo es inútil.

Note que Salomón no le ofrece un entierro a su anciano ficticio. Para el judío no tener sepultura era una falta de respeto y una deshonra. Jeremías 22 nos habla de un rey llamado Joacim al que no se le dio sepultura, lo cual ilustra que el pueblo no le tenía el menor respeto. El personaje ficticio de Salomón vive largo tiempo y tiene muchos hijos. Pero al final, su familia no quería saber nada de él; y cuando murió ni siquiera le hicieron un funeral.

El rey Salomón ahora pasa al otro lado del espectro, usando a un abortivo como ilustración. De acuerdo a Salomón, tal niño nunca vio la luz del día, nunca experimentó la desilusión que el rico conoció. El abortivo conoce solo la brillante sombra del tiempo, mientras que el otro saluda a veinte siglos.

Todos queremos largas vidas. Pero imagínese por un momento veinte siglos de soledad, veinte siglos de nunca encontrar lo que en realidad cuenta en la vida. Queremos el cielo en la tierra, pero eso bien podría acercarse a ser el equivalente del infierno. Es como la historia del hombre al que se le concede el don de la inmortalidad solo para que lo apresen por algún crimen y se le condene a prisión de por vida. ¿De qué valdría tener vida eterna en una celda diminuta?

Mientras luchaba con este fragmento le dije a Donna que este podría ser el pasaje más difícil del libro de Eclesiastés. Pero al tratar con las Escrituras, las cajas más fuertes rinden los tesoros más ricos. Y esta proporciona un punto profundo: la vida sin Dios y sin significado es peor que nunca haber nacido del todo.

Por otro lado, la vida *con* Dios es profundamente satisfactoria, ya sea que uno tenga poco o mucho. No son los años de la vida sino la vida de los años. Solamente Dios puede darnos la sabiduría para saber qué hacer con lo que tenemos. Como Jesús dice:

> No amontonen riquezas aquí en la tierra, donde la polilla destruye y las cosas se echan a perder, y donde los ladrones entran a robar ... Pues donde esté tu riqueza, allí estará también tu corazón ... Nadie puede servir a dos amos, porque odiará a uno y querrá al otro, o será fiel a uno y despreciará al otro. No se puede servir a Dios y a las riquezas (Mateo 6:19,21,24, VP).

He hablado con más de unos pocos que tienen más dinero del que jamás yo veré en mi vida. Muchos de ellos hablan de la riqueza como un gran peso. Jesús una vez habló de los que oyen la Palabra de Dios pero se dejan distraer por las riquezas, como hizo Salomón. «El que recibió la semilla que cayó entre espinos», dijo Jesús, «es el que oye la palabra, pero las preocupaciones de esta vida y el engaño de las riquezas la ahogan, de modo que ésta no llega a dar fruto» (Mateo 13:22).

Mi amigo Adrian Rogers cuenta de un hombre que amaba el oro. Cuando heredó una fortuna decidió volver a decorar su dormitorio para que reflejara su primer amor. Hizo tapizar el dormitorio con papel dorado, lo decoró con cortinas amarillas, una alfombra dorada y un edredón amarillo. Incluso compró algunas pijamas amarillas brillantes. Pero entonces se enfermó de ictericia. ¡Murió porque cuando el médico vino para atenderlo, nadie lo pudo encontrar!

Esta es una ilustración jocosa, pero la triste realidad es que muchas personas grandes han desaparecido en su riqueza. Han construido vías férreas, cadenas de restaurantes, fábricas y centros comerciarles, imperios de toda variedad. Pero en vez de reinar sobre esos imperios, se despiertan un día para encontrarse encadenados. J. C. Penney, habiendo levantado un negocio floreciente, se llenó de desesperanza, por sí mismo se fue a un hospital, y esperó hasta que le llegara la muerte. Ningún médico podía hacer nada por él.

Una noche, la certeza de una muerte inminente inundó el alma perturbada de Penney. Estaba escribiendo sus notas de despedida a su esposa y seres queridos cuando oyó el canto de las enfermeras en la capilla al fondo del pasillo. «No importa cuál sea la prueba», cantaban, «Dios cuidará de ti».

Para Penney fueron voces de ángeles vestidos de blanco. Algo había nacido de repente en su alma: una seguridad absoluta de que la fe antigua era verdad... de que él estaba por completo en las manos amorosas de Jesús, y ya no necesitaba temer.

J. C. Penney dejó de inmediato la cama; curado por entero física, emocional y espiritualmente. Era una criatura nueva. Dejó el hospital en ese mismo instante, volvió a levantar su tambaleante imperio comercial llevándolo a alturas sin precedentes, y sirvió de forma estupenda a Dios todos los días de su vida. No hay por qué desesperarse en las arenas movedizas de nuestras riquezas, como lo hizo Salomón y como otras incontables almas lo han hecho.[6]

Esa arena movediza es un valle de almas perdidas. Está entre las pruebas más traicioneras que enfrentamos en el camino para encontrar lo que cuenta en la vida. Pero podemos atravesarla en tanto nos aferremos al conocimiento de que cualquiera que sea la prueba, Dios nos va a cuidar. Entonces, cuando lleguemos más allá de esa trampa dorada, veremos verdaderas ciudades de oro en el horizonte... el cielo en la tierra que hemos anhelado por tanto tiempo. Veremos la riqueza terrenal de una vida gobernada por el Dios que nos da la capacidad para ganar dinero, disfrutarlo, y a fin de cuentas, con toda felicidad, depositarlo todo a sus pies para que él lo use.

Eso es una vida de riquezas más allá de lo que uno puede imaginarse.

15
Trabajo sin alegría
ECLESIASTÉS 6:7-9

El sueño de Stan Collymore se hizo realidad. No solo quería llegar a ser futbolista de clase mundial, sino que también firmó el contrato más lucrativo de la historia del fútbol británico. Sus aficionados le llamaban «Stan el hombre», y avanzaba con paso firme a la cima de su desempeño profesional.

Entonces pasó algo inesperado. Inglaterra se estremeció por los informes de algunas trastadas sexuales públicas de «Stan el hombre», quien de forma inesperada pidió ser internado en una clínica para recibir tratamiento por depresión. Él les dijo a los reporteros:

> Recuerdo un día en que estaba sentado en la tina, sintiendo un vacío por dentro. Era como si mi nivel de energía hubiera descendido del 100% a una línea recta de la noche a la mañana. Perdí todo el interés en mi apariencia, y mi autoestima se fue a los suelos. Sentía este terrible vacío por dentro. No podía ni llorar.[1]

«Stan el hombre» tenía un campo claro por delante, pero lo que encontró fue un foso de arena movediza, no lejos de la trampa mortal de la riqueza sin Dios. Descubrió el peligro del trabajo como significado de la vida.

El trabajo no es, en realidad, nuestra aventura más grande, y la mayoría nos sentimos cómodos con esa posición... en particular cuando hemos sentido que el trabajo nos ha defraudado, o somos holgazanes, o simplemente no rendimos lo mejor que podemos en la tarea. Este parece ser un buen tiempo para decir: «Salomón nos dice que el trabajo es vanidad, y eso me basta. Mi jefe no es Dios, entonces ¿por qué dar todo de mí?»

No tan rápido, amigo mío. Salomón no está criticando al trabajo en sí. El mundo no sería gran cosa como lugar para vivir si todos comenzaran a llamar un par de veces a la semana diciendo que están enfermos simplemente porque no les importa. ¿Le gustaría usar los servicios de un cirujano que se siente de esa manera? ¿Confiaría sus inversiones financieras a un corredor de bolsa de valores cuya mente está en sus próximas vacaciones para irse a esquiar?

Yo hallo gozo genuino en mi trabajo, y espero que usted también lo encuentre en el suyo... ya sea gobernador o recogedor de basura. Coincidimos con Salomón al afirmar que el trabajo es otro don de la gracia de Dios. El trabajo hace a la vida fascinante. Nos enseña en cuanto a nosotros mismos. No da el placer de ser fructíferos. Pero si se enfoca en su trabajo como la razón de estar aquí, llegará a otro callejón sin salida.

Los trabajos son terrenales, el gozo es celestial. Un trabajo en realidad no es lo que importa en la vida, pero ofrece un número de indicios de lo que sí importa. No es el cuadro completo, sino una pieza más del rompecabezas que encaja en el vasto panorama que estamos desarrollando del cielo en la tierra.

De acuerdo a Salomón, aquí hay tres razones por las cuales su trabajo no puede proveer el gozo último en esta vida.

Su trabajo no puede satisfacer su alma

Mucho trabaja el hombre para comer, pero nunca se sacia.

—Eclesiastés 6:7

Salomón nos dice que el trabajo es asunto de comida para el estómago antes que para el alma. ¿Quién lo podría decir mejor? Su trabajo se basa en el mundo tangible, el mundo de las cosas materiales, y paga con la misma moneda. Usted recibe dinero, el cual se traduce a comida, techo, ropa y otras cosas materiales. En sí mismo, su trabajo no paga en la moneda de satisfacción de corazón, ni tampoco hay tarifa de cambio de monedas entre estos dos mundos.

Tengo muchos amigos que trabajan semanas duras y agotadoras. Se afanan sesenta horas a la semana, aprovechando a más no poder incluso las noches y los fines de semana. En ocasiones hablo con alguno de esos amigos en cuanto a la iglesia, y me dice: «En realidad estoy metido hasta el cuello en mi trabajo. Este es un momento crucial en mi carrera, y en realidad no puedo hacer un alto para la adoración o el estudio bíblico».

Cinco años después hablo con él otra vez y descubro que *todavía* sigue siendo un momento crucial en su carrera. Lleva cinco años más a cuestas, está cinco años más cansado, y es evidente que no es ni un ápice más feliz, pero él le da todo a su compañía. ¿Y está la compañía agradecida? En realidad, encontré que mi amigo ni siquiera está trabajando en la misma compañía; la otra le sacó todo lo que pudo y luego lo despidió sin ninguna contemplación hace unos meses, y ahora está en un momento crucial con esta nueva compañía.

Y el ciclo continúa y continúa, hasta que mi amigo luzca y suene como Salomón: cansado, escéptico, y es posible que enojado profundamente por una vida que en algún lugar dio una vuelta equivocada.

Podemos y debemos trabajar duro, y todos lo hacemos a veces. Pero no pierda de vista la bandera de precaución que Salomón está agitando. Canjee con mucho cuidado esos minutos y horas de su vida, porque le pagan en la moneda de ese reino, que no satisface el hambre del alma.

Dios es el trabajador máximo. «Porque somos hechura de Dios, creados en Cristo Jesús para buenas obras, las cuales Dios dispuso de antemano a fin de que las pongamos en práctica» (Efesios 2:10). Eso significa que estamos hechos para trabajar en la manera que fue ordenada con anterioridad.

Hace unos días tuvimos a nuestro nieto David Todd en nuestra casa. Mi esposa había comprado un juguete computarizado para que David jugara cuando nos viniera a visitar. Funcionaba mediante el televisor y era un juego muy bueno. Cuando yo casi estaba a punto de salir para mi oficina, Donna me detuvo. «No logro que este cachivache funcione», dijo. «¿Me puedes ayudar?»

Después de unos momentos de inspección le dije: «Cariño, pienso que esta cosa no tiene baterías. No pesa lo suficiente». Empuñé el destornillador, le quite la tapa, y seguro, necesitaba cuatro baterías. Estaba en perfectas condiciones de funcionamiento y parecía que iba a ser muy divertido, pero no podía trabajar sin baterías.

Al irme a la oficina para terminar mi estudio sobre este pasaje de Eclesiastés, no pude dejar de pensar que así es la vida para nosotros. Somos complicados, impresionables y hechos para un propósito específico. Pero no «funcionamos» porque no hay fuente de poder por dentro. Somos caparazones vacíos sin la batería del poder del Espíritu Santo.

Los hombres en particular deben prestar atención. Estamos hechos para hallar nuestro significado en el trabajo, pero más nos vale tener el tipo correcto de voltaje dándonos poder.

Su mente no puede reemplazar a su corazón

¿Qué ventaja tiene el sabio sobre el necio? ¿Y qué gana el pobre con saber enfrentarse a la vida?

—Eclesiastés 6:8

Un sabio con la mejor educación del mundo, y sin que Dios esté presente en su vida, no tiene al final ventaja sobre el necio. El día que comparezcamos ante Dios, él no va a pedir ver el diploma de uno. No va a preguntar el número y la fuente de los títulos académicos. No va a preguntar acerca del coeficiente de inteligencia, del puntaje en los exámenes de la secundaria o la universidad, o por el saldo bancario. Todo lo que va a preguntar es acerca de nuestros corazones.

El problema es que nuestro trabajo comienza por requerir nuestra fuerza. Lo hacemos durante las mejores horas del día, y encontramos que necesitamos estar descansados y en la mejor condición física. Luego hallamos que nuestro trabajo necesita de nuestras mentes para poder rendir el mejor desempeño. Pronto estamos rumiando los retos y problemas, incluso cuando estamos lejos del trabajo. Comenzamos a concebir algunas soluciones, y nos involucramos emocionalmente en la labor que tenemos por delante. Y así nuestro trabajo se ha apoderado de un pedazo de nuestro corazón. Finalmente, cuando nos hemos vendido por completo al mundo de nueve de la mañana a cinco de la tarde, descubrimos que nuestro trabajo nos ha pedido nuestras almas.

Pero Jesús dice que el mandamiento número uno incluye amar a Dios con todo nuestro corazón, alma, mente y fuerza (Lucas 10:27). El trabajo, en resumen, llega a ser otro ídolo que sustituye (y desagrada) a Dios.

Como sesenta kilómetros al sur del centro de Londres se halla una pequeña aldea llamada Piltdown. Un día en 1908 un abogado llamado Charles Dawson, miembro de la prestigiosa Sociedad Geológica Británica, afirmó haber descubierto un cráneo antiguo. Se descubrieron más huesos, y de repente el mundo tenía una «prueba» de la teoría darwinista de la evolución: el hombre de Piltdown. La literatura científica que apareció sobre el hombre de Piltdown fue enorme, con más de quinientas tesis doctorales escritas sobre ese descubrimiento. A los escolares se les mostró fotografías de cómo se hubiera visto al hombre de Piltdown y en donde encajaba él en la cadena de la evolución.

Sir Arthur Keith, uno de los más grandes anatomistas del mundo, escribió más sobre el hombre de Piltdown que cualquier otro. Sus obras incluyen el libro ampliamente aclamado *The Antiquity of Man* [La antigüedad del hombre], basado en los descubrimientos de Piltdown. Él había basado su obra de toda su vida en su fe, y estaba fascinado por el desarrollo de Piltdown.

Sir Arthur era un hombre frágil de ochenta y cinco años cuando Kenneth Oakley y Joseph Weiner fueron a su casa para hacerle una triste visita. Estaban empezando a publicar la noticia de que después de medio siglo de estudio, el hombre de Piltdown era un fraude, nada más que un cráneo humano viejo, la quijada de un orangután, y el diente de un perro.

Por cuarenta años el brillante científico había confiado en un fraude.

> Keith era un racionalista y un profundo opositor de la fe cristiana. Sin embargo, en su autobiografía dice que asistió a reuniones evangelizadoras en Edinburgh y Aberdeen, viendo a los estudiantes

hacer profesión pública de su fe en Jesucristo, y a menudo sintiéndose «a punto de convertirse». Rechazó el evangelio porque pensaba que el relato de Génesis acerca de la creación era solo un mito y que la Biblia era simplemente un libro humano. Causa una tristeza profunda saber que este gran hombre rechazó a Jesucristo, cuya resurrección da validez a todo lo que él dijo e hizo, solo para poner su fe en lo que demostró ser un fósil falsificado.[2]

La Biblia nos advierte en cuanto a los que piensan ser sabios pero en realidad son necios (Romanos 1:22). Mientras que una buena educación es deseable, no es tan importante como un corazón que conoce a Dios por medio de Jesucristo nuestro Señor. La Biblia dice: «El temor del Señor es el principio del conocimiento» (Proverbios 1:7). Su mente no puede reemplazar a su corazón.

Sus sueños no pueden reemplazar la realidad

Vale más lo visible que lo imaginario. Y también esto es absurdo; ¡es correr tras el viento!

—Eclesiastés 6:9

Salomón está comparando la vanidad de vivir en un mundo de fantasía y la sabiduría de vivir en el mundo real. Proverbios 28:19 dice: «El que trabaja la tierra tendrá abundante comida; el que sueña despierto sólo abundará en pobreza». No hay nada malo con soñar y concebir visiones. Pero si vivimos en un mundo de fantasía, vivimos en un mundo que con toda probabilidad nunca tendrá lugar. Demasiados dicen: «Llevaremos a los hijos allá cuando...» o «Comenzaremos a ahorrar para la jubilación cuando...», y el «cuando» siempre está atado a algo grande que está «a la vuelta de la esquina». Los que hablan de continuo del futuro parece que nunca llegan a disfrutar del presente.

Si su carrera es el factor determinante en su vida, si está constantemente esperando el próximo aumento de sueldo, el próximo ascenso, el próximo trabajo, la próxima transferencia, usted está viviendo con el «peregrinaje del deseo». ¡Mantenga sus sueños y metas, pero deténgase y huela las rosas! Hoy es el día que el Señor ha hecho, y usted debe hacer un alto para regocijarse en él (Salmo 118:24). Salomón está diciendo algo una y otra vez en Eclesiastés. Entre hoy y el tiempo para que usted vaya al cielo, disfrute lo que Dios le ha dado. No se deje atrapar tanto en el esfuerzo de ganar dinero y edificar una carrera como para no tener tiempo de disfrutar de la vida. ¿Qué pasa si se toma un «día de vacaciones sorpresa» para su familia? Usted estará atrasado un día más en el trabajo, pero piense en los recuerdos que tendrá con su esposa, hijos o nietos. De aquí a veinte años, ¿qué importará más? Lo uno se relaciona con las relaciones santas con compañeros celestiales; lo otro es simplemente otro acre arado, otra hora de trabajo, otro día, otro dólar.

Tal vez Salomón obtuvo una perspectiva de estos temas al pensar en su padre David, que reinó sobre Israel antes que Salomón. El Salmo 16 de David capta de tal manera el espíritu de lo que Salomón está aconsejando que lo voy a reproducir en su totalidad, en esta paráfrasis de *La Biblia en Lenguaje Sencillo:*

> Cuídame, Dios mío,
> porque en ti busco protección.
> Yo te he dicho:
> «Tú eres mi Dios;
> todo lo bueno que tengo,
> lo he recibido de ti.
> Sin ti, no tengo nada».
> La gente de mi pueblo,
> que sólo a ti te adora,
> me hace sentir feliz.
> Pero quienes adoran ídolos
> sufrirán en gran manera.
> ¡Jamás rendiré culto a los ídolos!
> ¡Jamás les presentaré ofrendas!
>
> Tú eres mi Dios,
> eres todo lo que tengo;
> tú llenas mi vida

y me das seguridad.
Gracias a ti,
la herencia que me tocó
es una tierra muy bella.
Yo te bendigo
por los consejos que me das;
tus enseñanzas me guían
en las noches más oscuras.
Yo siempre te tengo presente;
si tú estás a mi lado,
nada me hará caer.

Por eso estoy muy contento,
por eso me siento feliz,
por eso vivo confiado.
¡Tú no me dejarás morir
ni me abandonarás en el sepulcro,
pues soy tu fiel servidor!
Tú me enseñaste a vivir
como a ti te gusta.
¡En tu presencia soy muy feliz!
¡A tu lado soy siempre dichoso!

La gente habla de «declaraciones de misión» en estos días. No puedo pensar en una mejor que el Salmo 16. Trate de adoptarlo como su credo personal para el trabajo de su vida.

George Young era carpintero. Junto con su esposa estaban dedicados a seguir al Señor a donde quiera que les guiara. «Él guía», decían a menudo, «y nosotros le seguimos». Dios guió a los Young al medio oeste rural de los Estados Unidos, y ellos viajaban de una iglesia a otra en esfuerzos de avivamiento. Sus finanzas siempre eran estrechas, pero como dijera la señora Young años después: «¡En todos esos largos años nunca padecimos hambre! Ah, a veces no teníamos mucho de los bienes del mundo, pero... siempre teníamos mucho de Jesús».

Finalmente ahorraron lo suficiente como para comprar un pequeño terreno en el que George construyó una cabaña. Aunque humilde, era el cumplimiento del sueño de su vida, y cuando se mudaron, dedicaron la casa a Dios y cantaron la doxología. Pero algún tiempo después, mientras los Young estaban de viaje en su ministerio, un antisocial que se había sentido ofendido por la predicación de Young incendió la casa. Al volver al hogar, los Young encontraron un montón de cenizas. Todos sus bienes terrenales y las posesiones atesoradas habían desaparecido.

Al contemplar las ruinas, George recordó las posesiones preciosas que el fuego nunca puede destruir: su familia, su relación con Cristo, su ministerio, su hogar eterno. Allí, en ese momento, comenzaron a formarse en su mente las palabras del himno. A los pocos días, había compuesto tres estrofas del grandioso himno «Dios guía a sus amados hijos todo el tiempo». El estribillo dice:

> A veces por las aguas, a veces por la inundación
> A veces por el fuego, pero siempre por la sangre.
> A veces por una gran tristeza, pero Dios da un canto
> En la temporada de la noche y todo el día.[3]

Años después, el publicador de música Dr. Harold Lillenas decidió buscar a la viuda de George. Viajando a la pequeña población donde ella vivía, se detuvo para pedir direcciones y se alarmó al oír que la señora Young estaba viviendo en el destartalado asilo para pobres municipal. Lillenas se molestó profundamente porque la viuda del autor de tal himno acerca de la dirección de Dios pudiera pasar sus últimos días en el asilo para pobres.
La señora Young solo sonrió y dijo:

> Un día Dios se llevó a mi dulce esposo a su hogar. Ah, como lo echo de menos, porque siempre habíamos servido a Dios juntos. En mi corazón me pregunté: ¿A dónde me guiará Dios ahora? ¡Dr. Lillenas, Dios me guió acá! Y estoy muy contenta de que lo haya hecho así, porque usted sabe, casi cada mes alguien viene a este lugar para pasar el resto de sus días, y Dr. Lillenas, muchos de ellos no conocen a mi Jesús. ¡Estoy pasando el mejor tiempo de mi vida llevándoles a Jesús! Dr. Lillenas, ¿no es maravilloso como Dios guía?[4]

Algunos están tan atrapados en sus trabajos, carreras y adquisiciones que su canción es: «¡Dios, déjame tranquilo!» Pero otros mantienen a Cristo en el centro de sus vidas, y cantan: «Dios me guía todo el tiempo».

¿Qué canción está cantando usted?

16
Salomón contesta a sus preguntas
ECLESIASTÉS 6:10-12

¡TOMEMOS UN DESCANSO! Usted y yo hemos tratado con algunas ideas grandes en los últimos dos capítulos, ¿verdad? Contendientes de peso completo en la batalla del alma, una carga grande de asuntos en un número pequeño de páginas. Nos hemos zambullido profundamente en nuestro estudio, y es tiempo de salir y respirar un poco de aire.

Hablamos del lugar del dinero en su vida. No conozco a nadie que no consideraría eso un asunto central que hay que enfrentar día tras día.

Luego hablamos del lugar de su trabajo. Quien quiera que sea, gerente ejecutivo o tenedor de libros, estudiante o ama de casa, su trabajo está en el mismo centro de la experiencia de su vida.

Sobre todo, hemos acometido un asunto que parece un gigantesco monolito: el asunto del papel de Dios en su vida. Ese es el más grande de todos, el mar grande al cual fluyen todos los riachuelos de las experiencias de su existencia.

Este libro es un estudio de treinta y un días, pero a veces es como dar un paseo por Europa en una semana: «Si es martes, esto debe ser Bélgica». Tenemos un libro hermoso y que provoca a pensar escrito por Salomón, pero quiero asegurarme de que lo estamos aprovechando al máximo. ¿Todavía me acompaña? ¿Ha absorbido todo lo que está diciendo Salomón? ¿Cómo está todo esto llegando a usted, y qué cambios están siendo forjados en la manera en que ve el propósito de su vida?

Los lectores vendrán a estas páginas desde muchos puntos

diferentes de la brújula espiritual. Algunos han crecido en sabiduría en las estaciones de la vida. Asienten reconociendo estas verdades y pueden probablemente añadir unas cuantas nociones de su propia cosecha a cada capítulo del libro.

Otros vienen desde una dirección donde existe una batalla continua. Ustedes también reconocen la frustración y la desilusión de los callejones sin salida. Pero en esta encrucijada de la vida están atascados. Llegan a una de las muchas murallas que definen la geografía de vivir.

O tal vez es uno de los muchos que se encuentran en alguna parte entre lo uno y lo otro. Para usted es más o menos una navegación rauda y sin contratiempos por el viaje de la vida en estos momentos. Tiene a su disposición unos pocos instrumentos en el barco que necesita ajustar. Pero en su mayor parte, su nave está avanzando a toda velocidad hacia adelante, en ruta a un destino sobre el que se siente bien.

¿En dónde encaja usted? ¿Qué asuntos particulares de la vida trae a este libro? Pienso que hay muchos momentos claves en la vida: cualquier instante en que el sermón comience, cualquier ocasión en que usted lea la primera página de un libro, cualquier tiempo en que se encuentre en una conversación seria acerca de la vida con un amigo de confianza. No creo que estos momentos ocurran al azar o por pura coincidencia, sino que de alguna manera importante son citas divinas, momentos potenciales de encrucijada.

Dios está hablándonos todo el tiempo, y él usará cualquier megáfono que capte nuestra atención. Sus hijos más sabios han descubierto eso, y siempre disciernen lo que él está tratando de decirles en esos momentos de inspiración.

Por eso pienso firmemente que el leer este libro, como muchas de sus otras experiencias, representa un «momento de mensaje» para usted. Lo que obtenga dependerá de lo que está dispuesto a tomar con seriedad acerca de este momento.

Por ejemplo, ¿qué es lo que Dios quiere que usted vea acerca de la búsqueda del cielo en la tierra? ¿Qué decisiones claves de la vida puede tomar a causa de las nociones que el Espíritu Santo está en este momento implantando en su corazón? ¿Está contrarrestando las distracciones del enemigo, sabiendo que él prefiere que usted mire en otra dirección en lugar de que piense seriamente? ¿Siente que él está tratando de «juguetear con el control remoto» de su atención, poniendo otros pensamientos en su mente y tratando de convencerle de que este es después de todo solo otro libro, no diferente de una buena novela?

¡Está bien, son muchas preguntas! Voy a detenerme aquí. Pero espero que usted se detenga aquí también y reflexione un poco sobre lo que está pasando en su vida entre Dios, su Palabra, este libro y su futuro. Voy a predecir que si está enfrentando algunos asuntos serios en cuanto a su vida y sus valores, se hallará afrontando cierta agitación personal. Usted puede estar diciendo: «Mi manera de acercarme a Dios tiene que cambiar» o «He estado haciendo de la riqueza el centro de mi vida».

La voz suave y delicada le estará guiando hacia la vida que Dios siempre ha querido para usted: una que abarca lo que en realidad vale la pena en su vida. Pero la otra parte de usted discutirá, presentará objeciones, preguntará si esto se trata solo de perseguir castillos en el aire, volteará los ojos y dirá: «¿Qué sabe Salomón de nada?»

Salomón se ha anticipado a considerar de antemano toda clase de argumento que podamos presentar. Y al llegar a la mitad del libro nos ofrece cuatro razones por las que esos argumentos en competencia acerca del propósito de la vida fracasarán. Estos no son cuatro argumentos separados, sino cuatro maneras de abordar una verdad básica. Si usted considera el espectro de un rayo de sol, notará que la suma de todos los colores produce lo que llamamos luz. Salomón nos va a ofrecer cuatro colores que forman un argumento central: *su vida sin Dios no tiene significado*.

Este es su tiempo para hacer un análisis de su propia vida conforme Salomón reitera el gran tema de su libro, y lo que debe ser el tema de la vida en la tierra para usted y para mí.

DIOS HA ORDENADO LA VIDA COMO ÉL DESEA QUE SEA

Lo que ahora existe ya ha recibido su nombre, y se sabe lo que es: humanidad.

—ECLESIASTÉS 6:10

La *New English Translation* [Nueva traducción inglesa] da en el clavo: «Lo que haya pasado fue previamente ordenado, y lo que le pasa al hombre también se sabía de antemano» (Eclesiastés 6:10).

En el capítulo previo hablamos del futbolista «Stan el hombre». Le fue mal cuando comenzó a pensar que él era *el* hombre, y lo que descubrió fue que solamente era «Stan, *un* hombre»... solo otro ser humano creado por Dios para hacer cosas más grandes que sencillamente jugar buen fútbol. «Porque se sabe que *él es un hombre»,* dice Salomón. Y Dios planeó cómo la vida será para el hombre... y para la mujer.

El éxito y las riquezas no nos satisfacen porque Dios no nos diseñó para que hallemos satisfacción de esa manera. Él hizo a los caballos para galopar con elegancia, hizo a las águilas para que se remonten de forma espectacular, y nos hizo a nosotros puramente para sí mismo, como sus compañeros especiales. Cuando tratamos de vivir de otra manera, somos como caballos tratando de volar o águilas tratando de galopar.

Él nos hizo criaturas que disfrutan al trabajar porque él lo disfruta. Nos hizo criaturas que disfrutan al acumular riqueza porque él es dueño del ganado de mil colinas. Pero no nos hizo para *existir* por estas cosas; sino solo para que lo reconozcamos con más claridad mediante ellas.

Salomón dice que esto es simplemente la manera en que Dios lo planeó, desde el cimiento de la eternidad. No sirve de nada tratar de vivir fuera de los parámetros que él creó para nosotros.

Discutir con Dios es un ejercicio en futilidad

Nadie puede luchar contra alguien más fuerte.

—Eclesiastés 6:10

Así que usted llega a la mitad de este libro y se encuentra enfrentando un compromiso mucho mayor del que estaba preparado para ofrecer a Dios. Usted comienza a discutir con Salomón, pero él le interrumpe a media frase. «Yo no hago las reglas», dice. «Simplemente trabajo aquí».

Usted se rasca su cabeza. «Yo pensé que tú eras el rey».

«Ajá, así es, pero no *el* Rey», dice Salomón. «*Un* rey... igual que Stan el hombre». Salomón señala hacia arriba. «Tu discusión es con *Dios*».

Y eso le cierra la boca, porque usted se da cuenta de lo obvio: discutir con Dios es un ejercicio en futilidad.

> ¿Quién eres tú para pedirle cuentas a Dios? «¿Acaso le dirá la olla de barro al que la modeló: "¿Por qué me hiciste así?"» ¿No tiene derecho el alfarero de hacer del mismo barro unas vasijas para usos especiales y otras para fines ordinarios? (Romanos 9:20-21).

Un día Job tuvo la misma conversación con el Señor. Incluso al enfrentar la devastación de su vida entera, como la enfrentaba Job, no estaba en posición de discutir con Dios. No hay circunstancia alguna en la que el barro tenga la última palabra por sobre el alfarero. Muchos personajes en la Biblia discuten con Dios, desde Abraham hasta Jonás. Y Dios siempre ha estado dispuesto a conversar sobre esto, pero él tomó todas las decisiones. Él es el Señor, y su visión, justicia y providencia son perfectas. El enfoque correcto es descubrir el plan de Dios y llevarlo a la práctica; es una arrogancia de intensidad cósmica tratar de cambiar el plan.

Dios está dispuesto a darle significado a la vida

> *Aumentan las palabras,*
> *aumentan los absurdos.*
>
> *¿Y qué se gana con eso? En realidad, ¿quién sabe qué le conviene al hombre en esta breve y absurda vida suya, por donde pasa como una sombra?*
>
> —Eclesiastés 6:11-12

Salomón hace una pregunta sencilla. Cualquier niño podría responderla. Él dice: «Hay tantas maneras de estropear por completo mi vida. ¿Quién tiene la mejor idea en cuanto a lo que en realidad funcionará?

Cualquier niño podría responder a esto, pero solo el más sabio lo aceptará. La verdad es que en lo más hondo, cada uno de nosotros pensamos que tenemos mejores ideas. Esperamos por las decisiones realmente grandes de la vida para preguntarle a Dios su opinión, y esto solo después de haber pesado todas las opciones por nosotros mismos.

Los padres saben lo es ver a un hijo luchar para triunfar en la vida. Nosotros, los veteranos en eso de vivir la vida, sabemos muchas de las respuestas. Cuando ellos enfrentan la prueba, no podemos evitar darles las respuestas. «Hija querida, la popularidad no es la más alta prioridad en la secundaria», decimos. O: «Hijo querido, no decidas a qué universidad asistir solo porque allá va a asistir tu novia. Más adelante vas a desear haber mirado los asuntos más importantes».

A lo que nuestros hijos entornando los ojos dirán: «Seguro, papá», o «Lo que tú digas, mamá». Y desearíamos que confiaran en nosotros un poco más, como cuando eran pequeños. Vamos, no estamos en una competencia de poder, tratando de manejar la vida de alguien. Queremos a nuestros hijos. Queremos que sean felices, y cuando tropiezan a menudo nos duele más que a ellos.

Así es como Dios nos ve. Pensamos que somos muy astutos y que ya tenemos las respuestas. Y Dios con paciencia nos sigue hablando mediante su Palabra, por su Espíritu, por medio de los amigos creyentes, deseando que confiemos en él un poco más de lo que confiamos.

El secreto de la vida no está en un rompecabezas exótico para armar. Está precisamente aquí, en nuestras narices, tal como la Tierra Prometida lo estaba para los israelitas… solo a un par de semanas de camino en su caso. El cielo en la tierra está cerca, pero el problema no es la falta del mapa del tesoro. Es nuestra desobediencia.

Solo Dios está a cargo del futuro

¿Y quién puede decirle lo que sucederá en esta vida después de su muerte?

—Eclesiastés 6:12

¿Quién conoce el futuro?

Hubo un tiempo en que a los estadounidenses les fascinaban los horóscopos... los que aparecen a diario en los periódicos en las páginas de las tiras cómicas. La gente por lo general nos los tomaba más en serio que a las mismas tiras cómicas, pero esas columnas pavimentaron el camino de la astrología y otras filosofías de la Nueva Era para adivinar el futuro.

Ahora parece que el péndulo está regresando a una noción más escéptica del futuro... un fatalismo que dice: «Lo que será, será». Para los que abrazan la noción postmoderna de que la vida no tiene un tema que la controla o una historia, el futuro es un juego de azar. La idea de que hoy es todo lo que importa es una reelaboración del existencialismo de la década de los cincuenta.

La Biblia tiene mucho que decir acerca del futuro. Primero y primordialmente, dice que Dios tiene todo el control del futuro y ya ha determinado lo que será. La mejor manera de estar listo para el futuro es apegarse estrechamente a Dios. Él es el que está a cargo del futuro. Salomón dice que tratar de entender el futuro por uno mismo es un ejercicio de la vanidad: «Además, nadie puede decirnos qué pasará en este mundo después de nuestra muerte» (Eclesiastés 6:12, LBLS). Por esa razón, discutir con él no cambia nada.

Los puntos de Salomón en estos versículos son lógicos y claros:

- Dios nos creó a todos nosotros para que hallemos significado de cierta manera.
- El significado máximo no se halla en el dinero o en la profesión.
- El significado máximo se encuentra solo en Dios.
- Discutir con Dios acerca de este arreglo es inútil.

Ya he descrito el impacto de los incendios del condado de San Diego en mi barrio, incluyendo a algunos miembros de nuestra iglesia. Mi amigo Lee y su familia estaban en nuestra iglesia cuando yo llegué. Ellos se habían entregado al servicio del Señor por años. Toda nuestra congregación los conocía y los amaba, y vivían cerca de la iglesia.

En tanto que nuestra iglesia y el plantel de la universidad sobrevivieron, la casa de los Lee fue consumida por completo. Hablé con Lee poco después del incendio, y él me dijo que solo tuvo tiempo para correr a su casa y agarrar tres libros relacionados con su trabajo, su Biblia, y su libro de devociones diarias que estaba leyendo. Todo lo demás se perdió. Lee estaba solo cuando la casa se incendió porque su esposa estaba en Virginia visitando a su hija, que sufre de cáncer. Cuando me habló de llamar por teléfono a su esposa, casi me dejó sin respiración.

Esta pareja, que luchaba para salvar del cáncer a su hija, perdió su casa y todos sus bienes terrenales en un fuego forestal. Me dijo: «Pastor, como usted sabe mi esposa y yo hemos hablado acerca de lo que nos ha sucedido en estos días pasados. Dios ha sido maravilloso con nosotros. Hemos atravesado muy pocos tiempos difíciles en la vida. Por alguna razón que no entendemos, ahora él ha confiado en nosotros con algunos problemas. Sabemos que va a estar con nosotros en todo esto y nos va a ayudar a atravesarlo. Así que simplemente queremos honrarle en este tiempo y confiar en él en cuanto a todo lo que necesitamos».

Al oír esto de este humilde y santo hombre, supe que su familia iba a salir adelante a través del horno de la vida. Eran como los tres amigos de Daniel que conversaban con un ángel cuando las llamas deberían estar asándolos. Lee y su esposa, porque se apegaron a Dios, estuvieron listos cuando llegó el futuro.

No sabemos lo que trae el futuro, pero sí sabemos quién sostiene el futuro en sus manos... y eso basta. Eso pone punto final a toda argumentación u objeción que podamos presentar. Y llegando al final de todas las preguntas, solo nos podemos postrar ante el que tiene todas las respuestas.

Alabado sea Dios, porque conocerlo a él es mejor que saber las respuestas.

17
El gozo de la miseria
ECLESIASTÉS 7:1-4

MIENTRAS NOS HALLAMOS aquí a mitad del libro, a medio camino en nuestra búsqueda del cielo en la tierra, parece un buen tiempo para un examen intermedio.

No se preocupe. No se darán calificaciones, y es un examen breve. No hay preguntas capciosas. No hay ensayos o selecciones múltiples. No hay presión. Hay solo cinco simples declaraciones de verdadero o falso para que considere:

V o F — Me gusta más la risa que el llanto.
V o F — Me gustan más las bodas que los funerales.
V o F — Me gusta pensar en mi cumpleaños más que en el día de mi muerte.
V o F — Me gustan los halagos más que las críticas.
V o F — Me gustan los atajos más que el camino largo.
V o F — Me gustan los días pasados más que la manera en que las cosas son ahora.

Si marca *verdadero* en alguna o todas estas declaraciones, Salomón lo habría reprobado. Si él estuviera rindiendo este examen, respondería *falso a* todas esas preguntas. Es decir, él prefiere llorar, los funerales, las reflexiones sobre la muerte, las críticas, el camino difícil, y los días malos pasados.

Tal vez usted se pregunta: ¿Qué clase de hombre es Salomón? ¿Le encantan los castigos? Pero mientras leemos Eclesiastés 7:1-10 comenzamos a comprenderlo. Salomón nos enseña las lecciones que la mayoría de los maestros evitarían. Este es el programa infomercial de televisión que no es probable que aparezca tarde en la noche: «El gozo de la miseria».

La palabra clave en Eclesiastés 7:1-10 es *más*. También fue la palabra clave en su examen. El Señor nos enseña que algo de la medicina que sabe peor tiene la mejor cura. En estos versículos, Salomón va a animarnos para que pensemos más allá de los esquemas.

Lo primero que nos dice es que la tristeza en mejor que la sonrisa. No estoy bromeando… *literalmente*.

Los funerales son mejor que los festivales

Vale más el buen nombre que el buen perfume.
Vale más el día en que se muere
que el día en que se nace.

—Eclesiastés 7:1

Está bien, usted ha decidido que este es un capítulo extraño. Pero ahora se siente con ganas de lanzar el libro contra la pared. *La muerte, ¿mejor que el nacimiento? Vamos.*

Solamente concédame unos momentos (aun si la pena es mejor).

No es que Salomón esté contemplando a la filosofía de la desesperanza. Si eso fuera verdad, él no nos diría ocho veces en este libro que disfrutemos de la vida. He subrayado esos pasajes en mi Biblia; está claro que Salomón —y el Señor— están a favor de una vida abundante y llena de gozo.

En su libro de Proverbios conté por lo menos treinta versículos que hacen énfasis en lo bueno que es disfrutar la vida. He aquí unos pocos ejemplos:

El corazón alegre se refleja en el rostro, el corazón dolido deprime el espíritu (Proverbios 15:13).
Para el afligido todos los días son malos; para el que es feliz

siempre es día de fiesta (Proverbios 15:15).
Gran remedio es el corazón alegre, pero el ánimo decaído seca los huesos (Proverbios 17:22).

A Salomón le gustaba tener una buena carcajada, tal como a usted y a mí. Así que, ¿qué es todo esto de preferir los funerales? Warren Wiersbe ha dicho que la risa es medicina para el corazón destrozado, pero la pena es comida sólida para el alma.[1]

Hay dos frases en este versículo 1, y la primera explica a la segunda: «Un buen nombre es mejor que ungüento precioso, y el día de la muerte mejor que el día del nacimiento».

Esto es lo que decía originalmente en el lenguaje hebreo, y los eruditos hebreos nos dicen algo interesante acerca de este versículo. La palabra «nombre» en hebreo es *shem*, y la palabra «ungüento» es *shemen*. Así que Salomón esta diciendo que un *shem* es mejor que un *shemen*. Él llama la atención del lector hebreo con un juego de palabras.

Hay dos días en nuestras vidas cuando nuestro nombre es prominente: el día en que recibimos nuestro nombre al nacer, y el día en que nuestro nombre aparece en los obituarios. Lo que pasa entre esos dos días determina si nuestro nombre es un ungüento encantador (un *shemen*) o un hedor pestilente.

El difunto Bill Bright, fundador y presidente de Campus Crusade for Christ, Internacional, contaba de su niñez en Oklahoma en las décadas de los veinte y los treinta, contemplando a su padre y abuelo hacer negocios con otros hombres. Todo se sellaba con un apretón de manos (lo cual casi ni se oye en estos tiempos) debido a la reputación de su abuelo en la región. No se dio cuenta con exactitud de lo respetado que era el nombre de su abuelo y su palabra sino hasta años después.

En 1948, Bill estaba viajando de California a Oklahoma para casarse con Vonette Zachary, su novia desde la juventud. Al pasar por Okmulgee, Oklahoma, donde su abuelo había vivido por muchos años, recordó que se había olvidado de comprar regalos para varios miembros del cortejo de bodas. Se detuvo en una joyería, preguntó si podía hacer una compra con un cheque de otro estado, y le dijeron que no, que era en contra de las normas del almacén.

Al darse vuelta para irse, el dueño le preguntó: «¿Conoce a alguien en Okmulgee?», pensando que podría haber alguien que pudiera avalar su honradez.

«No, no conozco a nadie», respondió Bill. «Mi abuelo solía vivir aquí, pero él murió hace unos años».

«¿Quién era su abuelo?», preguntó el dueño.

«Sam Bright».

«¿Tú eres el nieto de Sam Bright?», preguntó el dueño de la tienda, con su cara iluminándose al acercarse a Bill. «¡Válgame! ¡Sam Bright fue el hombre más honorable que jamás he conocido! Si en algo te pareces a tu abuelo, te vendo cualquier cosa en el almacén; y encantado recibo tu cheque».[2]

Como resultado de mirar hacia atrás y ver la vida honorable de su abuelo, y de apoyarse en el nombre que este hombre había establecido en la comunidad, Bill Bright pudo realizar lo que necesitaba hacer. Eso es un ejemplo de lo que Salomón quiere decir cuando dice: «Vale más el buen nombre que el buen perfume. Vale más el día en que se muere que el día en que se nace».

Note la manera en que marcamos la duración de la vida de una persona. Escribimos el nombre de la persona y debajo ponemos algo así: 1934-2003. Ponemos el año de nacimiento y el año de muerte. ¿Qué hay entre ellos? *Una raya.*

Salomón estaría de acuerdo en que esta vida es una raya rápida entre el nacimiento y la muerte... apenas una neblina. Todo lo que hacemos en esta tierra, toda la influencia que podamos recoger, toda la reputación que podamos edificar se resume en una sencilla raya entre un año y otro. No es mucho tiempo para servir a Dios, pero suficiente para hacer un gran caos de las cosas.

Salomón estaba sugiriendo que si uno muere con un buen nombre, ya no puede hacer nada para mancharlo. Pero en el día de su nacimiento, tiene ante usted toda una vida que todavía no se ha escrito. Con respecto esto, si usted tiene una buena reputación, el día de su muerte es mejor que el día de su nacimiento. Mirar hacia atrás a una vida bien vivida es mejor que mirar hacia delante a una vida no vivida aún. Terminar una buena vida es mejor que el comienzo de una vida desconocida.

El gozo de la miseria

El duelo es mejor maestro que el festival

*Vale más ir a un funeral
que a un festival.*

Pues la muerte es el fin de todo hombre, y los que viven debieran tenerlo presente.

*Vale más llorar que reír;
pues entristece el rostro,
pero le hace bien al corazón.
El sabio tiene presente la muerte;
el necio sólo piensa en la diversión.*

—Eclesiastés 7:2-4

Salomón no quiere que usted gaste sus días pensando en su muerte. Lo que quiere que veamos es que la sabiduría se forja en las llamas del duelo, el problema y la desilusión. Los necios con una actitud frívola e insensible no aprenden de las experiencias de la vida. Cuando los hombres y mujeres sabios enfrentan adversidades como la muerte, la enfermedad y la destrucción, aprenden de Dios lecciones frescas, ponen en sus corazones esas lecciones, y se vuelven mejores en vez de amargarse. Esto es una decisión.

Este ha sido uno de los secretos más hondos de los grandes santos. Oiga este pasaje del fundador de la Misión Interior de China, Hudson Taylor:

> El gran enemigo está siempre listo con su repetida sugerencia: «Todo está en mi contra». ¡Pero, ah, qué falsa la palabra! El frío, y aun el hambre, las vigilias y la falta de sueño de las noches de peligro, y los sentimientos a veces de total aislamiento e impotencia, fueron escogidos todos bien y muy sabiamente, y enviados todos con ternura y cariño. Qué circunstancias podrían haber hecho más dulce a la Palabra de Dios, y la presencia del Señor tan real, y su ayuda tan preciosa.[3]

¿Ha tenido usted alguna vez un día en el que se atrasó a toda luz verde en los semáforos, se le derramó el café sobre su mejor chaqueta, vio a su equipo de béisbol perder en la novena entrada, y en general parece que está teniendo parte en una audición para modelo infantil en *La ley de Murphy*? Usted refunfuña: «¡Todo está en mi contra! ¡Todo se ha propuesto hacerme la vida miserable!» Taylor está diciendo que es precisamente lo opuesto. Dios desea usar toda inconveniencia con todo amor, todo día malo, toda prueba, para hacernos más fuertes, más sabios y acercarnos más a él.

Un viejo recorte del devocionario *Nuestro pan diario* ilustra esto de una manera práctica. Durante la Segunda Guerra Mundial un hombre en Sussex, Inglaterra, envió algún dinero a la Scripture Gift Mission. En la carta adjunta decía que anhelaba dar más, pero la cosecha en su granja había sido muy decepcionante por falta de agua. También explicó que tenía miedo porque las bombas alemanas estaban cayendo en el área, y su familia y su granja corrían gran riesgo. Pidió a los trabajadores de la Scripture Gift Mission que oraran para que ninguna bomba cayera en su terreno.

El Sr. Ashley Baker respondió de parte de la misión y dijo que aunque no se había sentido guiado a elevar esa oración exacta, sí había orado que la voluntad de Dios para sus vidas prevaleciera.

Al poco tiempo un inmenso proyectil alemán cayó sobre la granja. Ningún miembro de la familia ni tampoco ningún animal resultó herido, pero la bomba penetró tanto en el suelo que abrió un arroyo subterráneo. El arroyo brindó suficiente agua para regar la granja del hombre así como también las granjas vecinas. El próximo año, como resultado de la cosecha abundante, el hombre pudo enviar una gran ofrenda a la misión.[4]

A veces hasta las bombas son bendiciones. Caen del cielo, hacen mucho ruido, y liberan algo maravilloso dentro de nosotros: los arroyos de agua viva que nos refrescan y nos acercan a Cristo.

Por supuesto, nunca buscamos las bombas o las cargas. Nos gustan los festivales... las fiestas. La verdad es que el que vive una vida de fiestas jamás se hace más sabio. El año de su vida cuando todo marcha bien es el año que usted logra *menos* madurez. Como alguien dijo, si aprendiéramos de nuestros errores, ya deberíamos tener nuestros doctorados. Deberíamos ser más sabios en nuestra fe.

Puedo hablar por experiencia. El tiempo más rico y más aleccionador de mi vida adulta han sido estos últimos diez años cuando el cáncer ha sido parte de mi vocabulario. Nunca lo busqué, ni nunca le he dado la bienvenida, pero nunca he dudado de las bendiciones que Dios en realidad derramó sobre mí en todo este tiempo. Hay cosas que yo simplemente nunca hubiera aprendido con un patrón de éxitos absoluto, desenfrenado y continuo en mi vida.

Por eso Dios no se preocupa tanto porque seamos momentáneamente felices como se preocupa porque maduremos. Nos preguntamos por qué no parece responder a la oración al lado de la carretera, cuando la llanta se ha desinflado, o por qué él guarda silencio durante esta o aquella crisis. Dios parece cruel e insensible en esos momentos, pero la verdad es que aun cuando él se duele por nosotros, sabe que si nos protege de toda inconveniencia nunca dejaremos de ser infantes. Tiene que haber lluvia, y tiene que haber incluso unos cuantos huracanes e incendios forestales. Esa es la universidad de la vida.

Estamos comenzando a ver la luz. El propósito más alto de la vida *no* es la felicidad. Pero al recibir los golpes que nos da la vida en el camino a casa después del festival, al sufrir la implacable lluvia que cae sobre el justo y el injusto, al seguir avanzando por el camino hacia el cielo en la tierra, a menudo por ningún lado feliz —*miserable* sería una mejor descripción— comenzamos a ver la luz a la distancia. Empezamos a darnos cuenta de que cuando lleguemos a ese destino final, *entonces* se nos pagará ricamente con la moneda de la felicidad. Nos daremos cuenta de que, hasta ahora, nunca conocimos lo que era la felicidad... y nunca la hubiéramos podido disfrutar de forma tan agradable en ese momento sin la pena que estaba preparando nuestros corazones durante todo el camino.

18
El placer de la reprensión
Eclesiastés 7:5-6

Mark Twain dijo: «Puedo vivir por dos meses con un buen elogio». Probablemente es verdad. Pero hubiera sacado más de esos dos meses con una buena crítica.

¿Está de acuerdo?

Yo soy justo como usted. Recibo mucho más placer de la gente que me dice cosas que quiero oír. Después de un culto en la iglesia aprecio a los que me dicen que el sermón fue absolutamente perfecto: los chistes hicieron reír, las citas fueron contundentes, la selección de las Escrituras poderosa, y las ilustraciones inspiradoras. Música para mis oídos. ¡Aunque fuera solo una vez me gustaría predicar un sermón tan bueno como para que los diáconos me lleven en sus hombros con vítores!

Pero también hay alguno que dice: «Usted tal vez dio justo en el clavo en su primer punto del bosquejo, pastor, pero después tuvo que correr por los otros tres. Y noté como pasó con premura de su último punto a la oración de clausura».

¡*Ayyy!* Ahora *todavía* estoy pensando que me llevan cargado del santuario; pero *sin* los vítores.

Nadie ama a quien lo critica. Pero avancemos más allá del factor de sentirse bien. La vida no siempre es cuestión de sentirse bien. Ese segundo individuo me ha dado comida para el cerebro. Tal vez no sepa como el helado, pero es probable que sea buena para mí. Más adelante, después que mi ego lastimado se recupere, encontraré que ese consejo no solo me permite ser humilde sino que también me ayuda.

Estoy comenzando a darme cuenta de que los reproches en

realidad son elogios al revés, diseñados para moldearnos y hacernos madurar de maneras maravillosas. Conrad Milton estableció una de las cadenas de hoteles más grande de la tierra. En su autobiografía cuenta de un tiempo a principios de su carrera cuando estaba practicando su oratoria en público, preparándose para presentar un tema frente a la legislatura estatal de Nuevo México. Su madre entró y escuchó cortésmente, y cuando él terminó le pidió su opinión.

«Eso está muy bien para la poesía. Pero tendrás que desprenderte de todo», le dijo ella sin rodeos, refiriéndose a las florituras de su oratoria y a sus gestos dramáticos. «Connie», continuó ella, viendo cómo su ego se desinflaba, «todos esos perifollos son pecaminosos. Te estás escondiendo detrás de un montón de ademanes. Si tienes miedo de ser tú mismo, hijo, estás echándole polvo en la cara a Dios. Él te hizo. Si tienes confianza en él, te relajarás y serás justo lo que eres. Mejor es que ores al respecto en lugar de practicar esto».

Fue descorazonador al principio, pero al aceptar la represión de su madre llegó a ser un hombre influyente y un orador pulido que deleitó a públicos de todo el mundo.[1]

Sí, las críticas son crueles. Algunos consejeros hacen que la medicina sepa lo más amarga posible, y es verdad que cualquier necio puede dar consejos. Pensamos en Lucy, la amiguita malhumorada de Carlitos Brown que le da consejos a todos... a menudo despachados por cinco centavos en el quiosco psiquiátrico del barrio. Pero ella también juega el jardín izquierdo en el equipo de béisbol. En una de las tiras cómicas del difunto Charles Schultz, Lucy va a visitar el montículo del lanzador y arrastra sobre el fuego a Carlitos Brown al decirle que su bola rápida es lenta, su bola curva es recta, y su lanzamiento hacia arriba es una desilusión. En conclusión, ella dice: «¿Por qué no ganas uno para cambiar?», y regresa a su posición. El bateador batea el próximo lanzamiento hacia arriba en el aire, justo hacia donde está Lucy, la que ni siquiera se molesta en intentar atrapar la pelota. Cuando Carlitos Brown le pregunta por qué la dejó caer, ella responde: «Trabajo estrictamente en capacidad de consejera».

Pero no estamos aquí para hablar del mundo de Lucy. Usted y yo sabemos que los que se interesan también trabajan en capacidad de consejeros: esposos o esposas, colegas, buenos amigos. La mayoría somos lo suficiente listos para notar la diferencia entre las puñaladas maliciosas y la guía sabia.

El reproche del sabio

*Vale más represión de sabios
que lisonja de necios.*

*Pues las carcajadas de los necios son como el crepitar
de las espinas bajo la olla. ¡Y también esto es absurdo!*

—Eclesiastés 7:5-6

Gordon MacDonald, en su libro *Ordering Your Private World* [Cómo ordenar su mundo privado], cuenta cómo lo corrigió uno de sus profesores del seminario... un reproche suave que cambió su vida. Él había preparado un ensayo sobre un tema moral controvertido y debía leerlo en una reunión especial de los estudiantes y la facultad. A fin de terminar el ensayo, faltó a dos de sus clases regulares durante el día anterior al de la reunión en la noche. Después de la reunión, el profesor que estaba en cargo de una de las clases a las que faltó se le acercó y le dijo: «Gordon, el ensayo que leíste esta noche fue bueno, pero no fue grandioso. ¿Te gustaría saber por qué?»

Sospechando que decir que «sí» sería doloroso, no obstante dijo que le gustaría saberlo.

Clavando su dedo en el pecho de Gordon, el profesor le dijo: «El ensayo no fue grande porque sacrificaste la rutina para escribirlo». Esto es lo que Gordon MacDonald dijo acerca del regaño:

> Con dolor aprendí una de las lecciones más importantes que por siempre necesitaba aprender. Debido a que mi tiempo como dirigente creyente es generalmente mío para usarlo como me parezca, sería muy fácil evitar la rutina, los deberes nada espectaculares, y entregarme solo a las cosas emocionantes que

aparecen. Pero la mayoría de la vida se vive en la rutina, y [mi profesor] tenía razón: el hombre o mujer que aprende a hacer las paces con las responsabilidades y obligaciones rutinarias hará las contribuciones más grandes a la larga.[2]

La lección específica fue buena, pero lo que cuenta aquí es su primera oración: Con dolor aprendí una de las lecciones más importantes que por siempre necesitaba aprender. ¿Piensa usted que MacDonald estaría de acuerdo con Salomón en que es mejor oír la represión del sabio que el canto de los necios? Basado en su propio testimonio, yo pienso que lo estaría.

Salomón compara el elogio sin sentido y la risa de los necios con el «crepitar de las espinas bajo la olla». Esto era una comparación culturalmente pertinente que nosotros no entendemos con facilidad. Las ramas de espino echadas a la llama arden rápidamente con intensidad, proveyendo un fuego breve y muy caliente. Si se necesita calentar algo rápido en vez de preparar la llama para cocinar a fuego lento, entonces se echan ramas de espinos al fuego. Salomón usa esta ilustración para decir que los elogios de los necios son rápidos, ardientes, llamativos... pero se acaban pronto. Arden, mueren, y usted necesita algo más que atizar el fuego. La represión del sabio, sin embargo, puede cambiar su vida para siempre.

Recibir reproches y corrección es un tema principal en los escritos de Salomón, en especial en Proverbios, sin duda porque va en contra de la naturaleza humana. Dejados a nuestros propios recursos, no somos muy enseñables. A menudo necesitamos una lucha embarazosa en la adolescencia para aprender a recibir las críticas; y algunos nunca lo aprendemos, ni siquiera en ese tiempo.

Preferimos oír al club de aficionados. Nos gustan los besuqueos, las caricias y las palmadas en la espalda de los que tienen algún motivo para mantenernos apuntalados. (En algún punto necesitamos preguntarnos cuál es el motivo.) Pero mire el consejo de Salomón en cuanto al valor de recibir la corrección y la necedad de rechazarla:

El que atiende a la corrección va camino a la vida; el que la rechaza
se pierde (Proverbios 10:17).

El que ama la disciplina ama el conocimiento, pero el que la aborrece es un necio (Proverbios 12:1).

El necio desdeña la corrección de su padre; el que la acepta demuestra prudencia (Proverbios 15:5).

Cala más un regaño en el hombre prudente que cien latigazos en el obstinado (Proverbios 17:10).

Como anillo o collar de oro fino son los regaños del sabio en oídos atentos (Proverbios 25:12).

Más vale ser reprendido con franqueza que ser amado en secreto (Proverbios 27:5).

El que es reacio a las reprensiones será destruido de repente y sin remedio (Proverbios 29:1).

La vara de la disciplina imparte sabiduría, pero el hijo malcriado avergüenza a su madre (Proverbios 29:15).

El famoso integrante de los New York Yankees, Mickey Mantle, nos cuenta cómo cuando adolescente, jugando en las ligas menores, comenzó a jugar mal. Desalentado, se entregó a añorar su casa y a sentir lástima de sí mismo, y llorando llamó a su padre para que viniera a buscarlo y lo llevara a casa. Pero cuando Charles Mantle llegó, no le dio la esperada compasión y consuelo. Más bien, miró a su hijo y le dijo: «Está bien, si esas son todas las agallas que tienes, más te vale que regreses a casa ahora mismo y trabajes en las minas».

Fue una bofetada ardiente en la cara, pero el joven captó el mensaje, se quedó, y llegó a hacer historia en el béisbol.[3]
¿Le ha hecho saber a aquellos que se interesan por usted que tienen libertad para darle una palabra de consejo, corrección, y hasta reprocharle cuando sea necesario? No necesita pintarse un gran blanco en su camiseta que diga «Pégueme con su mejor tiro» impreso en el centro. Tampoco necesita presentar una falsa humildad cuando sabe que ha hecho un buen trabajo... la gente lo ve a las claras.

Más bien, simplemente sea humilde. Sincérese. Y en el momento oportuno, dígale a su esposo o esposa, colega o amigo, que la opinión personal de él o ella es valiosa para usted. Hágales saber que siempre tiene interés en ser mejor en lo que hace, ya sea que se trate del matrimonio, de ser padre o madre, de su vocación o de un pasatiempo. En el momento en que usted abre esa puerta en particular, una serie de cosas maravillosas pasarán por ella. Por ejemplo:

Recibirá el consejo inestimable que Dios nos da por medio de otros.

Mejorará su relación con la persona cuyo consejo ha solicitado.

Combatirá el orgullo y aumentará su humildad.

No se enamore del elogio de la gente a quienes usted en realidad no les importa. Interésese más en el reproche de una persona sabia que le ama. Escuche con todo cuidado la instrucción de esa persona.

Pruébese a sí mismo en cuanto al orgullo

El difunto J. Oswald Sanders escribió libros bíblicos llenos de nociones extraordinarias y sentido común. En uno de ellos dijo: «El orgullo es un pecado cuya víctima es la que menos se da cuenta. Hay, sin embargo, tres pruebas con las cuales se puede descubrir pronto». Luego pasó a sugerir estas tres pruebas:

La prueba del procedimiento: ¿Cómo reaccionamos cuando seleccionan a otro para un trabajo que esperábamos o la oficina que codiciábamos? ¿Y cuando le dan a otro la promoción y se nos pasa por alto? ¿Y cuando otro brilla más que nosotros en dones y logros?

La prueba de la sinceridad: En nuestros momentos de sincera autocrítica, diremos muchas cosas sobre nosotros mismos y lo diremos en serio. Pero, ¿cómo nos sentimos cuando otros, en especial nuestros rivales, dicen exactamente las mismas cosas con relación a nosotros?

La prueba de la crítica: ¿Levanta la crítica hostilidad y resentimiento en nuestros corazones y nos hacer volar a justificarnos a nosotros mismos de inmediato?[4]

Busque un amigo y confíe en él lo suficiente como para que le diga cuándo usted está haciendo algo indebido. Sea lo bastante humilde como para oír el consejo de su esposo, esposa, o padres. La próxima vez que su jefe le haga una sugerencia, no reaccione a la defensiva. Escuche con una oración silente pidiendo sabiduría y apruebe la «prueba de la crítica», porque la Biblia nos dice que la reprensión es mejor que la alabanza.

Cuando era un pastor joven, Gordon MacDonald estaba caminando un día por la calle con un amigo misionero cuando Gordon hizo un comentario despectivo sobre un conocido mutuo. El misionero de inmediato le reprochó con estas palabras: «Gordon, un hombre de Dios no diría tal cosa acerca de otra persona».

Escribiendo acerca de esa experiencia en su libro *Restoring Your Spiritual Passion* [Cómo restaurar su pasión espiritual], MacDonald dijo:

> La reprensión me hirió, y viví con ese dolor por muchos días después. Pero siempre estaré agradecido por ese reproche, doloroso como fue, porque oigo esas palabras cada vez que estoy a punto de abochornarme a mí mismo con un comentario innecesario acerca de otra persona. Ese fue un reproche que me obligó a crecer...
> Mirando hacia atrás, me doy cuenta de que los reproches estuvieron y todavía están entre los momentos más grandes de mi aprendizaje. Me libraron de cosas que de otra manera hubieran destruido mi pasión espiritual. Esos regaños lanzaron sus reflectores sobre las cosas que me estaban hiriendo muy seriamente pero que yo no entendía. Así que estoy agradecido a mi esposa y a otros amigos especiales que asumieron el papel del censurador. Comprendo el proverbio que dice: «Con el tiempo, más se aprecia al que critica que al que alaba» (Proverbios 28:23, VP).[5]

Finalmente, si una actitud defensiva es un problema para usted, eso es un asunto que necesita arreglar con Dios. Algunos son sensibles en demasía. Esto puede surgir de una inseguridad básica o de una necesidad exagerada de admiración y aceptación. Algunos perdemos los estribos cuando alguien nos critica.

¿Qué sucede entonces? Una vez que haya respondido ásperamente a alguien, él o ella concluirá que no vale la pena decirle a usted ciertas cosas. Necesitamos recordar que para personas como los amigos y cónyuges, es más desdichado dar que recibir. Saben que se están arriesgando a disgustarlo, y posiblemente comprometiendo la amistad, al expresarle palabras que usted no recibe de buen grado.

Piense en el esposo que no tolera la orientación de su esposa. Ella recibe un latigazo verbal cada vez que lo intenta, hasta que deja de intentarlo. Una pequeña grieta se abre en el cimiento de ese matrimonio, y en cada ocasión en que la esposa aprieta los dientes en vez de hacer una observación necesaria, la grieta se ensancha.

¿O qué tal de la representante de cuentas que sufre un ataque de ansiedad cada vez que su jefe la llama para evaluar su rendimiento? Es muy improbable que reciba un ascenso.

No solo *podemos* permitirnos oír el consejo… *debemos* hacerlo. Rodéese de personas buenas que le ayuden, le aconsejen, le guíen y le pidan cuentas. Su vida será como un río alimentado por muchos arroyos. Tal río se hace más ancho y más fuerte, abriéndose camino por territorio escabroso, corriendo alegre en su camino al vasto mar.

Pero el que se cierra a la crítica es como un río que no recibe ningún arroyo tributario. Ese no se mueve haciéndose más ancho ni cobrando impulso. Al llegar a territorios más altos y escabrosos, se reduce a un goteo, hasta que encuentra el final de su jornada en algún lago estancado.

Una de las glorias de la vida es compartir los dones, los talentos, las nociones, el amor y las cargas por medio de la comunidad de fe. Privarnos de esto es una gran tragedia. Pero la Biblia nos dice que al unirnos con esa asamblea de amor tiene lugar algo sobrenatural. Llegamos a ser el mismo cuerpo de Cristo, de pies a cabeza. Nos interesamos en las cosas que él se interesa. Participamos de su mente, su sabiduría, e incluso de su poder. Entonces y solo entonces, con las manos unidas en apoyo mutuo a través del espectro de otros buscadores, comenzamos a ver el cielo en el horizonte.

19
El camino duro hecho fácil
Eclesiastés 7:7-9

Hace poco me disponía a ir en mi auto a uno de los juegos de baloncesto de una secundaria cercana cuando recordé un atajo del que alguien me había hablado, una ruta por las autopistas de California. No teniendo ganas de lidiar con el tráfico, dejé a un lado las calles y carreteras secundarias. Al poco tiempo, me di cuenta de que ese atajo no llevaba a ningún lado. Después de deambular por un par de horas en un laberinto de desvíos, carreteras secundarias, callejones sin salida y caminos en herradura, finalmente llegué a casa con cada nervio de punta.

¿Ha tomado usted alguna vez un «atajo» y luego descubrió que le llevó el doble de tiempo llegar a donde iba? El mensaje de Eclesiastés 7:7-9 es que el camino difícil es mejor que el camino fácil. Recibimos lo que pedimos en oración, y segamos lo que sembramos.

¿No es eso lo que le decimos a nuestros hijos? Estudia fuerte. Practica, practica, practica. Trabaja, trabaja, trabaja. Persiste. No te des por vencido. No tomes la salida fácil. No hay atajos para el éxito. Ese es el estribillo constante de padres, entrenadores y profesores.

El camino difícil es una inversión

La extorsión entorpece al sabio,
y el soborno corrompe su corazón.
Vale más el fin de algo
que su principio.
Vale más la paciencia

que la arrogancia.
No te dejes llevar por el enojo
que sólo abriga el corazón del necio.

—Eclesiastés 7:7-9

Note cómo Salomón reitera su punto. El versículo 7 dice: «La extorsión entorpece al sabio, y el soborno corrompe su corazón». Un soborno no es nada más que un atajo vestido de verde. Es usar dinero u otro bien para conseguir lo que uno quiere sin habérselo ganado. Corromperá su integridad y destruirá la pureza de su corazón.

Un hombre escala una montaña. Lucha ascendiendo por el sendero, haciendo altos frecuentes para recuperar la respiración antes de continuar su lento ascenso a la cumbre. Llega a la cima justo cuando su amigo se baja de un helicóptero. ¿Cuál hombre disfruta mejor del panorama? El del helicóptero dice: «Es un panorama lindo, pero es probable que no valga lo que pagué por el vuelo en helicóptero».

Su amigo lo mira por unos momentos y dice: «Es la vista más hermosa que jamás he visto. Todo músculo que me duele de mi cuerpo la hace ver mucho mejor».

Y es verdad. El camino difícil es una inversión. Si trabaja personalmente para remodelar su vivienda, en vez de contratar obreros, usted invierte lo que los agentes de bienes raíces llaman «valor del sudor» en esa casa. El valor financiero aumenta, pero no tanto como su sentido de orgullo por la casa. Usted se lo ha ganado. Fue partícipe del proceso de mejoras. En algunos casos, a lo mejor hizo mejor trabajo que los obreros, porque es su propia casa y se preocupa mucho más. Sí, el camino difícil es mejor. Como Robert Frost dice: «El mejor camino siempre es a través».[1]

Imagínese a Jesús en el desierto, en la misma periferia de su ministerio y misión al mundo. Allí, en la zona más vulnerable posible de su vida, el diablo se le acerca. Le dio a Jesús sus tres mejores cuadros, ¿y qué son? Todos son atajos.

«Si quieres comida, simplemente convierte estas rocas en pan».

«Si quieres fama, simplemente salta de este templo, a los brazos de los ángeles».

«Si quieres seguidores, simplemente arrodíllate ante mí».

El diablo sabía con exactitud a donde estaba yendo Jesús, pero sugirió los caminos equivocados para llegar allá.

Sí, Jesús quería comida, pero necesitaba ayunar, y no comida rápida.

Sí, Jesús quería fama, pero por el camino de la cruz, no por caminos errados.

Sí, Jesús quería seguidores, pero mediante la victoria sobre el pecado, no dando al pecado la victoria.

La tentación de Jesús se trataba de la conveniencia frente a la entrega. Rechazó «el pan maravilloso» para sí mismo, pero lo ofreció a una multitud de cinco mil. Rehusó hacer un espectáculo impresionante en el templo, y luego dio un espectáculo contundente allí. Rehusó aceptar los reinos del mundo arrodillándose ante Satanás, pero se arrodilló ante la muerte para que los reinos del cielo y la tierra doblen su rodilla ante su nombre (Filipenses 2:9-10).

Tal vez esto fue fácil para quien era el Hijo de Dios. Ni lo piense. Hubo una noche cuando Jesús oró y lloró en el huerto de Getsemaní, preguntándole a Dios si habría algún otro camino. Él sudó sangre real, lo cual los médicos modernos han reconocido como un síntoma legítimo de una ansiedad profunda. Al final, Jesús reconoció que la voluntad de Dios era la única manera, aun cuando era el camino difícil... el camino de la cruz. Y porque Jesús siguió el camino difícil, abrió el cielo para los de la tierra.

El camino de Dios es el camino alto

Hay un refrán que dice: «Dejen que el diablo siga el camino alto». Pero a decir verdad, el diablo toma el atajo, y quiere que nosotros hagamos lo mismo. Él sabe que si puede persuadirnos a seguir el camino fácil, nos defraudaremos a nosotros mismos. Nos hemos vendido a nombre de la conveniencia y hemos abierto la puerta para vender todo lo demás que es significativo.

Cuando uno está estudiando, el camino fácil es copiar en el examen final. Se trata, principalmente, de la nota y la graduación y de seguir con la vida, ¿y quién va a saberlo?

Cuando se está en los negocios, el camino fácil es hacer recortes, presentar informes falsos de gastos, dar al cliente un poco menos de lo que dice el contrato. Es una selva allá afuera, ¿y quién va a saberlo?

Cuando uno está casado, el camino fácil es dedicarse al coqueteo extramarital y tener una aventurilla. Todo es cuestión de deseos animales, ¿y quién puede evitarlo? Además, ¿quién va a saberlo?

Y cuando se es padre, el camino fácil es comprar a sus hijos televisores, computadoras y juguetes en lugar de pasar mucho tiempo con ellos. Ellos nunca rechazan los regalos, ¿verdad? ¿Y qué diferencia podría haber?

Luego se llega al tiempo en la vida cuando uno se da cuenta de que no tiene una brújula moral. No hay fuerza interna, no hay intimidad marital ni solidaridad familiar. Usted hizo el viaje, tomó los atajos, y es a esto a donde lo condujeron. ¿Quién lo sabía? *Usted...* y su Señor.

Salomón dice que el camino difícil es, al final, el camino feliz. Dice que es mejor tomar la decisión debida *ahora* y ser paciente en espíritu antes que ser orgulloso. El camino de Dios puede ser difícil, pero siempre es el camino alto, y si simplemente esperamos en él, nos llevará a los lugares más altos en la vida.

Este pensamiento continúa en el siguiente versículo: «Vale más el fin de algo que su principio». Esto es verdad vez tras vez en la vida. Cuando se aprende a montar en bicicleta el comienzo no es otra cosa que caídas fuertes en el pavimento, rodillas despellejadas y orgullo herido. Pero una vez que se logra el equilibrio, el final es un mundo mejor que el principio.

Su primer año de la secundaria... ¿qué significó eso? Ser el hombre o la mujer más bajo en el poste del emblema, nuevas normas, profesores más estrictos. Pero para cuando llegó al último año se sintió como si el lugar le perteneciera. El mejor camino siempre es a través.

José descubrió esto en Egipto. Su final fue el trono de Egipto, pero por el camino de la esclavitud y la cárcel más oscura del país.

Job lo descubrió. Terminó con dos veces más de lo que jamás había tenido. Pero llegó allí por el camino difícil, incluyendo el colapso de su fortuna y la pérdida de su familia. Dios proveyó dos bendiciones por cada moretón.

Jesús lo sabía. Su camino le llevó por un juicio, azotes y la muerte más violenta y dolorosa que podamos imaginar. Pero el destino fue una tumba vacía, una ascensión gloriosa, un trono a la derecha del Padre.

El camino duro siempre será difícil; no hay atajos. Pero se hace un poco más fácil cuando nos detenemos a recordar que Dios nunca falla, y que todos sus finales son felices, y que cada golpe lleva a bendiciones más profundas.

Comience con el final en mente

El segundo hábito en el libro popular de Stephen Covey, *Seven Habits of Highly Effective People* [Siete hábitos de la gente sumamente eficiente], dice que debemos comenzar con el final en mente. Covey sugiere que identifiquemos dónde queremos terminar, y que luego mantengamos eso como imagen que enmarca la manera en que pensamos y actuamos a diario.[2] Tiene razón, pero Salomón lo sabía desde hace mucho. Él insistió en ese punto aquí en Eclesiastés, hace casi tres mil años.

Muchos hoy han perdido el arte de pensar las cosas a cabalidad. Tenemos tanto ruido que nos rodea, tantas demandas urgentes que nos exigen, y tan poco tiempo para reflexionar, que tomamos decisiones repentinas sin darnos tiempo para recapacitar sobre nuestras selecciones y resolverlas con oración al respecto.

Los sabios no dejan que eso pase. En su biografía de Napoleón, André Castelot escribió que a veces el gran emperador se recostaba sobre un sofá cerca de su chimenea, cerraba sus ojos, y parecía que dormía. Pero no lo hacía; estaba meditando, pensando sus acciones a cabalidad:

> «Si siempre parezco estar listo para todo, para enfrentarme a cualquier cosa», les decía a sus consejeros, «es porque nunca

acometo algo sin primero haber meditado por largo tiempo y previsto lo que pudiera pasar. No es un genio, sino la meditación, lo que de repente me revela, en secreto, lo que debo decir y hacer bajo circunstancias que los demás no advierten».[3]

Cuando haya que tomar una decisión importante, dé una caminata en silencio o enciérrese en su cuarto y ore con respecto a algunas preguntas: *¿Adónde me llevará esto? ¿Cuál será el resultado de esta acción? ¿Cuáles son los posibles resultados de esta obra en particular?* Trate de determinar el final desde el principio.

En el proceso recuerde que Dios guarda lo mejor para el final, mientras que Satanás señala el atajo. Como C. S. Lewis dijo: «El camino más seguro al infierno es gradual; una bajada lenta, suelo suave, sin vueltas repentinas, sin hitos, y sin letreros».[4] Todo comienza con los pequeños acomodos, los momentos en que decimos: «Y qué, no es gran cosa». Es solo una imagen pornográfica, solo una aspiración de cocaína, solo una noche en un cuarto de un hotel en alguna parte. Todas esos pequeños caminos de acceso siempre nos sacan de la carretera del Rey... el «camino estrecho» como lo llamó Jesús. Podemos ver esa carretera desde la calle de acceso, y podemos volver a ella en cualquier momento que queramos (o eso es lo que decimos). Pero los caminos se alejan cada vez más, y la pendiente se hace más inclinada, y muy pronto llega a ser difícil aplicar los frenos.

La vida en la carretera del Rey es diferente. Conforme su plan para nosotros se desarrolla, se vuelve más rico y mejor; somos más felices y más santos con el paso del tiempo. «El camino de los justos», escribió Salomón en Proverbios 4:18, «es como la luz de un nuevo día: va en aumento hasta brillar en todo su esplendor» (VP).

Debido a que he participado en muchas bodas como pastor, un mito que he oído una y otra vez está entre las ideas más equivocadas. La gente cree que el principio de un matrimonio es mejor que el final. Tal vez nuestra conciencia de la plaga del divorcio nos hace pensar eso. Tal vez es el maltrato que recibe el matrimonio en la televisión y en las películas.

Pero el matrimonio no es de esa manera por naturaleza. Cuando perseveramos, trabajamos y crecemos en él, y cuando seguimos el camino difícil, la institución del matrimonio se hace mejor, más profunda y más dulce con el tiempo. Cuando soportamos juntos las tormentas como dos robles fuertes que crecen junto a corrientes de aguas, el final es en extremo más rico.

A decir verdad, he descubierto al asesorar que los primeros días del matrimonio son a menudo los más tumultuosos y los de mayor reto. Dos personalidades distintas unen sus mundos, y frecuentemente chocan con gran fuerza. Pero la mejor parte del matrimonio es aquella que perdura y se suaviza a medida que los años pasan y las parejas van lijando los filos ásperos y se van amoldando a sí mismos, juntos como si fueran uno.

Donna y yo hemos estado casados por cuarenta y un años, y puedo decir con sinceridad que nuestro matrimonio es mejor cada año que pasa. Cuando resulta que ella no está por algunos días, debido a algún viaje o a que va a visitar a nuestros hijos y sus familias, la echo de menos terriblemente. Ella es la única persona en el mundo que está comprometida a quererme a pesar de mis muchas imperfecciones. El matrimonio llevado a cabo como es debido se hace mejor con el tiempo, porque el final de una cosa es mejor que el principio.

Recordamos a Fanny Crosby como una compositora de himnos ciega que compuso asombrosos himnos evangélicos tales como «Bendita seguridad» y «A Dios sea la gloria». Pero hay un himno menos conocido de Crosby que recalca la verdad de que el final es mejor que el principio. Fanny compuso este canto en particular a mediados de 1886, cuando estaba hospedada en la casa de su amigo Ira Sankey en Northfield, Massachussets. Ira, siendo él mismo compositor de himnos, compuso una melodía. Después de tocarla para Fanny, le sugirió: «¿Por qué no compones un poema para esta melodía esta noche?» Ella se rehusó, diciendo que no lo podía hacer al momento. Pero al próximo día, mientras sus amigos salieron para dar una vuelta, Fanny escribió las siguientes palabras:

Oh hijo de Dios, espera pacientemente cuando oscuro parece ser
tú camino,
Y deja que tu fe se apoye confiando en aquel que se interesa por
ti;

Y a pesar de que las nubes cuelgan de forma deprimente sobre la frente de la noche,
Sin embargo en la mañana, la felicidad vendrá, y llenará tu alma de luz.[5]

Nuestro destino es el cielo en la tierra, pero para llegar allí tendremos que caminar por terrenos difíciles. Las nubes a menudo nos cubrirán. La oscuridad con frecuencia nos hará tropezar y perder incluso la esperanza de volvernos a levantar. Pero cuando las nubes se despejan, hay gozo en la mañana. El camino difícil es el único camino, porque hace el gozo incluso más dulce.

20
Tiempo de proseguir
ECLESIASTÉS 7:10

A TODO EL MUNDO LE GUSTAN los «días pasados», incluso a la gente joven que nunca vivió en ellos. Las listas de éxitos de música popular están más llenas que nunca de versiones modernas de los cantos de las décadas de los sesenta y setenta. Los jóvenes lo llaman «retro» y consideran que es algo que está en la onda, de la manera en que se veía lo «futurista». Hay una fascinación por los remanentes culturales de ciertas décadas, personificados en programas de televisión tales como *That '70s Show* [Ese show de los sesenta] y cualquier cantidad de películas. Incluso en los deportes profesionales ha llegado a estar de moda que los equipos tengan «días de regreso al pasado» cuando juegan sus partidos con los uniformes, gorras y cascos de épocas pasadas.

Algo dentro de nosotros sonríe y suspira al pensar en el ayer. Algo dentro de nosotros insiste en que las cosas eran mejor en ese entonces: la música más melodiosa, las películas más divertidas, las noticias más animadoras, y la vida en general más manejable. Si pedimos pruebas, rápida y apasionadamente soltamos ejemplos para demostrar el punto. En cualquier tiempo, el mejor momento para estar vivo era veinte o treinta años atrás... a menudo conocido como «cuando yo tenía tú edad».

¿Es esto verdad en realidad? Considere unos pocos hechos acerca «de los tiempos pasados» en los Estados Unidos de América:

- De 1970 a 1992 una casa nueva aumentó en un promedio de como sesenta y cinco metros cuadrados de espacio habitable.

• Hoy el 45% de las casas tienen lavadora de platos, a diferencia del 26% hace dos décadas.

• En 1990 el 75% de las casas tenían lavadoras de ropa, a diferencia del 66% en 1970. El porcentaje de casas con secadoras de ropa aumentó del 45 al 70% durante el mismo período.

• La casa promedio tenía 1,4 televisores en 1970, pero 2,1 en 1990, y ganó 4,5 veces más equipos de audio y video, 50% más de aparatos electrodomésticos, 30% más de muebles, y 100% más de equipos para deportes y entretenimiento.

• La riqueza real media ascendió el 2% por año de 1970 a 1990.

• El índice industrial Dow Jones ha aumentado seis veces más desde el principio de los setenta.

• Los hornos de microonda, las contestadoras telefónicas, los procesadores de alimentos, las cámaras de video, las computadoras caseras, los equipos de ejercicio en casa, la televisión por cable, los patines en línea, las máquinas de fax, y los lentes de contacto suaves llegaron a ser artículos de primera necesidad en la vida de los estadounidenses en los años noventa. Multitudes de otros productos son mejores en calidad y más bajos en precio que nunca antes.

• Hace una década los motoristas tenían que detenerse y buscar un teléfono de monedas para poder llamar a alguien. Ahora la mayoría de los estadounidenses disfrutan de la seguridad y la conveniencia de los teléfonos celulares.

• Hoy los conductores avanzan mayor distancia con un galón de gasolina que nunca antes, y conducen carros más seguros equipados con frenos antibloqueo, bolsas de aire, inyectores de combustible, turbocompresores, control electrónico de velocidad, y sistemas de sonido mejores que muchos de los de las casas.

Tiempo de proseguir

• Desde 1973 los trabajadores han añadido el equivalente a casi cinco años de horas libres despiertos a sus vidas... y la lista continúa.[1]

¡Un momento! ¡Espere por el desmentido! Permítame reconocer lo que hay de malo en esta lista: la mayoría son cosas... cosas materiales para las cuales Salomón tenía tres palabras: *¡vanidad, vanidad, vanidad!* Con toda certeza, la lista no menciona nuestra creciente deuda nacional, la relativa proporción baja de ahorros personales y la caída de los estándares morales.

Sin embargo, la lista tampoco menciona la verdad de que los estadounidenses están viviendo más años, jubilándose más temprano, y viajando más ampliamente que nunca antes. Están cosechando el beneficio de los avances radicales en la medicina, lo que les da más años de vida y más vida a sus años.

¿Podemos estar de acuerdo en que la vida es mejor en algunas formas y no tan buena en otras? Espero que coincida en el punto de que incluso el más viejo de nuestros nostálgicos ancianos, si se le diera a escoger, no se subiría a una máquina del tiempo para regresar a vivir cincuenta años en el pasado *sin* la medicina que le ayuda a disfrutar la vida. En los Estados Unidos de América disfrutamos de un estándar más alto de vida que en cualquier país en la historia.

Gloria de ayer... promesa de mañana

Nunca preguntes por qué todo tiempo pasado fue mejor.
No es de sabios hacer tales preguntas.

—Eclesiastés 7:10

Los «días pasados» son un estado mental que no tiene coordenadas en el mundo real. Están apenas unas calles al sur de la olla de oro en el extremo del arco iris, y otras pocas calles al este de esa otra entrada a la tierra de la fantasía: «lo que podría haber sido».

Un día sus hijos se sentarán en sus mecedoras, suspirando por este mismo momento, coronándolo como «los buenos días pasados». Es algo difícil de imaginar, porque el ahora nunca parece nada especial a los que lo están viviendo. El hoy siempre se queda corto de la gloria del ayer, y justo a un pelo de la promesa del mañana. Pero el hoy es todo lo que tenemos. Contiene todo lo que está en juego. Hoy es el único día en que podemos hacer un impacto directo, y todas nuestras esperanzas de una mejor vida se encuentran justo allí en el recuadro del calendario en que está parado... el día marcado como *hoy*.

Si le falta el valor y decide no vivir por completo en el presente, ahí es cuando comienza a tomar ese desvío a la tierra de la nostalgia. Pero Salomón dice: «No es de sabios hacer tales preguntas». Cuando usted habla del pasado, no está hablando desde una posición de racionalidad cuidadosa, comparando y contrastando las mínimas diferencias entre las épocas (eso sería imposible). Está hablando puramente basándose en sus emociones: los sentimientos de temor, un sentido de pérdida del ayer, una inseguridad acerca del futuro.

Salomón concordaría en que había elementos del régimen de su padre que fueron superiores a los propios. Pero su punto es el mismo que ha enfatizado en otras partes de este libro: el niño que nace muerto y el anciano de dos mil años se enfrentan a tumbas lado a lado en el cementerio. Incluso una vida de dos mil años es una neblina, aquí ahora y mañana desaparecida, desde la perspectiva de la eternidad... sin mencionar que a unos metros, en el mismo cementerio, encontramos a gente de los «tiempos pasados» enterrados allí mismo junto a los de nuestro «valiente nuevo mundo».

La cuestión de la vida nos son sus horas, su oficio, o la paga que lleva a casa. Todo tiene que ver con la pregunta: ¿Qué está haciendo con su hoy? ¿Está cargado eléctricamente con la perspectiva de todo lo que Dios puede hacer con su vida en este espacio llamado hoy? A fin de cuentas, todo lo podemos en Cristo, y él prometió que haríamos milagros más grandes que los suyos (Juan 14:12). Esos no son versículos acerca de los buenos tiempos pasados o del mundo del futuro... son palabras de *hoy*.

La idea del cielo en la tierra es una idea de hoy. ¿Recuerda cómo los israelitas dieron tres pasos hacia la Tierra Prometida y luego dos pasos hacia atrás a la nostalgia? La esclavitud nunca pareció tan atractiva.

Vamos, los amos egipcios en realidad *alimentaban* de vez en cuando a sus esclavos, y había días cuando no había ningún latigazo, y quince minutos de descanso entre carga y carga de esos enormes ladrillos. Los israelitas sentían ansias por el desierto de hoy, y eso les impidió alcanzar la promesa del mañana. Nosotros hacemos lo mismo, olvidándonos de que todo el cuadro grande que nuestra vida puede pintar se pintará en el lienzo de hoy.

La superioridad de nuestro ayer no es más que los «buenos días pasados» de esclavitud de los israelitas. Como Paul Simon lo señaló en una canción, todo se ve lindo en una foto Kodak. El único problema es que cuando uno mira mucho tiempo por su espejo retrovisor, choca con la vida que se le acerca por delante.

Mientras tanto, la realidad última en la vida es Dios, el cual quiere llenar su vida con su presencia y poder exactamente aquí y en este momento. El cielo en la tierra no tiene nada de la mezcla del pasado, ni tampoco de lo que le espera en el futuro. El cielo que nos espera, cuando lleguemos a estar cara a cara con nuestro Salvador, será un eterno hoy, y esto demuestra que la manera de traer al cielo a la tierra es vivir en este hoy de forma completa y consistente.

Patas arriba y al revés

El reino de Dios siempre parece patas arriba desde la perspectiva humana. Pensamos que es extraño morir para vivir, o dar para recibir, o servir para dirigir. Salomón capta el enigma perpetuo de nuestros valores tal como Jesús los describe en el Sermón del Monte. Salomón insiste en que abracemos la pena por sobre la risa, las reprensiones por sobre los elogios, el camino largo en lugar del corto, y el hoy en vez del ayer.

La verdad es que no es el reino de Dios el que está patas arriba, sino el mundo. No es la Palabra de Dios la que pone a la vida al revés... es el mundo el que ha enrevesado todas las ecuaciones que Dios diseñó para nuestra vida. A fin de cuentas, todos podemos verificar el sentido común de estas proposiciones «patas arriba»... en realidad *es* mejor dar que recibir, en realidad ayuda abrazar la crítica más que la alabanza, y así por el estilo. Cada día de la vida es un terreno de pruebas para una proposición del reino.

Arthur Bennett escribió una oración llamada «El valle de la visión», que resume maravillosamente algunas de las cosas de esta sección de Eclesiastés. Él usa el lenguaje de la paradoja, que en realidad es el lenguaje del reino del cual escribió Salomón y enseñó Jesucristo... el lenguaje de la verdad:

> Señor, alto y santo, manso y humilde,
> Tú me has traído al valle de la visión,
> Donde vivo en las profundidades pero te veo en las alturas;
> Encerrado por las montañas del pecado contemplé tu gloria.
>
> Permíteme aprender por la paradoja
> Que el camino hacia abajo es el camino hacia arriba
> Que estar abajo es estar arriba
> Que el corazón partido es el corazón curado,
> Que el espíritu contrito es el espíritu que se regocija,
> Que el alma arrepentida es el alma victoriosa,
> Que no tener nada es poseerlo todo,
> Que llevar la cruz es llevar la corona,
> Que dar es recibir,
> Que el valle es el lugar de la visión.
>
> Señor, de día, las estrellas se pueden ver desde los pozos más profundos,
> Y mientras más profundos los pozos más brillan tus estrellas;
> Permíteme encontrar tu luz en mi oscuridad,
> Tu vida en mi muerte,
> Tu felicidad en mi tristeza,
> Tu gracia en mi pecado,
> Tus riquezas en mi pobreza,
> Tu gloria en mi valle.[2]

TRES COSAS QUE SABEMOS

En nuestra búsqueda del cielo en la tierra, como en cualquier viaje, lo primero esencial es la *visión*... para ver a dónde nos dirigimos;

en este caso, a salir de todas esas presuposiciones mundanales patas arriba y ver desde la perspectiva de Dios. Pero incluso entonces es un reto mantener nuestra «visión del valle» del mundo invisible del cielo desde el contexto visible de la tierra. Cuando me veo tentado a perder el enfoque en medio de los sucesos de la vida, preguntándome si lo que parecen ser paradojas de Dios en realidad son verdad, me aferro a estas tres «cosas conocidas» de Romanos 8 que son el complemento perfecto a lo que Salomón enseña en Eclesiastés 7.

Primero, *sé* que «toda la creación todavía gime a una, como si tuviera dolores de parto» (Romanos 8:22). Es decir, yo sé que la forma en que son las cosas ahora no es la manera en que se suponen que deben ser, ni la manera en que serán. Cosas problemáticas suceden en este mundo por una multitud de razones, todas las cuales están arraigadas en el pecado. Cuando suceden cosas malas, la debilidad de mi carne es tentada a rendirse a la presión de esos acontecimientos, porque soy un ser humano caído. Pero todo esto no es natural, no es el modo en que Dios lo diseñó. Así que no me desaliento ni me engaño por algo que yo sé que es temporal. Me aferro a la imagen del cielo en la tierra, que sé que es eterna.

Segundo, *no sé* por qué cosas debo orar como debería, pero «el Espíritu mismo intercede por nosotros con gemidos que no pueden expresarse con palabras» (Romanos 8:26). Esto significa que no estoy solo en la batalla. Cuando soy tentado a hacer las cosas a la manera del mundo —a la manera de la risa, de la lisonja y de los buenos días de antaño— caigo de rodillas y dependo del Espíritu Santo para orar por mí cuando no puedo encontrar las palabras. Cuando soy tentado a tomar el atajo y el camino fácil en vez del camino largo y difícil, clamo a Dios por fuerzas con la ayuda del Espíritu Santo. Él está allí para mí en cada vuelta de la esquina, en cada reto. Él es mi Consolador y mi Guía, la garantía de Dios que me asegura que lo que él ha comenzado en mí lo completará hasta el día de Jesucristo. Aunque no sé por qué cosas debo orar, conozco que el Espíritu sí lo sabe.

Y tercero, *sé* «que Dios dispone todas las cosas para el bien de quienes lo aman, los que han sido llamados de acuerdo con su propósito» (Romanos 8:28). Como uno de los que le aman, puedo aferrarme a la noción de que todo acontecimiento singular es parte de una ecuación con una solución positiva. Hay poder, un poder increíble, en comprender ese paradigma.

Este mundo parece estar fuera de control, y tengo que depender del Espíritu para que me ayude a avanzar. Pero ultimadamente sé que Dios tiene el control de todo. Nada pasa en mi vida que esté fuera de los límites de su alcance. Él toma cada suceso al parecer aleatorio y descarriado y los une para el bien en mi vida, porque lo amo y he sido llamado de acuerdo a su propósito. Eso significa que estoy libre para vivir de forma paradójica en este mundo, libre para abrazar las verdades del reino de Dios frente a toda enseñanza contraria de la mayoría. ¡Soy libre para ser un contrario para Cristo y su reino!

Eclesiastés nos ayuda a ver que el plan de Dios es bueno y claro, pero a veces misterioso. Cuando sabemos lo que sabemos, no importa, porque para Dios esto no es un misterio. Él es el Autor del Libro de la Vida, y él sabía el fin desde antes de poner el principio en su lugar. Por lo tanto, está bien que sepa y que nosotros *no* sepamos, porque él es Dios y nosotros no lo somos. Y escogemos dejarle ser Dios en nuestras vidas.

Le animo a abrazar la pena cuando viene, y la represión cuando siente su aguijón, el camino difícil cuando es el correcto, y en especial el poder de hoy... *¡carpe diem!* Aproveche el día que Dios le ha dado. Este es el día que él ha hecho, así que regocíjese y alégrese en él. El cielo está cerca, no en el espejo retrovisor ni tampoco en un futuro no conocido. Está a nuestro alcance. ¡Échele mano, acepte el consejo, y aprovéchelo!

21
La perspectiva de la sabiduría
ECLESIASTÉS 7:11-18

UN VIEJO LEÑADOR CHINO vivía en la problemática frontera de Mongolia. Un día su yegua favorita, blanca y hermosa, saltó la cerca y la atraparon los enemigos al otro lado. Sus amigos vinieron a consolarlo. «Lamentamos mucho lo de tu caballo», le dijeron. «Esas son malas noticias».

«¿Cómo saben que son malas noticias?», preguntó él. «Tal vez sean buenas noticias».

Una semana después el hombre miró por su ventana y vio a su yegua regresar a la velocidad de un relámpago... al lado de un hermoso semental. El leñador puso a los dos caballos en el corral, y sus amigos vinieron para admirar la nueva adquisición. «Qué hermoso caballo», dijeron. «Esas son buenas noticias».

«¿Cómo saben que son buenas noticias?», respondió el hombre. «Tal vez son malas noticias».

Al día siguiente el hijo único del hombre decidió montar al caballo. El caballo lo lanzó al suelo, cayendo estrepitosamente, y rompiéndose una pierna. Los amigos vinieron de nuevo a visitarlo, diciendo todos con compasión: «Lo lamentamos tanto. Estas son muy malas noticias».

«¿Cómo saben que son malas noticias?», respondió el hombre. «A lo mejor son buenas noticias».

Al mes la guerra estalló entre China y Mongolia. Los reclutadores chinos recorrieron la región, obligando a todos los jóvenes a ingresar al ejército. Todos ellos perecieron, excepto el hijo del leñador, que no fue a la guerra debido a su pierna rota.

«Ven», dijo el caballero. «Las cosas que ustedes consideraron buenas en realidad fueron malas, y las cosas que parecían malas en realidad fueron buenas».[1]

El sabio leñador expresa la médula de las palabras de Salomón en Eclesiastés 7. Ya hemos aprendido que el duelo es mejor que la risa, los funerales son mejores que las bodas, el día de morir es más importante que el cumpleaños, el reproche es mejor que el elogio, el camino largo es mejor que el atajo, y que se exagera grandemente con respecto a que «los días pasados» fueron mejores.

La vida es una paradoja, y no siempre estamos seguros de qué lado es arriba. Forrest Gump dice que la vida es como una caja de chocolates porque uno nunca sabe lo que va a recibir. Salomón añadiría que incluso después de haberle dado un mordisco, ¡uno no puede estar seguro de cómo lo va a digerir!

Tenemos que descansar en nuestro Señor, el cual sabe el final desde el principio. Sus valores por lo general son diferentes, y ese es el tema subyacente de Eclesiastés 7.

Salomón nos enseña que la sabiduría es saber que no sabemos; es darnos cuenta de lo pequeña que es la pieza del rompecabezas que tenemos... de que solo Dios controla el cuadro final. Vemos a través de un cristal nublado, pero la visión de Dios es perfecta y lo abarca todo; sabemos un poco, pero la sabiduría de Dios es perfecta y él lo sabe todo. Nuestra perseverancia es débil, pero Dios realiza cada asunto a largo plazo.

Nuestra respuesta a todo esto debe ser agradecimiento con *A* mayúscula.

Gracias a Dios por la perspectiva de la sabiduría

El patinador estadounidense olímpico, Dan Jansen, sufrió una serie de derrotas devastadoras y contratiempos en su carrera hasta 1994, cuando finalmente ganó la medalla de oro en una carrera emocionante de mil metros en Lillehammer, Noruega. Como joven patinador aprendió a mantener la derrota en perspectiva. Compitiendo en los campeonatos juveniles nacionales en Minnesota a los nueve años, estaba en posición de ganar el título cuando tropezó en un marcador de línea al dar una curva.

Ese error le costó la victoria. Quedó tan consternado que lloró en toda la ceremonia de premiación y todo el camino de seis horas a casa. Su padre no dijo nada de la derrota hasta que llegaron a su hogar, pero lo que dijo entonces se le quedó impreso a Jansen desde ese momento: «¿Sabes, Dan? Hay mucho más en la vida que patinar en círculos».

Eso podría parecerle un comentario insensible de un padre a un hijo que tiene el corazón destrozado, pero es la verdad. Surge de la perspectiva renovada del padre, que en realidad hace el dolor más pequeño y menos significativo. Dan Jansen, siendo ya competidor veterano a los nueve años, necesitaba esa perspectiva más grande. Le ayudó a perseguir su sueño olímpico y a la vez a recordar el lugar verdadero de la victoria y la derrota.

La sabiduría tal vez no resuelva todos nuestros problemas ni allane todos los baches del camino, pero le da a la mente la información debida para controlar las emociones.

Hace unos años había un estilo popular de dibujos que utilizaban una ilusión óptica. A primera vista, el dibujo solo parecía ser un patrón de líneas, azules y verdes que se arremolinaban. Luego, conforme se enfocaba en el punto medio y muy despacio se retrocedía alejándose del cuadro, surgía una imagen. El efecto era impresionante. La obra de la perspectiva de Dios es similar. Vemos la escena y distinguimos solo remolinos de sucesos al azar hasta que fijamos nuestra mirada en Cristo, que es el centro de la creación y sustenta todas las cosas (Efesios 1:10). A medida que retrocedemos despacio, vemos el cuadro con nuevos ojos.

Tener perspectiva es ver las cosas en su verdadera dimensión y significado, en su propia relación unas a otras. El arte infantil es notorio por su falta de perspectiva. Todo está en un solo plano. No hay distancia, ni horizonte. Un buen artista puede sugerir una distancia de varios kilómetros en un mismo lienzo, tal como un camino rural sinuoso que se pierde en el amanecer. La sabiduría de Dios nos permite dar un largo vistazo y ver cómo al final todos los caminos guían de regreso a él.

La sabiduría nos da profundidad, relación y significado... una visión amplia de las cosas. Hay tres maneras en que la sabiduría aumenta nuestra perspectiva sobre los acontecimientos de la vida.

Sabiduría para tratar con la prosperidad

> *Buena es la sabiduría sumada a la heredad, y provechosa para los que viven. Puedes ponerte a la sombra de la sabiduría o a la sombra del dinero, pero la sabiduría tiene la ventaja de dar vida a quien la posee.*
>
> —Eclesiastés 7:11-12

La marca de la sabiduría mundanal fluctúa como una semana de sube y baja en Wall Street. La revista *Newsweek* publica una columna cada semana llamada «Conventional Wisdom Watch» [«Observación de la sabiduría convencional»] para ilustrar de forma gráfica las «flechas para arriba o para abajo» de la popularidad fugaz. Una semana un presidente y un cantante popular pueden recibir una flecha «para arriba» por algún suceso positivo de publicidad; a la siguiente semana la flecha puede estar completamente en dirección opuesta. Pero la sabiduría de Dios se mantiene consistente y no cambia ni ahora ni nunca.

Salomón nos dice que la sabiduría y la riqueza son buenas compañeras. La versión *The Living Bible* dice: «Ser sabio es tan bueno como ser rico; de hecho, es mejor. Uno puede conseguir cualquier cosa bien sea con la sabiduría o el dinero, pero ser sabio tiene muchas ventajas» (Eclesiastés 7:11-12).

Salomón escribió algo semejante en Proverbios: «En verdad, quien me encuentra, halla la vida y recibe el favor del Señor» (8:35). Los ricos que carecen de sabiduría terminan en una situación miserable, su riqueza se convierte en una maldición en vez de en bendición. La sabiduría le da perspectiva a la prosperidad. La sabiduría mantiene a la riqueza en perspectiva.

El Worldwatch Institute, una organización reflexiva sobre el ambiente y la economía en Washington, D.C., hace poco presentó un informe sorprendente que muestra que un número creciente de personas en todo el mundo son «gordas, ricas y desdichadas». El gasto del consumo privado (la cantidad que se gasta en bienes y servicios a nivel del hogar) se ha cuadruplicado en el mundo desde 1960, llegando a más de veinte billones de dólares en el 2002. En los Estados Unidos de América, donde el consumo ha subido como un cohete, hay más vehículos privados en las calles que gente con licencia para conducirlos. El tamaño promedio de un refrigerador en el hogar de los Estados Unidos ha aumentado un 10% entre 1972 y 2002, y las casas nuevas en los Estados Unidos son un 38% más grandes que las que se construyeron en 1975, a pesar de tener menos gente por vivienda. Sin embargo, el aumento de consumo no ha traído felicidad a los estadounidenses, dice el reportaje. «Solo un tercio de los estadounidenses dicen ser muy felices, el mismo índice que en 1957 cuando la riqueza de los estadounidenses era la mitad».[2]

Riqueza tenemos; sabiduría necesitamos. Solamente podemos agradecer a Dios porque en tanto que es difícil conseguir riqueza, la sabiduría en realidad Dios la pone a nuestra disposición de forma gratuita. Una provisión vitalicia está disponible en este libro de Eclesiastés.

SABIDURÍA PARA TRATAR CON LA PROVIDENCIA

Contempla las obras de Dios: ¿quién puede enderezar lo que él ha torcido? Cuando te vengan buenos tiempos, disfrútalos; pero cuando te lleguen los malos, piensa que unos y otros son obra de Dios, y que el hombre nunca sabe con qué habrá de encontrarse después.

—ECLESIASTÉS 7:13-14

Como hemos visto la providencia es la supervisión de Dios de toda la creación, cerciorándose de que todos sus planes se cumplan. Significa que en nuestras vidas van a suceder cosas que solo él entiende. A lo mejor usted está tratando de llenar una cierta imagen con su vida, por ejemplo, se imagina a sí mismo como un empresario dueño de su propio negocio; o se contempla cortejando y casándose con cierta candidata. Tal vez Dios está (y por lo general lo está) llenando un cuadro por completo diferente, uno más vasto y más comprehensivo, que incluye una cantidad de personas y tiene implicaciones que se realizarán en los siglos venideros.

Así que tal vez a lo mejor usted no entiende por qué Dios no le ha permitido que empiece su propio negocio o se case con esa persona específica, pero él tiene sus razones. Y siempre son razones que aprobaríamos de todo corazón si simplemente fuéramos lo suficiente sabios.

«Fíjate en lo que Dios ha hecho, y verás que nadie puede enderezar lo que él ha torcido», dice *La Biblia en Lenguaje Sencillo*. «Por eso, cuando vengan los buenos tiempos, disfrútalos; pero cuando lleguen los tiempos malos ponte a pensar que todo viene de Dios, y que nunca sabemos lo que nos espera».

La aflicción, eso torcido que no podemos enderezar, es la cita de Dios. Escribí un libro titulado *A Bend in the Road* [Un recodo en el camino], en el que afirmo la presencia de Dios con sus hijos en las dificultades de la vida. Pero si usted es como yo, preferiría que no hubiera recodos en el camino, para empezar, o por lo menos le gustaría que fuera una curva que se pudiera enderezar. Pero la sabiduría dice que hay algo más profundo para aprender en las curvas que en las líneas rectas de la vida.

Al estudiar las palabras de Salomón pensé en Job, un hombre bendecido por Dios con una riqueza increíble antes de perderlo todo repentinamente. Lo único que le quedó fue su esposa, y ella le dio el consejo más ofensivo que podemos imaginarnos: «¡Maldice a Dios y muérete!» (Job 2:9).

Job respondió: «Mujer, hablas como una necia. Si de Dios sabemos recibir lo bueno, ¿no sabremos también recibir lo malo?» (v. 10).

Cuando pasan las cosas buenas, nunca preguntamos por qué Dios las permite. ¡Por lo visto pensamos que nos las merecemos! Pero cuando ocurren las cosas malas, allí es cuando hablamos de teología. Los sabios saben que Dios está en todo; que él nunca está más cerca de nosotros que en nuestra aflicción. Compadezca a los que nunca han conocido la presencia consoladora de Dios en el ojo de la tormenta.

El profesor de Biblia y autor Warren Wiersbe lo dice de esta manera:

> Dios equilibra nuestras vidas al darnos suficientes bendiciones para mantenernos felices y suficientes cargas para mantenernos humildes. Si todo lo que tuviéramos en nuestras manos fueran bendiciones, nos caeríamos enseguida, así que el Señor equilibra las bendiciones en nuestras manos con cargas en nuestras espaldas. Eso nos mantiene firmes, y conforme nos rendimos a él, incluso podemos cambiar las cargas en bendiciones.[3]

Las bendiciones en la mano más la carga a la espalda resultan en un equilibrio de la vida espiritual... una fórmula para el contentamiento y la madurez.

SABIDURÍA PARA TRATAR CON LOS ROMPECABEZAS DE LA VIDA

Una antigua tradición de los días festivos en la casa de los Jeremiah es el rompecabezas anual. Conseguimos uno nuevo cada año, uno que tenga varios miles de piezas, y lo armamos durante la temporada de navidad. Colocamos todas las piezas en una mesa reservada solo para el rompecabezas de los días festivos. Varios Jeremiahs se detienen y tratan de colocar unas cuantas piezas más hasta que el cuadro queda finalmente completo. (No voy a revelar el porcentaje de estos rompecabezas que han quedado completos a lo largo de los años.)

Es una gran diversión cuando los amigos y la familia se reúnen, y es una buena oportunidad para ejercitar nuestra habilidad para armar un rompecabezas. Siempre armamos primero los lados para así tener un buen marco que necesita un cuadro adentro. Las esquinas y los lados rectos son sencillos. Es lo que está adentro lo que nos da problema.

En los rompecabezas de la vida, por lo general podemos resolver los bordes de las cosas: los lugares donde la vida es recta, donde las esquinas se unen nítidamente. Pero para resolver el gran cuadro, necesitamos sabiduría, persistencia, y a lo mejor la ayuda de los seres queridos. Hay dos rompecabezas en particular.

El rompecabezas de las recompensas inversas

Todo esto he visto durante mi absurda vida: hombres justos a quienes su justicia los destruye, y hombres malvados a quienes su maldad les alarga la vida.

—Eclesiastés 7:15

Otra vez, llegamos a la pregunta que todos hacen (incluso usted y yo). «¿Por qué los buenos sufren y los malos prosperan?»

En un tiempo me preocupé por los aspectos nebulosos de mi fe, como esas manchas sobre la reluciente ventana del carro que simplemente no se pueden limpiar. Ahora las áreas borrosas me dicen que nuestro Dios es real, dinámico, y demasiado grande para nuestra concepción. Sus caminos son más altos que los míos. Si no hubiera áreas borrosas, el cuadro entero sería demasiado nítido, demasiado ordinario. Si pudiera comprender por completo los pensamientos de Dios, él no sería más Dios de lo que soy yo.

Oímos a los que abordan este rompecabezas con un ultimátum: Resuélvelo o Dios no es real. Esto es como acometer un rompecabezas de diez mil piezas, diciendo: «Si no puedo armarlo en cinco minutos, negaré que sea un cuadro».

Eso es injusto, ¿verdad? También es irracional. Nuestra incapacidad para hallar una respuesta refleja solo nuestra limitación, no la de Dios.

Dios es a la vez amante y poderoso, pero siempre permite recompensas a la inversa —éxito para los malos, sufrimiento para los buenos— por razones relacionadas con su plan eterno, y porque son las consecuencias de un mundo caído al que nosotros hemos invitado a tal caos. Recuerde la sabiduría del leñador. Solamente vemos un fragmento de la vida un momento a la vez, pero Dios ve el todo.

El rompecabezas de la retórica de los justos

*No seas demasiado justo,
ni tampoco demasiado sabio.*

*¿Para qué destruirte
a ti mismo?*

*No hay que pasarse de malo,
ni portarse como un necio.
¿Para qué morir
antes de tiempo?*

*Conviene asirse bien de esto,
sin soltar de la mano aquello.
Quien teme a Dios
saldrá bien en todo.*

—ECLESIASTÉS 7:16-18

A algunos escolares bíblicos que se inclinan a una teología liberal les encanta este pasaje (Eclesiastés 7:16-17) porque parece sugerir que un enfoque neutral para la vida espiritual es aceptable: «No seas demasiado justo, ni tampoco demasiado sabio ... No hay que pasarse de malo, ni portarse como un necio».

En otras palabras, sé «casi justo», pero no dejes que esto se te vaya de las manos tratando de hacer a este mundo un lugar mejor. Esta es la postura básica de los que dicen cuando se les pregunta si saben donde van a pasar la eternidad: «Pues bien, no soy tan bueno como algunos, pero no soy tan malo como la mayoría. ¡Espero que eso baste para llegar allá!»

Permítame afirmar enfáticamente que no existe alguien «casi santo» como tampoco hay una mujer «casi encinta». Ser «casi santo» es el camino al «casi infierno». La obediencia parcial a Dios es desobediencia total.

Aclaremos lo que Salomón quiere decir. *No* nos está diciendo que seamos moderadamente santos; *sí* nos está diciendo que no exaltemos nuestra piedad ante otros. Usted ha visto a gente con etiquetas cristianas en las defensas de sus autos que reciben una dosis adicional de bocinazos cuando hacen cosas desconsideradas en el tráfico.

La verdad es que la santurronería no es buena para uno mismo, y no es lo debido. Brota del pecado, y es el pecado central reinante. Salomón aconseja quedarse en la mitad del camino, lo que describe en el versículo 18: «Conviene asirse bien de esto, sin soltar de la mano aquello. Quien teme a Dios saldrá bien en todo».

Un hombre fue sorprendido en adulterio, pero lo confesó y se arrepintió. Empezó a dedicar todo su tiempo a las actividades de la iglesia hasta que se volvió un santurrón. Al poco tiempo estaba dándole al pastor consejos sobre cómo predicar. El pastor le dijo: «Me parecías más simpático como adúltero. Por lo menos eras humilde».

Es mejor evitar las dos cosas: el adulterio *y* la santurronería. Los que viven según la sabiduría del mundo nunca estarán contentos en su búsqueda del cielo en la tierra. Pero la perspectiva de la sabiduría de Dios nos ayuda a ver un camino mejor y un destino más bendecido.

22
El poder de la sabiduría
ECLESIASTÉS 7:19-29

UNA PALABRA PARA LA SABIDURÍA en hebreo es *hokmah*. Aparece más de trescientas veces en el Antiguo Testamento. Mientras *hokmah* (y sus derivados) por lo general se traducen como «ser sabio», «sabio» y «sabiduría», el significado de la palabra raíz es *habilidad*... habilidad de todo tipo.

Por ejemplo, *hokmah* describe a los sastres del sacerdote (Éxodo 28:3) y a los artesanos del tabernáculo (Éxodo 35:35). Jonadab, un hombre diestro, tiene *hokmah* (2 Samuel 13:3), como también la tiene un buen encantador de serpientes (Salmos 58:5). Las hormigas, tejones, langostas y arañas tienen su propia habilidad *hokmah* (Proverbios 30:24-28), como también la tienen los que hacen ídolos (Isaías 40:20) y los navegantes (Ezequiel 27:8).

Los hábiles son los que ponen orden en el caos, los que toman materiales en bruto y los convierten en algo útil o hermoso, y los que tienen la habilidad de abrirse paso en medio de las situaciones críticas como las tormentas en el mar o de convertir una situación caótica en algo ventajoso para uno. La última imagen de *hokmah*, por supuesto, es Dios creando una tierra impresionantemente hermosa y compleja del caos descrito en Génesis 1:2. La tierra no tenía forma y estaba vacía antes de que Dios aplicara su habilidad.

Cuando aplicamos nuestra *hokmah* a los sucesos humanos diarios, se puede decir que poseemos la habilidad de vivir. Podemos ser de los que saben cómo poner orden en una vida a veces caótica, de los que pueden reunir los pedazos y trozos desparramados de la vida y integrarlos en algo que da fruto, y de los que pueden evitar el estrellarse contra el bajo fondo o los bancos de arena de la vida y llegar seguros a puerto.

Salomón atesora esa sabiduría manifestada en la perspectiva santa y el poder santo, sabiduría para tratar con cualquier cosa que la vida lanza a nuestro camino.

Tener una perspectiva de la vida es bueno. Pero el poder hace a la vida más emocionante. La sabiduría puede ayudar para entender la prosperidad, la providencia y los rompecabezas de la existencia, pero no promete proveer una perspectiva en cuanto a todo. Tampoco la perspectiva existe por sí sola. La perspectiva y el poder son como las dos alas en un ave, las dos cuchillas en una tijera, o los dos lados de una moneda. La sabiduría total no existe sin la perspectiva y el poder unidos.

Salomón anota cuatro aspectos diferentes de la vida en los cuales la sabiduría puede proveer poder.

SABIDURÍA PARA TRATAR CON LOS PROBLEMAS QUE ENCONTRAMOS

Más fortalece la sabiduría al sabio
que diez gobernantes a una ciudad.
No hay en la tierra nadie tan justo
que haga el bien y nunca peque.

—ECLESIASTÉS 7:19-20

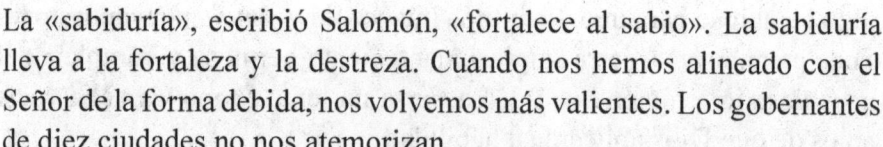

La «sabiduría», escribió Salomón, «fortalece al sabio». La sabiduría lleva a la fortaleza y la destreza. Cuando nos hemos alineado con el Señor de la forma debida, nos volvemos más valientes. Los gobernantes de diez ciudades no nos atemorizan.

Pienso en Sadrac, Mesac y Abednego en el libro de Daniel. Cuando se les dijo que los echarían en el horno ardiente si no adoraban a la estatua del rey, se encogieron los hombros y dijeron:

¡No hace falta que nos defendamos ante Su Majestad! Si se nos arroja al horno en llamas, el Dios al que servimos puede librarnos del horno y de las manos de Su Majestad. Pero aun si nuestro Dios no lo hace así, sepa usted que no honraremos a sus dioses ni adoraremos a su estatua (Daniel 3:16-18).

Esos tres jóvenes no le tuvieron miedo al problema que enfrentaban. La sabiduría les decía que el plan de Dios, y no el de Nabucodonosor, al final prevalecería.

SABIDURÍA PARA TRATAR CON LOS QUE EMPLEAMOS

No prestes atención a todo lo que se dice, y así no oirás cuando tu siervo hable mal de ti, aunque bien sabes que muchas veces también tú has hablado mal de otros.

—ECLESIASTÉS 7:21-22

Los que estudian el lugar de trabajo corporativo dicen que los problemas interpersonales consumen mucho más tiempo que los problemas técnicos. Los psicólogos nos dicen que nuestro «cociente emocional» (CE) es más esencial para el éxito de la vida que nuestro «cociente intelectual» (CI). Es solo por la sabiduría que los empresarios pueden dirigir eficientemente a sus trabajadores.

El consejo de Salomón al sabio es no prestar oídos a lo que los chismes dicen de uno, porque sabemos de corazón que también hemos dicho cosas descomedidas acerca de otros.

Hace tiempo que dejé de leer las notas negativas y las críticas de la gente. Mi secretaria las lee primero, y si son constructivas y escritas en un espíritu de amor en vez de antagonismo, me las pasa. Cuando son carnales o nada serviciales, las desecha.

Ponerse a oír las opiniones de un espíritu cruel no es sabio, ya que esto solo sirve para producir agitación interna cuando las oímos. Así que evítelas. Alguien dijo: «Nunca me preocupo por los que dicen cosas malas de mí porque yo sé muchas más cosas de mí mismo que ellos, y son peores de lo que dicen».

Lo que Salomón quiere decir con este consejo es: «Seamos francos. Si nos enfadamos cuando la gente habla de nosotros, estamos exigiéndoles un estándar más alto que el que exigimos de nosotros mismos, porque somos propensos a hacer lo mismo».

Sabiduría para tratar con las perplejidades que experimentamos

> *Todo esto lo examiné muy bien y con sabiduría, pues me dispuse a ser sabio, pero la sabiduría estaba fuera de mi alcance. Lejos y demasiado profundo está todo cuanto existe. ¿Quién puede dar con ello?*
> *Volví entonces mi atención hacia el conocimiento, para investigar e indagar acerca de la sabiduría y la razón de las cosas, y me di cuenta de la insensatez de la maldad y la locura de la necedad.*
>
> —Eclesiastés 7:23-25

La sabiduría le da a uno poder para vivir con lo que no entiende. La experiencia de Salomón es típica: ejercitamos nuestras mentes tratando de encontrar «la razón de las cosas», pero no podemos. Esas cosas que están «lejos» y son «demasiado profundas» pueden permanecer de esa manera por todo lo que dure nuestro tiempo en la tierra. El poder que provee la sabiduría es para dejar tales cosas en las manos de Dios a fin de que nuestra obsesión de descubrirlas no nos arruine.

Mientras crecía a menudo oí esta declaración: «Nada sé sobre el futuro, pero sí conozco al que sostiene el futuro». Eso es más que un eufemismo para acallar la búsqueda de una mente curiosa. Es una verdad bíblica. Usted ya ha aprendido en estas páginas que el plan de Dios es bueno y su propósito es claro, pero su programa es misterioso. La sabiduría nos da el poder de vivir nuestras vidas en el ámbito de las dos primeras cosas y dejarle a Dios la otra. Hay poder en no ser esclavo de saber por qué sucede todo en la vida como sucede, poder que viene de la libertad. Muchos cuerpos de mártires han sido sujetos con grillos mientras sus espíritus permanecían libres. Eso es poder de verdad, y viene de la sabiduría de Dios.

SABIDURÍA PARA TRATAR CON LOS TROPIEZOS QUE EVITAMOS

> *Y encontré algo más amargo que la muerte: a la mujer que es una trampa, que por corazón tiene una red y por brazos tiene cadenas. Quien agrada a Dios se librará de ella, pero el pecador caerá en sus redes.*
> *Y dijo el Maestro: «Miren lo que he hallado al buscar la razón de las cosas, una por una: ¡que todavía estoy buscando lo que no he encontrado! Ya he dado con un hombre entre mil, pero entre todas las mujeres aún no he encontrado ninguna. Tan sólo he hallado lo siguiente: que Dios hizo perfecto al género humano, pero éste se ha buscado demasiadas complicaciones.»*
>
> —ECLESIASTÉS 7:26-29

La sabiduría puede darnos poder para mantenernos bien lejos de las relaciones ilícitas. La *Living Bible* recalca esto claramente: «Una prostituta es más amarga que la muerte. Agrada a Dios el que te escapes de ella, pero los pecadores no evitan sus trampas» (Eclesiastés 7:26).

Un amorío deja una destrucción increíble a su paso... destrucción emocional tanto en el matrimonio como en la relación ilícita.

Un amorío no es real... es solamente una ilusión de amor real. Es una farsa... una lamentable deformación de lo que Dios diseñó que fuera el matrimonio. En esta ilusión los amantes pueden solo imitar la intimidad marital, porque se ha perdido la belleza de la entrega de un hombre a una mujer y viceversa. No se puede lograr el placer de un continuo descubrimiento entre un hombre y una mujer dedicados por completo el uno al otro, porque uno o ambos están dolorosamente consientes de la tercera persona, que está recibiendo el daño de su amorío. El resultado final es la confusión emocional en los corazones y las vidas de todos los involucrados.

En el libro de Proverbios, Salomón habla con amplitud sobre el tema de la sabiduría y la inmoralidad. En Proverbios 2:1-10 habla de lograr sabiduría al oír la instrucción, de pedirla, de buscarla como un tesoro escondido. Entonces, cuando la sabiduría entra en el corazón, «la discreción te cuidará, la inteligencia te protegerá» (Proverbios 2:11). ¿Le cuidará y le protegerá de qué?

> Te librará de la mujer ajena,
> de la extraña de palabras seductoras
> que, olvidándose de su pacto con Dios,
> abandona al compañero de su juventud.
> Ciertamente su casa conduce a la muerte;
> sus sendas llevan al reino de las sombras.
> El que se enreda con ella no vuelve jamás,
> ni alcanza los senderos de la vida (Proverbios 2:16-19).

Para decirlo de forma sencilla, la sabiduría nos da el poder para resistir la inmoralidad sexual, como el mismo Salomón debería haberlo sabido. Ray Stedman escribe:

> Salomón estaba atrapado por las seducciones sexuales. Andaba buscando el amor y pensó que lo hallaría en la relación con una mujer. Buscaba lo que lo apoyaría, fortalecería, y le haría sentir que la vida vale la pena ser vivida. Pero lo que encontró fue nada más que un fogonazo sexual fugaz. Se halló enredado con una mujer que no le dio nada de lo que estaba buscando; todavía sentía la misma soledad vacía de antes.[1]

Salomón hizo sus selecciones, sufrió por un corazón partido, pagó el precio, y sobrevivió para contarlo. Él quiere que esa historia sirva como nuestra advertencia. «¡Piénsalo!», nos exhorta. «No te dejes atrapar en el mito de "la fruta más linda en el cercado ajeno". Todo lo que necesitas, todo lo que te puede dar felicidad, está de nuestro mismo lado de la cerca. Sigue la sabiduría de arriba».

Esa sabiduría de arriba, como nos dice Santiago en el Nuevo

Testamento, es «ante todo pura, y además pacífica, bondadosa, dócil, llena de compasión y de buenos frutos, imparcial y sincera» (Santiago 3:17). En otras palabras, la sabiduría fluye de un andar diario y ferviente con Dios. Es como un arroyo fresco que surge de las alturas de una montaña, y fluye de forma encantadora por la tierra, adonde la gente viene de muchos pueblos para disfrutar de sus riquezas y bellezas. Como creyente sabio, usted va a surtir el mismo efecto en los demás. ¿Quién no va a ser atraído por la persona que describe Santiago?

George Washington Carver nació en la esclavitud, y logró fama como químico agrícola y científico. Se le conoce en especial por su trabajo con el maní. Una vez lo invitaron a testificar ante un comité del senado, y allí le preguntaron:

—Dr. Carver, ¿cómo aprendió todas estas cosas?

—De un libro viejo —respondió.

—¿Qué libro?

—La Biblia.

—¿La Biblia habla de maní? —preguntó el senador.

—No, señor senador —respondió el gran científico— pero habla del Dios que hizo al maní. Le pedí que me enseñar qué hacer con el maní, y él lo hizo.[2]

«En [Cristo] ... están escondidos todos los tesoros de la sabiduría y del conocimiento» (Colosenses 2:3). Cuando esté enfrentando asuntos difíciles y no sepa qué hacer, recuerde que usted ya conoce a Jesucristo, la sabiduría de Dios. Los particulares de su decisión diaria a lo mejor no puede encontrarlos en la palabra de Dios, pero hallará a Cristo siempre morando allí. Y él le dará lo que necesita por medio del Espíritu Santo, el cual une a la Palabra de Dios con nuestros corazones. El menor de los santos tiene más sabiduría en Cristo que el científico más ingenioso sin Cristo.

¿Cómo, en realidad, puede el científico o cualquier otra persona sobrevivir un día sin la mano de Dios en su hombro y la voz del Espíritu Santo en su alma? Imagínese recorrer las más grandes y avanzadas instalaciones tecnológicas del mundo con el presidente de esa compañía. Él le da una gira de forma ordenada, mostrándole todos los intrigantes procesos y los principios, así como la gente que interviene en el trabajo intenso de la fábrica. Ahora imagínese recorriendo los mismos vastos corredores sin el presidente. Usted estaría perdido y confuso. Necesito que Dios camine conmigo. Y lo mismo usted.

Uno de los himnos más viejos del cristianismo viene del siglo sexto, escrito en latín por un creyente desconocido. El título es «Oh, sabiduría ilimitada, Dios altísimo».

Oh, sabiduría ilimitada, Dios altísimo,
Oh, hacedor de tierra y cielo,
Que separaste el flujo de las aguas
En el cielo arriba, sobre la tierra abajo.

Los arroyos en la tierra, las nubes en el cielo,
Tú les diste sus límites ordenados,
A fin de que los fuegos inclementes del día
No dejen desolado el suelo calcinado.

Así mismo en los que buscamos tu rostro,
Derrama las aguas de tu gracia:
Renueva la fuente de la vida por dentro,
Y apaga los fuegos calcinantes del pecado.

Concédenos sabiduría, Señor. Concédenos valor. En nuestra búsqueda tratando de hallar lo que en realidad vale la pena en la vida necesitamos sabiduría. Y mientras más tenemos, más pequeños nos sentimos, y más nos damos cuenta de que la necesitamos. Algún día cuando nos sintamos los más pequeños y necesitemos tu sabiduría con más desesperación, encontraremos el gran objeto de nuestra búsqueda... y sabremos que tú estas allí, caminando gozoso en nosotros, anhelante de participarnos las complejidades de tu reino maravilloso.

23
Es difícil ser humilde
Eclesiastés 8:1-17

De los harapos a las riquezas, de vuelta a los harapos, a las riquezas otra vez, a los harapos... esa es la respuesta corta si le pregunta al mariscal de campo Kart Warner sobre su carrera.

Warner era uno de los mejores jugadores de fútbol americano de la división de secundaria del estado de Iowa cuando solicitó en 1994 pertenecer al equipo Green Bay Packers, pero fue rechazado al instante. No había otras opciones para él, hablando con relación al deporte, así que aceptó un empleo en Cedar Falls aprovisionando anaqueles en un supermercado.

La actitud de Warner y su ambición hubieran podido desplomarse en ese punto; pero más bien él creció en humildad y redobló su ambición de triunfar en el fútbol. No mucho tiempo después encontró un lugar en la Liga de Fútbol Arena, transmitiendo señales para los Iowa Branstormers. Era divertido, pero ningún agente de la NFL lo llamaba. Así que Warner se fue a Europa, donde jugó en Amsterdam. Una temporada sobresaliente hizo que los St. Louis Ram le prestaran atención, y se ganó un contrato como reserva de Trent Green para los Ram.

Green se lastimó la rodilla antes de la temporada de 1999, y los ánimos de los aficionados de los Rams se fueron a los suelos; todo lo que tenían en reserva era un antiguo empleado de supermercado. De seguro que el equipo terminaría en último lugar. El resto, como dicen, es historia.

Warner logró ocho récords en el equipo, ganó el premio al jugador más valioso de la NFL, y llevó a los Rams a su primer campeonato mundial como jugador más valioso en el Super Bowl.

Él escaló la montaña, pero todavía no había llegado a la cima.

En el año 2001, Warner estaba a la cabeza en la NFL en varias categorías durante su regreso al Super Bowl, y fue el jugador más valioso de la liga por segunda vez en dos años. *Eso* era la cima. Había escrito su nombre en el libro de récords de la NFL, como también en los corazones de los aficionados.

Pero en el 2002, Warner comenzó a bajar por el otro lado de la montaña. Un dedo y una mano rota le habían arruinado su estilo. Su récord en los primeros seis comienzos: 0-6. Entonces intervino el mariscal de campo de reserva Marc Bulger, que ganó 6-0.

La temporada del 2003 parecía como un año potencial de regreso para Warner, pero su actuación desilusionante en el juego de apertura lo relegó al banco. Aquí vino Bulger otra vez, llevando a los Ram a un récord de 12-4 y al título de la NFC del oeste.

Una crónica de la revista *Sports Illustrated* enfocó a Warner en la cumbre. Su juego era insuperable, ganó el Super Bowl, era invitado obligado en los programas de opinión, logró de forma incuestionable el más alto índice de pases en la historia de la NFL, escribió un libro, y disfrutaba de la vida inmensamente. Pero luego estaba resbalándose de regreso por esa bajada hacia la oscuridad.[1]

¿Cómo hubiera usted manejado esa vida?

En un juego, cuando Bulger estaba luchando como jugador de inicio, el director técnico llamó a Warner. Allí estaba su oportunidad. Pero Warner le aconsejó al director técnico que le diera al muchacho una oportunidad de resolver sus problemas. Bulger regresó para ganar ese juego.

Cuando le preguntaron en los vestidores por qué había apoyado a su competidor, Warner encogió los hombros y dijo que a él no le hubiera gustado que lo retiraran del partido, y citó la regla de oro. Trató a Bulger como le hubiera gustado que lo trataran a él.

La cumbre es nuestro destino, pero es en las bajadas que la vida nos mide. Tom Selleck dijo: «Siempre que me encuentro lleno de mí mismo, recuerdo al encantador matrimonio que se me acercó un día en una calle de Honolulu con una cámara. Cuando me puse en pose para que me fotografiaran, el hombre dijo: "No, no. Lo que queremos es que usted nos tome una foto a nosotros"».

La humildad nos pone en nuestro lugar apropiado; nos quita esa capa de orgullo que se acumula en nuestra superficie al avanzar por los momentos más exitosos de la vida.

La mayoría somos como el secretario de estado Dean Acheson, un hombre brillante que no le gustaba que lo humillaran ante su jefe, el presidente Franklin D. Roosevelt. Acheson una vez se quejó amargamente a su amigo Clark Clifford: «Roosevelt te hace sentir como un campesino siendo llamado por el amo del castillo».

Clifford relató esa conversación y añadió: «Es irónico que Acheson se sintiera de esta manera en cuanto a Roosevelt, ya que muchos sentían lo mismo cuando estaban en presencia de Dean Acheson».[2]

El capítulo 8 de Eclesiastés define a la humildad de cinco maneras: saber cuánto no se sabe, vivir con lo que no nos gusta, aceptar lo que no se puede cambiar, disfrutar de lo que no se puede explicar, y descubrir lo que no se puede descubrir.

HUMILDAD ES SABER CUÁNTO NO SE SABE

¿Quién como el sabio? ¿Quién conoce las respuestas? La sabiduría del hombre hace que resplandezca su rostro y se ablanden sus facciones.

—ECLESIASTÉS 8:1

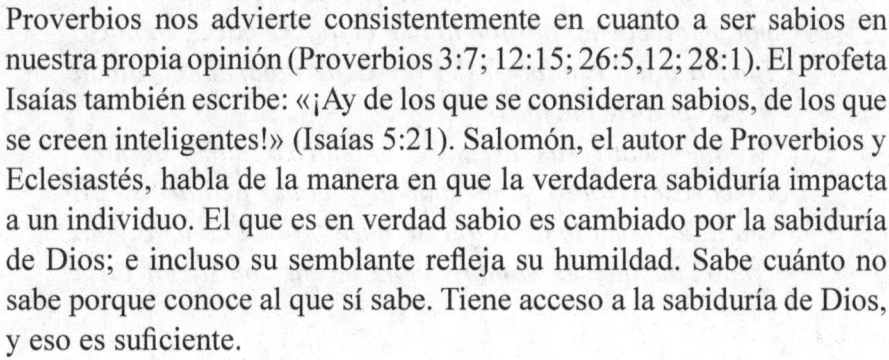

Proverbios nos advierte consistentemente en cuanto a ser sabios en nuestra propia opinión (Proverbios 3:7; 12:15; 26:5,12; 28:1). El profeta Isaías también escribe: «¡Ay de los que se consideran sabios, de los que se creen inteligentes!» (Isaías 5:21). Salomón, el autor de Proverbios y Eclesiastés, habla de la manera en que la verdadera sabiduría impacta a un individuo. El que es en verdad sabio es cambiado por la sabiduría de Dios; e incluso su semblante refleja su humildad. Sabe cuánto no sabe porque conoce al que sí sabe. Tiene acceso a la sabiduría de Dios, y eso es suficiente.

Pablo escribió estas palabras a los creyentes de Corinto. «El que cree que sabe algo, todavía no sabe como debiera saber» (1 Corintios 8:2). Los investigadores nos dicen que la base del conocimiento mundial es reemplazada cada treinta y ocho años. Cada vez más rápido modernizamos o reemplazamos lo que sabemos, ¡y cualquier buen científico le dirá cuán a menudo la comunidad científica ha descubierto que todo lo que sabían estaba errado!

Salomón nos dice que el sabio conoce sus propios límites de conocimiento. Este tipo de humildad, escribe, hace que la cara de la persona brille y quita las asperezas y la dureza de su semblante. Tal vez usted necesite pasar menos tiempo con los cosméticos y más tiempo haciendo que su cara brille mediante la sabiduría de Dios. William L. Stridger dijo: «La cara de una persona es la firma de su alma».

Se dijo del misionero Henry Martyn:

> Sus rasgos no era regulares; pero la expresión era tan luminosa, tan intelectual, tan afectuosa, y emitía tal amor divino, que nadie podía haber mirado sus rasgos y pensado en su apariencia o forma: el resplandor de su alma absorbía la atención de todo observador.[3]

Tal como Moisés bajó del monte con una cara que resplandecía, usted y yo resplandeceremos con belleza sobrenatural al bajar por la cuesta con la sabiduría del Maestro.

HUMILDAD ES VIVIR CON LO QUE A UNO NO LE GUSTA

> *Yo digo: Obedece al rey, porque lo has jurado ante Dios. No te apresures a salir de su presencia. No defiendas una mala causa, porque lo que él quiere hacer, lo hace. Puesto que la palabra del rey tiene autoridad, ¿quién puede pedirle cuentas?*
> *El que acata sus órdenes no sufrirá daño alguno. El corazón sabio sabe cuándo y cómo acatarlas. En realidad, para todo lo que se hace hay un cuándo y un cómo, aunque el hombre tiene en su contra un gran*

problema: que no sabe lo que está por suceder, ni hay quien se lo pueda decir.

—Eclesiastés 8:2-7

¿Y qué hay de nuestro sentimiento de haber perdido el control? En los versículos 2-7 Salomón usa la ilustración de un rey cuya autoridad nadie se atreve a cuestionar: «¿Quién puede pedirle cuentas?» (v. 4). Él tiene la respuesta para el que se ve forzado a vivir en contra de sus deseos: «Obedece al rey, porque lo has jurado ante Dios». La humildad es saber cuándo someterse y obedecer, aun en las circunstancias donde nos falta comprensión.

Debemos someternos a jefes que no siempre respetamos. Debemos estudiar libros de texto cuyas presuposiciones dudamos. La iglesia puede tomar una decisión o dos que no nos gustan. ¿En qué punto renunciamos al trabajo o dejamos la iglesia? Es difícil saberlo; nos sentimos humillados y nos acercamos más a Dios buscando orientación. Hay mucho que no podemos cambiar y simplemente confiamos en Dios.

Humildad es aceptar lo que no se puede cambiar

¿Es usted una persona adicta al control? Tal vez ha estado en un lugar en donde otro tenía el control, ¡y esto lo volvía loco! A lo mejor perdió el control de un trabajo, la salud, o una situación familiar. A alguien lo abandona su cónyuge y se ve forzado a un divorcio, y el sentido predominante es de indignación al no tener control sobre algo tan personal y profundo.

La ira impotente nos llena cuando otros controlan nuestras vidas. Pero en las situaciones que no podemos cambiar, la única respuesta saludable es la humildad. Aunque suene trivial o ineficaz, debemos dejárselo todo a Dios, sabiendo que él nos cuidará.

Hace poco leí un titular muy aleccionador: «Incendio controlado se desenfrena». Hablaba de expertos forestales a los que un fuego cuidadosamente planeado se les salió de las manos. ¿Alguna vez ha experimentado ese sentimiento de impotencia? En Eclesiastés 8:8-14, Salomón sugiere cuatro categorías que no podemos controlar.

1. La muerte

> *No hay quien tenga poder sobre el aliento de vida, como para retenerlo, ni hay quien tenga poder sobre el día de su muerte. No hay licencias durante la batalla, ni la maldad deja libre al malvado.*
>
> —ECLESIASTÉS 8:8

El día de nuestra muerte está fuera de nuestras manos. El comediante Redd Foxx una vez dijo: «Los fanáticos de la salud se van a sentir como tontos algún día, echados en algún hospital muriéndose de nada». Hay gente que es consciente de la salud y que hace ejercicios a diario, siguen una dieta disciplinada en sus comidas y toman sus vitaminas, y entonces sufren un ataque cardíaco mientras están trotando. Podemos y debemos cuidar de nuestros cuerpos, pero no hay nada que podamos hacer para tener el control total. Es particularmente difícil para los de nuestra cultura moderna captar el concepto de que puede haber algo que esté fuera de su control, incluso la muerte. Somos un país lleno de fanáticos del control. El mensaje total de nuestra sociedad es ser independiente, tomar las riendas de todo, ser nuestros propios jefes. Pero Dios no nos diseñó de esa manera.

En vida a la reina Elizabeth I se le consideraba la mujer más poderosa en la tierra. Pero en su lecho de muerte ella dijo: «¡Ay Dios mío! Se acabó. He llegado al final... al final, al final. ¡Tener solo una vida, y que se haya acabado! Haber vivido, amado, y triunfado... ¡y ahora saber que se terminó! Uno puede desafiar todo lo demás excepto esto».[4]

Tenemos que aceptar esto. Tal vez ha perdido a algún ser querido hace poco y ha llorado su muerte profundamente. Pero después de un período de aflicción, tenemos que continuar con nuestras vidas; porque Salomón nos dijo que la humildad verdadera es darnos cuenta de que «no hay quien tenga poder sobre el aliento de vida, como para retenerlo, ni hay quien tenga poder sobre el día de su muerte». Para los creyentes, por supuesto, eso no es tan malo después de todo, porque morir es ganancia; es mucho mejor (Filipenses 1:21,23).

2. La aflicción

> *Todo esto vi al dedicarme de lleno a conocer todo lo que se hace en esta vida: hay veces que el hombre domina sobre el hombre, para su mal.*
>
> —ECLESIASTÉS 8:9

Salomón dice que todos bajo el cielo reciben daño. Así es la vida. Pero es difícil aceptar el dolor que se nos impone. Queremos hacer algo, ya sea desquitarnos, lastimar a alguien «más pequeño», o simplemente sentarnos y compadecernos a nosotros mismos. No podemos vivir en un mundo lleno de gente sin que algunos nos pisen los pies.

Al pensar en todas las cosas que nos preocupan debemos preguntar: «¿Cuál de estas cosas puedo cambiar?» Si puede cambiar algunas de ellas, hágalo; pero si usted no puede cambiarlas, acéptelas, confíeselas a Dios, y no deje que le arruinen su vida. Jesús dijo: «¿Quién de ustedes, por mucho que se preocupe, puede añadir una sola hora al curso de su vida?» (Mateo 6:27).

Ruth Bell Graham escribió extensamente sobre esto. Después de que sus dos hijos habían pasado una temporada aterradora en «un país lejano», ella escribió un libro para los padres que se preocupan. En *Prodigals and Those Who Love Them* [Los pródigos y los que los aman], Ruth escribe:

> Nosotras las madres debemos hacernos cargo de lo posible y confiar a Dios lo imposible. Debemos amar, afirmar, animar, enseñar, escuchar y atender las necesidades físicas de la familia. No podemos convencer de pecado, ni crear hambre y sed de Dios,

o convertir. Estos son milagros, y los milagros no son nuestro departamento.⁵

Eso es una buena regla para todo en la vida. Debemos confiarle a Dios lo que no podemos controlar. Eso incluye a los que quieren hacernos daño o angustiarnos; junto con todos los problemas inevitables e inalterables de la vida.

3. La desilusión

> *Vi también a los malvados ser sepultados —los que solían ir y venir del lugar santo—; a ellos se les echó al olvido en la ciudad donde así se condujeron. ¡Y también esto es absurdo!*
>
> —ECLESIASTÉS 8:10

Warren Wiersbe pinta este cuadro:

> En el versículo 10, Salomón informa sobre un funeral al que había asistido. El fallecido era un hombre que había frecuentado al templo (el «lugar santo») y había recibido muchos elogios de la gente, pero no había vivido una vida santa. Sin embargo, le hicieron un funeral imponente y una elegía elocuente, mientras que a los en verdad santos de la ciudad se les ignoró y olvidó.⁶

¡Ay, cómo vemos el mismo fenómeno! Los programas de televisión nos muestran a algún personaje famoso impío cuya muerte llora el mundo entero. Un millonario triunfador es escoltado a su tumba con gran fanfarria. Pero al hombre o mujer sencillo, humilde y santo, ni siquiera se le concede un centímetro en la página de los obituarios. El recuerdo de sus obras de amor y bondad parece quedar en el olvido rápidamente, llevado como partículas al viento.

Este es un asunto más para el que Dios no nos pide nuestro consejo. Simplemente sucede, justo o no. Reflexionamos en que si *nosotros* tuviéramos el control, haríamos las cosas justas... pero con toda certeza crearíamos un gigantesco caos al intentarlo. Dios tiene un plan perfecto, y si hay quienes reciben más alabanza de lo que se merecen, déjelos, ya que es una recompensa demasiado pequeña en el cuadro grande, y ellos todavía tienen que comparecer ante Dios. Si usted ve que alguien recibe muy poca alabanza, tome la iniciativa y haga una celebración. Pero sepa que esa persona también comparecerá ante Dios y recibirá su corona de gloria.

4. El desafío

> *Cuando no se ejecuta rápidamente la sentencia de un delito, el corazón del pueblo se llena de razones para hacer lo malo.*
> *El pecador puede hacer lo malo cien veces, y vivir muchos años; pero sé también que le irá mejor a quien teme a Dios y le guarda reverencia. En cambio, a los malvados no les irá bien ni vivirán mucho tiempo. Serán como una sombra, porque no temen a Dios.*
> *En la tierra suceden cosas absurdas, pues hay hombres justos a quienes les va como si fueran malvados, y hay malvados a quienes les va como si fueran justos. ¡Y yo digo que también esto es absurdo!*
>
> —ECLESIASTÉS 8:11-14

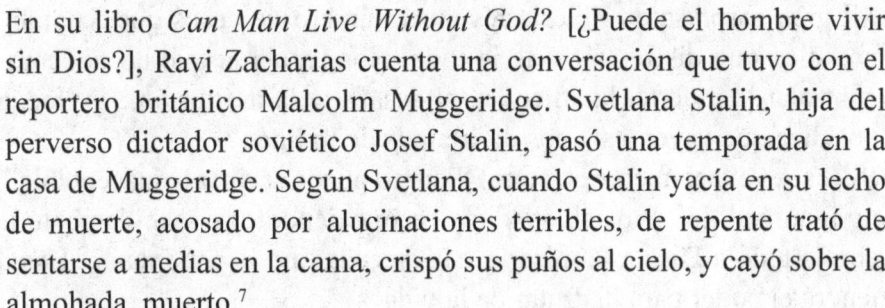

En su libro *Can Man Live Without God?* [¿Puede el hombre vivir sin Dios?], Ravi Zacharias cuenta una conversación que tuvo con el reportero británico Malcolm Muggeridge. Svetlana Stalin, hija del perverso dictador soviético Josef Stalin, pasó una temporada en la casa de Muggeridge. Según Svetlana, cuando Stalin yacía en su lecho de muerte, acosado por alucinaciones terribles, de repente trató de sentarse a medias en la cama, crispó sus puños al cielo, y cayó sobre la almohada, muerto.[7]

¡Desafío! ¿Crispará usted su puño a Dios? Muchos lo hacen, aunque sea en sentido figurado. «Lo he hecho a mi manera», presumen. «Nada me ha pasado todavía, y nada me va a pasar. Soy el amo de mi alma, el capitán de mi destino, y señor de mi vida». Vivimos en una generación que quiere marchar por su propio camino, pensando que conoce mejor que la sabiduría antigua de Dios y su pueblo. Pensamos que el dinero, la popularidad, el placer y muchos «absurdos» de Salomón de repente se han vuelto selecciones sabias.

Pero la Biblia dice: «¿De qué sirve ganar el mundo entero si se pierde la vida? ¿O qué se puede dar a cambio de la vida? Porque el Hijo del hombre ha de venir en la gloria de su Padre con sus ángeles, y entonces recompensará a cada persona según lo que haya hecho» (Mateo 16:26-27).

No vemos a Dios lanzando un rayo sobre el hedonista del barrio, así que damos por sentado que el Señor se ha dormido al volante. No es así. Habrá un día de cobrar cuentas a todos los que se han descarriado entre la cuna y el ataúd.

HUMILDAD ES DISFRUTAR DE LO QUE NO SE PUEDE EXPLICAR

> *Por tanto, celebro la alegría, pues no hay para el hombre nada mejor en esta vida que comer, beber y divertirse, pues sólo eso le queda de tanto afanarse en esta vida que Dios le ha dado.*
>
> —ECLESIASTÉS 8:15

Mi gran sorpresa en Eclesiastés es el número de veces que Salomón nos dice que disfrutemos de la vida. Nos recuerda que no podemos controlar la muerte, la aflicción, el desafío y la desilusión... ¿y luego nos dice que vayamos y nos divirtamos de lo lindo?
¡Sí, ese es exactamente el punto! Si usted puede aceptar lo inaceptable... no ignorándolo, sino sabiéndolo y reconociéndolo, y sencillamente le confía todo a Dios... la miseria y la ansiedad no le gobernarán. Usted tendrá el poder para disfrutar de la vida.

La vida es difícil pero abundante. El bien y la misericordia nos seguirán todos nuestros días, pero a menudo atravesaremos el valle de sombra de muerte cuando nos siguen. El secreto de la vida, el poder de encontrar el cielo en la tierra, es abrazar al cielo y a la vez aceptar la tierra. Debemos cambiar lo que podemos, aceptar lo que no podemos cambiar, y andar con el gozo de contar con la compañía de Dios. Sí, eso es difícil... pero Dios está conmigo, enseñándome humildad, competencia y paciencia. Sí, ese matrimonio ha estado andando entre piedras... pero Dios nos está enseñando mucho acerca de sí mismo al sanar y fortalecer en su gracia.

Toda montaña tiene una subida y una bajada... ¡y son las mismas! Todo depende de la dirección en que usted se dirige.

Humildad es descubrir lo que no se puede descubrir

> *Al dedicarme al conocimiento de la sabiduría y a la observación de todo cuanto se hace en la tierra, sin que pudiera conciliar el sueño ni de día ni de noche, pude ver todo lo hecho por Dios. ¡El hombre no puede comprender todo lo que Dios ha hecho en esta vida! Por más que se esfuerce por hallarle sentido, no lo encontrará; aun cuando el sabio diga conocerlo, no lo puede comprender.*
>
> —Eclesiastés 8:16-17

Actualizamos nuestra base de conocimientos cada año, sin embargo, hay mucho que nunca descubriremos. La búsqueda del conocimiento nunca alcanzará su meta. El filósofo francés Blas Pascal escribió esto en sus famosos *Pensamientos* (#446):

> Si no hubiera oscuridad el hombre no pudiera sentir su corrupción; si no hubiera luz el hombre no esperaría una cura. Así que no es solo correcto sino útil para nosotros que Dios esté en parte oculto y en parte revelado, ya que es peligroso por igual para el hombre

conocer a Dios sin conocer su propia miseria que conocer su miseria sin conocer a Dios.

Dios no se olvidó de decirnos algo importante. Hay cosas demasiado grandes para nuestro entendimiento y otras demasiado peligrosas para nuestra comprensión. Tal vez descubramos la cura para el cáncer. Quizás inventemos una nave espacial capaz de llevarnos a otras galaxias. Pero siempre sabremos solo lo que Dios nos permite saber. Como guardián de todo conocimiento, él guarda todo secreto. Nuestra respuesta es postrarnos en humildad y luego mirar hacia arriba a la cima de la montaña y continuar con el viaje.

24
Cuando se pronuncia la palabra prohibida
ECLESIASTÉS 9:1-10

EL APOSTADOR HACÍA TODO CON ESTILO... y quiero decir todo. Un día, con todos sus amigos reunidos, se sentó al volante de su flamante Cadillac Seville equipado a la medida y repleto de lujos. Vestía un traje rosado cálido y tenía billetes de a quinientos dólares apretados entre el pulgar y el dedo índice. Se veía tan natural... casi vivo.

Sí, resulta que estaba embalsamado en ese momento. Estaba listo para que lo bajaran a tierra y lo sepultaran como había escogido. Parecía listo para dirigirse a las puertas perlíferas sobre sus llantas flamantes. (¡Tal vez eso fue su mayor apuesta de todas!)

Un amigo dio una vuelta alrededor del auto, estudiando los rayos de plata de las ruedas, la placa personalizada y todos los demás detalles elegantes. «Vaya», dijo en voz baja. «¡Eso sí es *vivir*!»

Los funerales vienen en muchos sabores. Las posibilidades son casi ilimitadas si se tiene suficiente dinero para gastar. Hay solo un requisito: toda la vida debe haberse acabado.

La muerte es uno de esos asuntos de los que no nos gusta hablar. Por eso es tema de tantos eufemismos. En vez de usar las palabras *ha muerto*, decimos «se fue», «pasó a mejor vida», «duerme con Jesús», «ha regresado a su hogar», o «pasó a estar con el Señor». Por lo menos, esas son las expresiones que usamos en el santuario y la funeraria. En momentos menos solemnes, las mismas personas hablan de «estirar la pata», «entregar los tenis», «liar el petate», «morder el polvo», o más popularmente de «reventar».

Ya sea que nos inclinemos hacia la derecha reverente o la izquierda frívola, evitamos hablar de forma directa del enemigo final.
En su poema «Graveyards» [«Cementerios»], Sir John Betjeman, el fallecido poeta laureado de Inglaterra, escribió:

Oh, ¿por qué la gente pierde su aliento
Inventando nombres delicados para la muerte?[1]

Salomón enfrentaba su propia mortalidad cuando escribió el libro de Eclesiastés en sus últimos años. Le hizo frente al tema sin rodeos, hablando de su realidad y nuestras respuestas.

La realidad de la muerte

A todo esto me dediqué de lleno, y en todo esto comprobé que los justos y los sabios, y sus obras, están en las manos de Dios; que el hombre nada sabe del amor ni del odio, aunque los tenga ante sus ojos. Para todos hay un mismo final:

> *para el justo y el injusto,*
> *para el bueno y el malo,*
> *para el puro y el impuro,*
> *para el que ofrece sacrificios*
> *y para el que no los ofrece;*
> *para el bueno y para el pecador,*
> *para el que hace juramentos*
> *y para el que no los hace.*

—Eclesiastés 9:1-2

El primero de febrero del año 2003 el trasbordador espacial *Columbia* se desbarató sobre Texas minutos antes de su programado aterrizaje en Florida. ¡Qué momento tan terrible en nuestra memoria colectiva! La tripulación de siete miembros regresaba después de una misión exitosa de dieciséis días. La cápsula incendiada cruzó por el cielo del sur de los Estados Unidos, arrojando escombros ardientes y recordatorios incinerados de lo repentino de la muerte. Nos preguntábamos en silencio: *¿Cómo será hacer ese último viaje, sabiendo que el final es inminente?*

Pero para todos los que viajamos en la nave Tierra el final es inminente. Todo ser humano vive con una sentencia de muerte encima; lo importante es lo que hacemos con la parte *vive* de esa frase. El obispo anglicano del siglo diecinueve, J. C. Ryle, escribió:

> La muerte es una poderosa niveladora. No perdona a nadie. No se atrasará hasta que usted esté listo. No la mantendrán fuera ni fosos, puertas, barras ni pasadores de seguridad. El inglés se jacta de que su casa es su castillo, pero con toda esa jactancia no puede excluir a la muerte. Un noble austriaco prohibió que se mencionara en su presencia a la muerte y a la viruela. Pero, mencionada o no, importa poco, a la hora señalada por Dios la muerte vendrá.[2]

Usted juega Monopolio. Compra ferrocarriles y pone hoteles en Park Place y Boardwalk. Cae en la casilla de «adelante» y acumula doscientos dólares. Todos se divierten. Luego el juego termina, y todos los hoteles, todas las fichas de colores, y todo el dinero de juguete vuelve a la caja. Salomón, que sostenía un imperio mucho menos plástico, nos diría que ya sea que se construya con plástico u oro, todo es lo mismo. Construya un templo, extienda una dinastía, escriba incluso tres libros inspirados por Dios... al final, todo vuelve a la caja.

Incluso los justos y los malos, nos dice Salomón, son vecinos en el cementerio. Muchas cosas los separan y determinan su estado eterno... pero al final todos mueren. Como Hebreos 9:27 lo dice: «Está establecido que los seres humanos mueran una sola vez, y después venga el juicio». Cuando los parientes están en camino, usted prepara un cuarto. La muerte es un primo que todos comparten y nadie ha conocido; solo sabemos que tarde o temprano visitará a cada pariente habido y por haber. ¿Ya se está sintiendo incómodo? Siga conmigo... no es morboso discutir lo que es inevitable, tan universal, y tan profundamente importante para el alma.

El finado pastor Ray Stedman escribió:

He notado que algunos ... se sienten muy incómodos en los funerales. Están nerviosos y tensos; quieren que todo se acabe pronto para regresar a la cantina local, su cómoda sala, o lo que sea. Al observar este fenómeno me he preguntado a mí mismo qué hay en los funerales que los pone tan nerviosos. La respuesta a que llegué es que un funeral es un acontecimiento en el cual uno no puede escaparse de la última realidad. Un funeral es una prueba de que nosotros no tenemos el control de nuestras propias vidas. Esto es lo que incomoda a la gente y la pone ansiosa por volver a la ilusión cómoda de la vida.[3]

Las respuestas a la muerte

Incluso cuando estudiaba en el seminario tuve que lidiar a diario con la muerte como capellán de un hospital. Al observaba a los familiares y amigos del difunto, veía a algunos caer en una desesperanza absoluta. Otros se afligían, pero no como los que no tienen esperanza.

En *None of These Diseases* [Ninguna de estas enfermedades], el Dr. David E. Stern relata algunas de sus experiencias como médico que atiende a los pacientes moribundos. Él cuenta sobre Matt, que no quería ver a ningún pastor e incluso descartó la Biblia que los Gedeones Internacionales habían colocado en ese cuarto. En su caso no había dolor físico, pero de repente se sentó en su cama y gritó: «¡No! ¡No!» Luego expiró. Su esposa sufrió por muchos meses un trauma debido a la aflicción.

Sin embargo, esa misma semana el Dr. Stern también se sentó junto a la cama de una mujer que moría de cáncer en los senos. En su caso ella sufría un terrible dolor físico, pero se marchó de esta vida susurrándole a su esposo: «Te amo, John. Te veré pronto». Él la besó en la mejilla mientras el pastor leía las palabras del Salmo 23, y uno casi podía sentir la presencia de los ángeles que venían a llevar a esta viajera celestial.

El buen médico nunca olvidó el contraste de los dos casos: «Uno, un hombre aterrorizado cayendo a lo desconocido. El otro, un alma tranquila atravesando las puertas del cielo».[4]

¿Cómo, entonces, podemos enfrentar la muerte?

No la niegue

Hay un mal en todo lo que se hace en esta vida: que todos tienen un mismo final. Además, el corazón del hombre rebosa de maldad; la locura está en su corazón toda su vida, y su fin está entre los muertos.

—Eclesiastés 9:3

Siempre me ha gustado la leyenda del mercader de Bagdad que envió a su criado al mercado. Cuando el criado regresó, estaba blanco como un papel, temblando de pies a cabeza. El criado le dijo a su amo: «Mientras estaba en el mercado me tropecé con alguien entre la multitud. Al darme la vuelta, vi a la muerte que tiraba de mí y me hizo un ademán amenazador. Amo, por favor, préstame su caballo para poder escapar a Samarra y esconderme donde la muerte no me pueda encontrar».

El mercader le prestó su caballo y el criado se alejó a toda velocidad. Más tarde en ese mismo día, el mercader fue al mercado y vio a la muerte entre la multitud. Se le acercó y le preguntó: «¿Por qué amenazaste a mi criado esta mañana?»

«Yo no lo amenacé», respondió la muerte. «Solo me sorprendí al verlo aquí en el mercado en Bagdad, porque tengo una cita con él esta noche en Samarra».[5]

Podemos huir de la muerte, pero no podemos escondernos de ella. «Está establecido que los seres humanos mueran una sola vez, y después venga el juicio» (Hebreos 9:27). David, el salmista, escribió que nuestros días fueron escritos en el libro de Dios antes de que naciéramos (Salmo 139:16).

En mi juventud, siendo pastor en Fort Wayne, Indiana, me pidieron que oficiara el funeral de alguien a quien nunca había conocido. Solo me dijeron que había sido un hombre piadoso. Al regresar a mi carro después del funeral, una joven se me acercó corriendo por el lote de estacionamiento, gritando a pleno pulmón. Me insultó con maldiciones que no había oído en mucho tiempo. Estaba furiosa porque había mencionado el nombre de su hermana en el funeral sin haber mencionado el de ella también.

Yo no conocía a la familia, y no había omitido su nombre a propósito. Pero allí estaba su padre, yaciendo en un ataúd, y ella descargó su ira sobre algo más pequeño, más trivial, más manejable para las emociones. Era su manera de negar la muerte y desviar la intensidad de lo que tenía dentro. No estando preparada para sufrir, se desquitó conmigo.

NO LA IGNORE

¿Por quién, pues, decidirse? Entre todos los vivos hay esperanza, pues

> *vale más perro vivo*
> *que león muerto.*

Porque los vivos saben que han de morir, pero los muertos no saben nada ni esperan nada, pues su memoria cae en el olvido. Sus amores, odios y pasiones llegan a su fin, y nunca más vuelven a tener parte en nada de lo que se hace en esta vida.

—ECLESIASTÉS 9:4-6

Los no creyentes viven vidas tristes. En cierto sentido, ya están muertos. No hay recompensa, ni motivación, ni futuro, ni amor genuino, y ni siquiera odio. Cuando el final llega, ellos terminan su tiempo bajo el sol y enfrentan solo tinieblas. Los creyentes, sin embargo, pueden vivir ahora en un sentido más pleno. Podemos hacer cosas buenas, disfrutar de la vida, y abrazar la esperanza bajo el sol.

Hace poco Ted Koppel entrevistó a David Letterman con respecto a su cirugía coronaria. Koppel preguntó: «¿Piensas mucho en la muerte? Quiero decir, ¿es la muerte algo que te preocupa?»

Escuche la respuesta de Letterman:

No, no. Quiero decir, antes siempre sabía que me iba a caer muerto de un síncope cardíaco. Simplemente lo sabía. ¿Sabes? Lo he visto en mi familia. Tengo la tendencia genética. Mi colesterol, sin que importe lo que yo haga, siempre andaba por las nubes. Podía comer pelusa de bolsillo y el colesterol ascendería a ochocientos. Pero después de la cirugía, no, ya no pienso más en ella.[6]

Letterman parece pensar que como ya tuvo una cirugía del corazón, no se va a morir. Por lo menos, no pronto. Así que no va a pensar en eso. Con su corazón reparado, piensa que puede ignorar a la muerte.

Pero, ¿quién sabe?

¿Ha oído la frase: «Donde hay vida hay esperanza?» Viene de Eclesiastés 9:4: «Entre todos los vivos hay esperanza». Salomón dice que es mejor un perro vivo (animal despreciado en los tiempos bíblicos) que un león muerto (el rey de la selva).

Salomón nos está advirtiendo que no podemos tratar de forma exitosa con la muerte por el hecho de ir silbando mientras pasamos por el cementerio. No es suficiente alzar los hombros y decir: «Vamos, estoy de pie. Mientras hay vida hay esperanza».

La esperanza es válida solo cuando se basa en la realidad... y nuestra esperanza se basa en la realidad última. Somos ciudadanos del cielo, embajadores de un mejor país cuyos gozos hacen a los pálidos placeres de la tierra verse en realidad tristes. Podemos, por lo tanto, mantener el cielo en la tierra..., en nuestros corazones.

VIVA, COMO SI...

El mensaje de Salomón es, si le gusta el helado, sírvase otra porción mientras pueda. Si le gusta viajar, vea el mundo lo más pronto posible. Usted sabe el número de minutos en una hora y el número de horas en un día, pero no sabe el número de días en una vida. Puede haber siete más, o siete mil.

Salomón *no* dice: «Come, bebe, y alégrate porque vamos a morir». Pero sí da consejos para la vida.

1. Coma cada comida como si fuera un banquete.

> *¡Anda, come tu pan con alegría! ¡Bebe tu vino con buen ánimo, que Dios ya se ha agradado de tus obras!*
>
> —ECLESIASTÉS 9:7

Nos sorprende ver cuántos versículos de la Biblia nos dicen que simplemente disfrutemos de nuestras comidas. En la cultura judía la comida era un tiempo muy importante. En días de Salomón la cena o comida de la tarde tenía lugar después de un día agotador de trabajo. Era un tiempo de alegría. Ahora muy rara vez comemos juntos. Compartimos la comida con la televisión o comemos a la carrera mientras conducimos el coche. Hemos perdido el arte antiguo y el placer de una comida compartida.

La mayoría de las culturas han reconocido algo sagrado en la idea de una comida de la que se participa en compañerismo. En las culturas guerreras, la paz por lo general se logra cuando los jefes se sientan y comen juntos. La comida es fuerza, y mientras tenemos la fuerza de vivir en esta tierra, celebramos los huertos, los pastos y ríos, los mares, y los cielos llenos de buenas cosas para comer, todo proporcionado por nuestro Señor para que lo disfrutemos.

2. Celebre cada día como si fuera una fiesta.

> *Que sean siempre blancos tus vestidos, y que no falte nunca el perfume en tus cabellos.*
>
> —ECLESIASTÉS 9:8

Los nacimientos, las bodas y los festivales de las cosechas eran ocasiones especiales en el tiempo de Salomón. Él nos dice que nos vistamos cada día como si estuviéramos en camino a una celebración de la vida.

Pablo se une al coro. «Alégrense siempre en el Señor. Insisto:

¡Alégrense!» (Filipenses 4:4). Y «estén siempre alegres» (1 Tesalonicenses 5:16).

Alguien dirá: «¿De qué tengo que alegrarme? Puedo morirme en cualquier momento».

¡Exactamente! Esa es una gran razón para hacer que cada momento que está despierto sea una celebración del don de Dios, la vida. Arréglese. Coma con algún amigo. ¿Por qué? ¡Porque lo puede hacer! Y porque a Dios le encanta que disfrutemos.

3. Disfrute del matrimonio como si fuese su luna de miel.

> *Goza de la vida con la mujer amada cada día de la fugaz existencia que Dios te ha dado en este mundo. ¡Cada uno de tus absurdos días! Esto es lo que te ha tocado de todos tus afanes en este mundo.*
>
> —ECLESIASTÉS 9:9

Salomón tuvo muchas queridas y muchas lunas de miel... para degradación de su reino. Se obsequió a sí mismo cientos de esposas y concubinas. Ahora, al final de su vida, anhela haber colmado de todo su amor a la esposa de su juventud. Un hombre que tenía cientos de esposas ahora habla en singular en vez de en plural. Una pareja, un corazón.

Usted debe ver a su esposo o esposa como un tesoro del cielo, preparado para su gozo, para servir y ser servido. Hay momentos de irritación y temporadas de descontento, pero recuerde que esos son días y temporadas que tenemos solo una vez. ¿Por qué no hacer que cada día sea tan alegre como su luna de miel? La satisfacción marital es una selección, así que escoja vivir y amar alegremente.

4. Trabaje como si fuese su último día de trabajo.

Y todo lo que te venga a la mano, hazlo con todo empeño; porque en el sepulcro, adonde te diriges, no hay trabajo ni planes ni conocimiento ni sabiduría.

—ECLESIASTÉS 9:10

He leído que un hombre o mujer de cincuenta años, habiendo trabajado de forma constante desde que era estudiante, habrá acumulado unas cincuenta y seis mil horas de trabajo. Imagínese, por favor, cincuenta y seis mil horas de aburrimiento y resentimiento. ¿Quién podrá atravesar tal jornada y conservar su cordura? Sin embargo, una actitud pobre hacia nuestro trabajo crea ese ambiente.

Ahora imagínese a alguien levantándose por la mañana y diciendo: «¡Gracias, Señor! Otro día para usar los talentos, la fuerza y la mente que tú me has dado... para aplicarlos a una empresa fructífera. ¡Qué don me has dado para que yo pueda trabajar y servir!» Ese marco mental añadirá años a su vida y vida a sus años. También le dará éxito, promociones, y la gloria para Dios.

Note el cambio en la cosmovisión de la poetisa irlandesa galardonada, Evangeline Paterson: «Me crié en un ambiente cristiano donde, debido a que se debía dar a Dios la preeminencia, no se permitía que nada más fuera importante. Me he abierto paso a través de esa posición porque debido a que Dios existe, todo es importante».[7]

Trabaje, por consiguiente, como si hoy fuera su último día, porque lo puede ser; trabaje como si Dios estuviera inspeccionando su trabajo, porque lo está. «Y como Dios le llena de alegría el corazón, muy poco reflexiona el hombre en cuanto a su vida» (Eclesiastés 5:20).
¿Por qué preocuparse por cuánto va a durar nuestra vida? Prefiero ser como Salomón y estar ocupado con el gozo de mi corazón. Una vez más, esto es el cielo en la tierra, el paraíso en nuestras manos, libre del pavor y el hastío; porque este es el día que el Señor ha hecho, y podemos regocijarnos y alegrarnos en él.

25

¡La vida hace trampas!
Eclesiastés 9:11-18

Eclesiastés 9 cubre el terreno de la vida y la muerte... una buena sección de superficie intelectual para arar en un capítulo. La respuesta breve de Salomón diría algo como esto: «La muerte juega a ganar; la vida juega injustamente».

¿La respuesta larga? Bueno, hay que leer todo el capítulo. Ya hemos avanzado por los diez primeros versículos, y hemos visto cómo la muerte gana. Viene por el justo y el injusto, el rico y el pobre, el niño y el anciano.

Pero, ¿y *la vida*? Ahora las cosas se complican.

El mejor hombre no siempre recibe el premio

> *Me fijé que en esta vida la carrera no la ganan los más veloces, ni ganan la batalla los más valientes; que tampoco los sabios tienen qué comer, ni los inteligentes abundan en dinero, ni los instruidos gozan de simpatía, sino que a todos les llegan buenos y malos tiempos.*
> *Vi además que nadie sabe cuándo le llegará su hora. Así como los peces caen en la red maligna y las aves caen en la trampa, también los hombres se ven atrapados por una desgracia que de pronto les sobreviene.*
>
> —Eclesiastés 9:11-12

La vida es injusta. Ser el mejor no es lo mismo que ganar el concurso. El nadador olímpico Ian Thorpe sabe que esto es verdad. Al ser ampliamente aclamado como el nadador más veloz del mundo, se esperaba que Thorpe fuera el campeón en las olimpiadas del 2004, en los cuatrocientos metros estilo libre, su mejor competencia. Entonces, en las pruebas en Sydney, estaba poniéndose en posición para la partida cuando algo terrible pasó: se cayó de los bloques a la piscina.

Thorpe fue descalificado. Así es como eso funciona, las reglas están escritas muy claramente. El angustiado nadador apeló su caso, pero un árbitro y un jurado del concurso formado de tres personas rehusaron darle audiencia. Ian Thorpe, el ganador seguro de la medalla de oro de Australia, ni siquiera iba a estar en el agua en su mejor competencia. Estalló un alboroto, y los australianos estaban furiosos contra los jueces. A nadie le gustan los tecnicismos crueles, pero las reglas son reglas.

Ian Thorpe, el nadador más veloz del mundo, calmó a su nación diciendo: «Lo acepté, y ahora todos los demás tienen que hacerlo por igual. Aunque no parece justo, y en muchas ocasiones la vida no lo es, uno simplemente tiene que hacerle frente. No es que me falte suerte o sea desafortunado».[1]

El joven tiene más sabiduría a su alcance de lo que se da cuenta. No se trata de «suerte» o «fortuna», sea lo que sea que puedan significar esos términos de dudosa filosofía providencial.

Hemos visto una pequeña dramatización en particular interpretada muchas veces. Un joven atleta pasa toda una vida preparándose para este momento dorado en el tiempo. El atleta hace todo sacrificio imaginable, ofreciendo una vida normal y muchas de las alegrías habituales de la niñez y la adolescencia a cambio de esta oportunidad de ser el mejor del mundo.

Entonces algo pasa: se tuerce el tobillo, un tropezón inoportuno, incluso una crisis política tal como los Estados Unidos retirándose de las olimpiadas de 1980... y la antigua Unión Soviética haciendo lo mismo en 1984.

Así de sencillo, nuestros estómagos se retuercen mientras vemos las lágrimas de algún joven o señorita que ha dejado tanto para salir con tan poco... aparte de una lección más en la proposición de que *la vida no es justa*. La carrera no es siempre de los valientes.

Pero esto no nos gusta. Se *supone* que las cosas deben ser justas, ¿verdad? Todos concordarían con que la vida, y la gente en ella, deberían jugar según las reglas. Como C. S. Lewis señala in *Mere Christianity* [Cristianismo básico], todo ser humano apela a la ley común de un juego justo: «Ese es mi asiento; yo estaba allí primero», o «dame un pedazo de la naranja; yo te di de la mía». La justicia es una especie de instinto natural que llevamos dentro. Lewis muestra que nadie jamás cuestiona ese estándar de justicia básica; parece que se implanta en nosotros al nacer.

¿Por qué? Los animales no viven con esas normas de rectitud y justicia. Los terremotos y los relámpagos ciertamente son imparciales cuando seleccionan a sus víctimas. Pero a pesar de toda la historia y la experiencia personal, nosotros los seres humanos no podemos avanzar más allá de esta idea acerca de la manera en que se *suponen* que las cosas tienen que marchar.

¿Por qué tenemos esa idea? ¿Por qué estamos tan hipnotizados por el libro de Job, en el que lo peor le pasa al mejor? Es así porque tenemos los ojos de nuestro Padre. Somos hechos a imagen de un Dios de justicia, creados para un cielo de justicia pura. Como Salomón ya nos ha dicho, tenemos la eternidad estampada en nuestros corazones. Fuimos hechos para el cielo, donde la vida es justa; pero debemos vivir en la tierra, donde la vida trata de sacar los naipes desde el fondo del mazo.

Salomón amplía esta idea para decirnos que es difícil que algo en este planeta patas arriba salga de la manera que debería salir. Por eso la carrera no es para el más veloz. ¿Quién era el más corpulento? Goliat, pero lo derrotó un enclenque pastor. ¿Quién era el más sabio? Salomón, que fue derrotado por la necedad del amor. ¿Quién era el más apuesto? Absalón, que fue derribado por su horrible comportamiento. Y lo suficiente extraño, ¿quién fue el hombre conforme al mismo corazón de Dios? Fue el codicioso, mentiroso, asesino y adúltero David. La vida es complicada... y también la piedad.

Cuando nuestro hijo menor, Daniel, jugaba fútbol en la universidad, compitió para la posición de mariscal de campo al inicio del juego.

Aunque la tendencia de un padre es sentir orgullo por un hijo, debo decir que casi todos pensaron que Daniel se había ganado el puesto. Él había trabajado duro antes de que empezara la temporada de competencias, se había esforzado durante la práctica de primavera y el campamento de otoño, y había hecho todo lo que podía para asegurarse el puesto. Así y todo, se lo dieron a otro.

Esa desilusión fue dura para Daniel; a lo mejor fue incluso más dura para ese padre orgulloso. Pero mi hijo y yo hablamos del hecho que estaba latente allí, y punto en boca: *La vida no es justa*. La carrera no siempre es del más veloz, ni tampoco la posición de mariscal de campo es para el mejor brazo. «Apréndelo ahora que eres joven», le dije, «para que no tengas que aprenderlo de una forma mucho más dolorosa más adelante en el camino».

Como hemos visto una y otra vez, este libro que Salomón ha puesto ante nosotros es asombroso. Él nos da toda razón bajo el sol para sentirnos lúgubres. Nos dice que la muerte siempre gana, y que la vida siempre hace trampas. Nos dice que el mejor esfuerzo que podemos hacer no garantiza exactamente nada. ¡Y luego, como siempre, nos dice que nos alegremos!

El mensaje de Salomón no es para acaramelar la vida, sino para decirnos que la vida no necesita que se la acaramele. La vida es injusta y la muerte es incontenible, pero tenemos lo que tenemos, y resulta ser este día ante nosotros... un don de Dios, lleno de placeres, belleza, la satisfactoria empresa del trabajo, y la presencia preciosa de Dios supervisándolo todo.

La vida hiede, es bulliciosa, cruel, y no le importa nada. ¡Cuánto más glorioso es el Dios que se puede ver por entre las tinieblas, sentir en el frío, y abrazar en el valle de la sombra de muerte! Él triunfa sobre las observaciones más lóbregas que usted o Salomón puedan aducir. ¿Cómo entonces deberíamos vivir? ¡Gozosamente!

AL BUEN HOMBRE NO SIEMPRE SE LE RECUERDA

También vi en este mundo un notable caso de sabiduría: una ciudad pequeña, con pocos habitantes, contra la cual se dirigió un rey poderoso que la sitió, y construyó

> *a su alrededor una impresionante maquinaria de asalto.*
> *En esa ciudad había un hombre, pobre pero sabio, que*
> *con su sabiduría podría haber salvado a la ciudad,*
> *¡pero nadie se acordó de aquel hombre pobre!*
> *Yo digo que «más vale maña que fuerza», aun cuando*
> *se menosprecie la sabiduría del pobre y no se preste*
> *atención a sus palabras.*
>
> > *Más se atiende a las palabras tranquilas de*
> > *los sabios*
> > *que a los gritos del jefe de los necios.*
> > *Vale más la sabiduría*
> > *que las armas de guerra.*
> > *Un solo error*
> > *acaba con muchos bienes.*
>
> —ECLESIASTÉS 9:13-18

Otra paradoja: las palabras sabias a menudo se ignoran aun cuando a la insensatez se le da la cinta azul. Salomón relata una pequeña parábola, casi un cuento de hadas, para reiterar su punto.

Érase una vez, nos dice, un gran ejército que sojuzgaba a un país abriéndose camino a través de él. Encontró a su paso un pueblo pequeño y sin pretensiones. Ni siquiera valía la pena molestarse en hacer un desvío para rodearlo; incendiarlo sería un juego de niños. El general sitió el pueblo, lo puso bajo asedio, desplegó toda su artillería pesada, y mandó a su mensajero para exigir la rendición y todo el botín de guerra.

El pequeño pueblo, aterrado, necesitaba unos cuantos buenos hombres, pero era una población de aquellas de un solo semáforo y una sola tienda al paso. No había ejército, pero había un mendigo que aceptó el reto. Sí, era simplemente un mendigo al lado del camino, al que todo el mundo había visto y nadie había notado. Pero tenía una chispa de genio escondida, esperando solo el momento especial. El mendigo se presentó en el salón de guerra con una idea fuera de lo acostumbrado y salvó el día. En qué consistía esa idea es una historia para otro momento. Baste decir ahora que su golpe de ingenio terminó el asedio y relegó a los atacantes a un plan B, el desvío.

Ahora, Salomón pregunta, ¿no sería de esperar que existieran libros escritos sobre aquel hombre pequeño? ¿Algunos cantos entonados en su honor? Uno pensaría que el pueblo podría una estatua suya al frente del ayuntamiento y que él nunca más pasaría hambre.

Pero de alguna manera, en el medio de la semana de celebración, todas las medallas se entregaron a los personajes sin un ápice de genio que llevaron a cabo el plan, mientras que al indigente se le soslayó. A la siguiente semana él estaba de nuevo a un lado de la calle, mendigando mientras que los «héroes» pasaban, seguidos por las muchachas que los alababan. Ni siquiera se detuvieron para echarle una moneda en su taza.

La vida es injusta, y la gente tiene la memoria muy corta. Los que soportan el mayor peso en los comités de las iglesias son los que menos crédito reciben. Decimos que no tenemos héroes, pero tenemos un millón de héroes no reconocidos, como este hombre pequeño del pueblo. Al fin de cuentas, no valoramos muy en alto a la sabiduría. No apreciamos a los que se merecen el crédito. Todos hemos experimentado esta verdad dolorosa.

Pero Salomón dice: «Acostúmbrate. La vida toma lo que uno puede dar, y luego se olvida por completo de nosotros y avanza». Uno puede tratar de tener una perspectiva bíblica de la muerte al ser realista y responder a ella enfocándose en la vida... ¡y luego la vida nos hace una jugada!

Entonces, ¿cuál es la solución? ¿Qué se supone que debemos hacer dada la injusticia de la vida? El secreto es recordar que esta vida es solo una preparación para la vida real que está por venir. Somos necios si pensamos que encontraremos el cielo en la tierra.

Recuerde que Jesús les dijo a sus discípulos en la víspera de los días más injustos en la historia del mundo:

> «No se angustien. Confíen en Dios, y confíen también en mí. En el hogar de mi Padre hay muchas viviendas; si no fuera así, ya se lo habría dicho a ustedes. Voy a prepararles un lugar. Y si me voy y se

lo preparo, vendré para llevármelos conmigo. Así ustedes estarán donde yo esté» (Juan 14:1-3).

La crucifixión de Jesús: la injusticia máxima

La injusticia de la vida llegó a su perversa culminación en la vida de Jesucristo. Allí estaba un hombre que nunca hizo mal a nadie, que solo hizo el bien, que era tierno y humilde, y tenía toda la razón para que se le recibiera y aceptara por lo que estaba tratando de lograr; un hombre al que hoy se le considera el centro de la historia humana, más influyente que todos los gobiernos y ejércitos que jamás han tratado de dominar a la raza humana. Sin embargo, a Jesús y a sus discípulos después de él se les atacó y se les trató como criminales. A Jesús lo golpearon, azotaron, crucificaron y mataron después de una farsa de juicio por acusaciones falsas. Y cada uno de sus discípulos fue ejecutado de una manera similarmente injusta, excepto Juan, que murió de causas naturales mientras estaba en el exilio en Patmos.

Jesús entendía la injusticia de la vida. En la noche antes de su arresto les dijo a sus discípulos que no pusieran su esperanza o confianza en este mundo. Aunque seguimos buscando el cielo en la tierra, nuestro verdadero hogar está con él, y él volverá por nosotros y nos llevará allá un día.

La injusticia de este mundo, junto con la muerte misma, será tragada en la gran victoria de Jesucristo sobre la muerte y este mundo (1 Corintios 15:54). Y cuando sabemos eso, cuando nos apropiamos de la victoria que no podemos ver con los ojos pero sentimos en nuestro corazón, entonces podemos hacer algo extraordinario, inesperado y maravilloso... algo por lo tanto milagroso. Podemos crear esos momentos del «cielo en la tierra» que ocurren cuando, en contra de toda probabilidad, la gente se permite ser canales de la gracia ardiente y del amor de Dios en un mundo frío y oscurecido por la maldad. En esos momentos de gracia revelamos nuestro verdadero derecho por nacimiento como criaturas de otro mundo, un mundo donde la vida es infinitamente mejor que solo «justa».

Podemos ser como Elisabeth Elliot y Steve Saint, dos familiares dejados atrás por misioneros que murieron como mártires. Jim Elliot,

Nate Saint, y otros cuatro hombres, entregaron sus vidas procurando llevar el evangelio a los indígenas aucas de Ecuador... y dieron sus vidas en su esfuerzo. Volaban llevando comida, regalos y provisiones a sus amigos indígenas, preparándolos para darles las noticias del regalo mucho más grande que es Jesús.

Pero el 8 de enero de 1956, cuando los misioneros aterrizaron en su avioneta, fueron recibidos inexplicablemente por la cólera en vez de por un recibimiento amigable. Las lanzas de los aucas los mataron a todos ellos.

Las viudas y los huérfanos de estos mártires lloraron por un tiempo. Por décadas, nadie entendió por qué tuvo lugar el ataque. Estoy seguro de que por las mentes de los familiares cruzó más de una vez la idea de que no solo la vida es injusta, sino que es salvaje y brutalmente cruel para los que menos se lo merecen.

Pero ellos también sabían que Jesús dice: «Dichosos serán ustedes cuando por mi causa la gente los insulte, los persiga y levante contra ustedes toda clase de calumnias. Alégrense y llénense de júbilo, porque les espera una gran recompensa en el cielo. Así también persiguieron a los profetas que los precedieron a ustedes» (Mateo 5:11-12).

Después de un tiempo, las viudas fueron a la selva a terminar el trabajo que sus esposos comenzaron. Trabajaron con paciencia junto a los aucas hasta que un gran número de ellos llegaron a ser seguidores de Jesucristo. Su mensaje: la muerte siempre gana; la vida juega injustamente; *el amor vence todo.*

Años después, Steve Saint se encontró con unos aucas (ahora conocidos como huaorani) que habían estado presentes en la masacre en el río en 1956. Toda su vida se había preguntado cómo habría sido ese momento horrible. ¿Cómo recibió la muerte su padre? ¿Por qué ocurrió ese asesinato en masa y sin sentido? Ahora podía encontrar algunas respuestas.

La historia de la tragedia se aclaró debido a las explicaciones de los indígenas que habían sido testigos oculares. Un hombre en la tribu había cometido alguna trastada sexual. Su vida estaba en juego, así que desvió la ira del pueblo diciendo todo tipo de maldades en contra de los misioneros. Adujo que los seis hombres blancos estaban planeando comerse a los aucas. Por eso tuvo lugar la emboscada. Pero había más en la historia.

Dawa, una joven, se escondió en la espesura durante la tragedia. Desde la selva cerca del embalse de agua donde los hombres murieron, escuchó todo el incidente. Pero mientras estaban matando a los hombres, ella y los demás presentes oyeron una música rara y peculiar en sus oídos. Miraron hacia arriba y vieron *cowodi* (visitantes extranjeros) cantando por sobre las copas de los árboles en destellos de brillantes colores.

Solo después, cuando Dawa oyó la música coral por primera vez en las grabaciones fonográficas, pudo identificar la música que oyó por entre las copas de los árboles ese día como muy similar a la que estaba en el disco.[2]

¿Podría ser que los ángeles guiaron a los mártires a la recompensa que les esperaba? La historia es poderosa, pero no hay manera de saberlo con certeza. Solo podemos estar seguros de que el cielo está muy cerca en esos momentos. Cuando la bondad desgarradora de Dios se cruza con la barbarie humana, las luces del cielo penetran por entre los árboles. Por solo un momento la intensa oscuridad huye antes la presencia de esa luz eterna. Todas las sinrazones e injusticias se olvidan momentáneamente frente a la verdad obvia de que nuestro Dios está cerca, él tiene el control, y él hará todas las cosas como es debido.

Entonces podemos espantar la insistencia de la muerte y la injusticia de la vida, y ponernos de pie para cantar otro coro con otra misionera. Amy Carmichael, sierva de Cristo en la India, oró que pudiera llevar la luz del cielo a la tierra, la meta más grande que la vida nos ofrece, el gozo último, la piedra de Roseta que descifra todos los imponderables de la vida.

Esta es la oración de Amy:

Antes de que los vientos que soplan en efecto cesen,
Enséñame a morar en tu calma;
Antes de que el dolor haya pasado en paz,
Dame, mi Dios, un salmo para cantar.
No me dejes perder la oportunidad de probar
La plenitud del amor que capacita,

Oh amor de Dios, haz esto por mí:
Mantén una victoria constante.
Antes de que yo deje la tierra desierta
Por una pradera de flor inmortal,
Guíame a donde los arroyos a tu mandar
Fluyen por los límites de las horas,
Que cuando los sedientos vengan, yo pueda
Enseñarles las fuentes en el camino.
Oh amor de Dios, haz esto por mí:
Mantén una victoria constante.[3]

26
Insensatez en las cosas pequeñas
ECLESIASTÉS 10:1-3

LA VIDA CONTINÚA. Es otro día de noticias lentas, y cada uno sigue dale que dale a nuestros rituales diarios —trabajar, comer, dormir, jugar— con una rutina tranquilizadora. Saludamos con una ligera venia y sonreímos a las caras familiares en la calle. Vemos a los vecinos en el supermercado y nos detenemos un momento para charlar superficialmente. El mundo gira una vez más, el sol se retira, la luna sale, y todo queda en calma en el frente occidental.

Entonces, abruptamente, algo nos despierta del trance de lo regular. Las noticias de un ataque terrorista, una desgracia en la vida de algún familiar, un escándalo en la iglesia, un despido intempestivo, una pierna rota, un niño que llora. Ahí es cuando descubrimos mucho en cuanto a la gente.

Muestra A: La serie de incendios forestales devastadores que estallaron en California en el 2003. Nuestra comunidad respondió de varias maneras, todas reveladoras. Allí estaba yo, mecanografiando, sumergido en la sabiduría antigua de Salomón... y justo así, sus observaciones cobraron realidad ante mí en las reacciones de la comunidad.

Dos docenas de personas perdieron la vida de forma trágica. Muchos de nuestros amigos perdieron sus viviendas. Las llamas se esparcieron más rápido de lo que la gente podía huir. Muchos se quejaron de la falta de advertencias. El sargento Conrad Grayson comentó: «Estábamos rogándole a la gente que se fuera, y no nos tomaron en serio. Querían empacar alguna ropa, o combatir el incendio en su patio trasero con una manguera de jardín. No parecían entender que esto no es como cualquier fogata que hayamos visto. Si la gente no huye a toda velocidad, se van a convertir en carbones chamuscados».

Jon Smalldridge hizo sonar la alarma como Paul Revere solo para ser recibido como el Chicken Little. La gente o bien lo ignoró o tomó las cosas a la ligera... usted sabe, a la manera que se hace en California. Se dedicaron a desconectar los sistemas de teatro de sus casas, las computadoras y todo otro equipo mientras las llamas rugían cada vez más cerca. «Parecía como si estuvieran empacando para un viaje», dice Smalldridge. «Los que me oyeron y salieron del área, vivieron. Los que no lo hicieron, murieron».[1]

Un necio es tradicionalmente una figura cómica, pero la insensatez puede ser tan seria como un incendio forestal.

LA SABIDURÍA Y LA LOCURA

Las moscas muertas apestan
y echan a perder el perfume.
Pesa más una pequeña necedad
que la sabiduría y la honra juntas.

El corazón del sabio busca el bien,
pero el del necio busca el mal.

Y aun en el camino por el que va, el necio revela su falta
de inteligencia y a todos va diciendo lo necio que es.

—ECLESIASTÉS 10:1-3

Salomón pasó toda una vida tratando con la sabiduría: aceptándola, cultivándola, ejerciéndola, examinándola, y a la larga traicionándola. La sabiduría fue el reluciente don que le pidió a Dios, cuando cualquier don en el mundo podría haber sido suyo. Salomón sabía que la sabiduría de Dios era suya de una manera en que ningún hombre o mujer podría jamás reclamar. Escribió una sección de la Biblia —Proverbios, Cantar de los Cantares, Eclesiastés— a la que nosotros hoy nos referimos como libros de sabiduría. Así que este rey tenía ojo agudo para el brochazo sabio, y por consiguiente, para el chiste necio también.

Si la sabiduría es su punto más alto de referencia, entonces usted ve a la insensatez como la pesadilla de la existencia. Salomón la vio por todas partes, y eso lo irritaba. En tres de sus libros usa las palabras *necio, necios, tonto,* y *locura* un asombroso total de ciento veintiocho veces. En Eclesiastés 10, él usa estas palabras varias veces. La palabra *necio* aparece en los versículos 2, 3, 12, 13, 14, y 15.

Una aguda línea divisoria se traza entre los caminos del sabio y las locuras del necio. No es sorpresa que los criminales siempre terminan en el lado equivocado de esa línea. Las a menudo cómicas fechorías de los ladrones más ineptos del mundo han quedado documentas en libros y en sitios de la Internet. Encontramos que, a diferencia de los cerebros criminales ingeniosos y sofisticados de las películas, los antisociales de la vida real a menudo no son más que necios comunes. Y para los ineptos crónicos, una vida de crimen puede ser altamente estresante.

Rafia Abdul Mortland simplemente no fue diseñado para una vida de crimen. El hombre de treinta y ocho años encontró que el robo lo convertía en un manojo de nervios. Mortland cometió una ola de robos en Hennepin County, Minnesota. Con el tiempo lo detuvieron y recibió una sentencia de ocho a diez años en prisión por haber asaltado ocho negocios locales.

A Mortland las agencias de la ley lo conocían como «el ratero Rolaids». Al parecer su tarjeta personal de presentación era exigir antiácidos a los dependientes de las tiendas mientras los crímenes estaban teniendo lugar. Explicó que el trabajo era demasiado estresante; el robo le daba una terrible indigestión.[2]

Esto es verdad, por supuesto. Se sabe que el crimen y la insensatez causan tanto agruras como problemas del corazón. La sabiduría, por otro lado, es saludable, no tiene efectos colaterales, y la recomiendan la totalidad de los médicos.

Salomón sabe que hay más que una línea divisoria entre la sabiduría y la locura... ¡hay un abismo! Nos advierte que nos alejemos del borde. Procura proveernos marcas y letreros en las carreteras que nos ayuden a quedarnos en el lado seguro de la vida. Eclesiastés 10, como un capítulo perdido de Proverbios, reparte breves pepitas de sabiduría para mantenernos en el lado sabio. Nos advierte acerca de la insensatez en cuatro aspectos prominentes de la vida: en las cosas pequeñas, en el liderazgo, en el trabajo y en el lenguaje.

Una mosca en el ungüento

Para ilustrar su punto de que las cosas pequeñas pueden crear grandes problemas, Salomón usa una ilustración más bien rara en cuanto al perfume. Este rico rey había tenido acceso a los perfumes más raros y costosos de sus días. En Proverbios 7:17 habla del poder seductor del perfume en el arsenal de la prostituta. En Proverbios 27:9 anota el poder legítimo del perfume y del ungüento para deleite del corazón. Dos veces en Cantar de los Cantares menciona el poder del perfume para mejorar la relación de la pareja casada. Pero sin duda alguna, su referencia más rara al perfume es esta: «Las moscas muertas apestan y echan a perder el perfume. Pesa más una pequeña necedad que la sabiduría y la honra juntas» (Eclesiastés 10:1).

Suponga que usted compró un pequeño frasco de perfume caro, se lo llevó a casa, y lo puso en un lugar seguro. Algún tiempo después, abrió el frasco y descubrió un tábano muerto flotando encima. El insecto, ya parcialmente putrefacto, ha podrido el precioso perfume. Esta es la fuente de la conocida frase *una mosca en el ungüento*. Es la manera vívida de Salomón de ilustrar cómo una diminuta cantidad de insensatez puede destruir la fragancia más poderosa de la dignidad y la reputación de una persona.

Dicen que el diablo está en los detalles, y eso puede ser una gran verdad. En los días grandes y los sucesos importantes de la vida es más probable que estemos en guardia. Son los detalles los que nos hacen tropezar. Hemos sido testigos de la caída de aquel político o aquel bien conocido cristiano y nos preguntamos cómo una cosa tan pequeña, algo tan evitable, derribó a un gran hombre.

Piense en el impacto enorme de las cosas pequeñas en el círculo de la política. Todo lo que se necesitó fue el sudor sobre el labio de Richard Nixon para arruinar su debate por televisión con John F. Kennedy. Todo lo que se precisó para determinar la diferencia fueron unas pocas lágrimas en los ojos de Edmund Muskie, Michael Dukakis montado en un tanque, Al Gore suspirando y lamentándose durante su debate con George W. Bush, Jimmy Carter hablando del malestar, y Howard Dean gritando en un micrófono.

Una y otra vez los detalles derriban a los gigantes. En 1 Corintios 5:6 leemos «que un poco de levadura hace fermentar toda la masa». Si alguna vez usted ha horneado pan en casa, sabe que no se necesita mucha levadura para que afecte toda la masa.

En Cantar de los Cantares 2:15, Salomón nos advierte sobre las «zorras pequeñas que arruinan nuestros viñedos». Santiago 3:5 nos indica que aunque la lengua es una parte pequeña de cuerpo, puede encender todo un gran bosque.

«Los pecados pequeños no son como un trozo de vela que pronto se acaba», dijo el clérigo británico del siglo diecisiete William Secker, «pero se parecen a una estela de pólvora, que conduce la llama hasta que al fin el barril explota».

En 1859, Charles Haddon Spurgeon (en ese tiempo de solo veinticuatro años) predicó un sermón titulado «Los pecados pequeños». Esto es una parte de lo que dijo:

> El mejor de los hombres siempre ha tenido temor de los pecados pequeños ... Los hombres, con sus ojos bien abiertos por la gracia divina, han visto todo un infierno adormecido en el pecado [más pequeño]. Dotados de poder microscópico, sus ojos han visto un mundo de iniquidad escondido en un acto solitario, o pensamiento, o imaginación de pecado; y por consiguiente lo evitan con horror, habiendo pasado de lado y no teniendo nada que ver con eso ... Los pecados pequeños llevan a los grandes ... No, ¡retrocede! Por pequeña que sea la tentación, le tengo terror, porque la tentación pequeña lleva a algo más grande, y ese pecado pequeño abre el camino para algo peor.

Hace años no había ni un cardo en toda Australia. Algún escocés que admiraba mucho al cardo, más bien más que yo, pensó que era una lástima que una isla tan grande como Australia no tuviera ese maravilloso y glorioso símbolo de su gran nación. Por lo tanto, recogió un paquete de semillas de cardo y se las envió a uno de

> sus amigos en Australia. Bueno, cuando el paquete aterrizó, tal vez los oficiales dijeron: «Ah, déjalo pasar; ¿no es pequeño? Aquí tenemos nada más que un manojo de cardos, déjalos pasar; no será sembrado sino en un jardín —el escocés lo podrá en sus jardines; ellos piensan que es una flor linda, sin duda— deja que la tengan, no es nada excepto para diversión de ellos». Ah, sí, era nada más algo pequeño; pero ahora distritos enteros del país están cubiertos con ellos y se han convertido en una peste y plaga para el agricultor. Era solo algo pequeño; pero peor debido a eso, se multiplico y creció. Si esto hubiera sido un gran mal, todos se habrían dedicado a aplastarlo ... Preste atención a la semilla de cardo, los pecados pequeños son similares. Tenga cuidado de no admitirlos en su corazón.³

Las semillas de cardo están por todas partes, por todo lugar a donde vaya. Son como diminutos abrojos que se pegan a sus calcetines mientras camina por la pradera. Como Spurgeon recalcaba, todo el pueblo se une para luchar contra el bárbaro de la puerta, así que es más probable que el enemigo mande a un espía que puede penetrar más fácilmente las paredes del castillo.

No es gran cosa, pensamos, *es solo algo pequeño*. Un amorío «pequeño», un coqueteo «pequeño» en la oficina, una «pequeña» acritud en el tono de la voz, una exageración «pequeña» en la cuenta de gastos, un experimento «pequeño» en el aspecto equivocado... *simplemente algo pequeño*.

Obediencia en las cosas pequeñas

El sacerdote francés Jean Nicolas Grau, que murió en 1803, dijo:

> Las cosas pequeñas vienen a diario, a cada hora, a nuestro alcance, y no están menos calculadas para hacer avanzar nuestro crecimiento en la santidad de lo que lo están las grandes ocasiones que ocurren rara vez. Además, la fidelidad en las trivialidades, y un esfuerzo ferviente para agradar a Dios en las cosas pequeñas, son la prueba real de la devoción y el amor. Que su meta sea agradar a nuestro amado Señor perfectamente en las cosas pequeñas.⁴

Insensatez en las cosas pequeñas

Salomón añade un pensamiento interesante a su razonamiento. «El corazón del sabio está a su mano derecha, mas el corazón del necio a su mano izquierda» (Eclesiastés 10:2, RVR). Ahora bien, esto no tiene nada que ver con ser diestro o zurdo. En los tiempos bíblicos se consideraba la mano derecha de una persona como el lugar de poder. El consejero que se paraba o sentaba a la derecha del rey era el funcionario de mayor confianza.

La obediencia en las cosas pequeñas implica que estamos parados en el lugar de la sabiduría y el poder. Cuando seguimos tropezando en las cosas pequeñas, eso indica que estamos parados en el lugar de la insensatez, y nuestro poder e influencia están disminuidos.

El 12 de enero de 1997 los suizos Bertrand Piccard y William Verstraeten se propusieron realizar la aventura de ser los primeros en dar la vuelta al mundo en un globo de aire caliente. Su aeronave, el *Breitling Orbiter*, era un cuadro de la perfección de la alta tecnología, perfeccionada con paneles solares para generar electricidad y una cabina presurizada que les permitía volar a gran altitud. Su plan era ascender lo suficiente como para entrar en la corriente de vientos alisios, la cual les llevaría alrededor del globo a más de trescientos kilómetros por hora. El elevado precio de su aventura era de un millón y medio de dólares.

Sin embargo, a poco de haber despegado ocurrió el desastre. Dentro de su cabina sellada y presurizada, los dos hombres percibieron un fuerte olor a queroseno, que empeoró con el paso de los minutos. Trataron de apretar todas las uniones de las tuberías que llevaban el combustible de queroseno, pero en vano. Mandaron un e-mail a los técnicos de la cuadrilla de apoyo en tierra pidiendo consejo, y con suerte, alguna solución. Les dijeron que descendieran a una altitud en la que fuera seguro despresurizar la cabina para que pudieran respirar aire fresco, y que trataran de aguantar hasta llegar a la costa norte de África. Sin embargo, los vapores de combustible resultaron ser abrumadores, y se vieron obligados a amarar su aeronave en el Mediterráneo.

Al inspeccionarla descubrieron que lo que acabó con el épico viaje de millón y medio de dólares fue una abrazadera defectuosa en una manguera, como las que sujetan la manguera del radiador de un automóvil. ¿El costo de la abrazadera? Un dólar con dieciséis centavos.

Un defecto pequeño, al parecer insignificante, puede arruinar lo que de otra manera sería una aventura noble.[5]

LAS DECISIONES PEQUEÑAS AFECTAN LOS RESULTADOS GRANDES

Estoy seguro de que usted está familiarizado con el viejo dicho:

Por falta de un clavo, se perdió una herradura;
Por falta de una herradura, se perdió un caballo;
Por falta de un caballo, se perdió un jinete;
Por falta de un jinete, se perdió la batalla;
Por falta de una batalla, se perdió un reino;
Y todo por falta de un clavo en una herradura.

Piense en eso. Por falta de un clavo, se perdió un reino. Uno pensaría que eso es imposible, pero todo detalle de la vida pone en marcha una cadena de acontecimientos que no podemos predecir. Hemos hablado del peregrinaje por el desierto cuando Jesús se preparó para el ministerio sobre el cual giraría toda la historia de la humanidad. La primera sugerencia del diablo no involucraba nada más que un pedazo de pan. Jesús tenía hambre; estaba ayunando para que su percepción espiritual y su unidad con el Padre quedaran optimizadas por completo.

«Si eres el hijo de Dios, ¿por qué no simplemente ordenas que estas piedras se conviertan en pan?», preguntó el diablo. ¿Por qué no, en verdad? No era gran cosa, sino solo algo pequeño. He aquí cuán «pequeño»:

Por falta de abstenerse de un trozo de pan, se perdería un ayuno.
Por falta de un ayuno, se perdería una oración.
Por falta de una oración, se perdería una visión.
Por falta de una visión, se perdería una misión.
Por falta de una misión, se perdería un sacrificio.
Por falta de un sacrificio, se pedería un reino eterno.

Si Jesús hubiera cedido a la seducción de algo pequeño en ese momento, todo lo que seguía sería imposible. El Cordero inmaculado no hubiera sido inmolado, y eso habría resultado en que no lograría la expiación, y con eso el pecado no podría ser perdonado, y usted y yo estaríamos sin ninguna esperanza ni para esta vida ni la venidera.

¿Y qué de su vida? ¿Cuáles son esos pequeños clavos de la herradura, los pequeños trozos de pan, las diminutas tentaciones que afectan la dirección de su vida? De acuerdo a Salomón, el único que paga el precio terrible por las pequeñas carnadas es el necio.

El santo predicador escocés Horatious Bonar escribió:

> Una vida santa está hecha de una multitud de cosas pequeñas. Son las cosas pequeñas de la hora y no las cosas grandes de la época las que llenan a una vida como la de los apóstoles Pablo o Juan, David Brainerd o Henry Martyn. Palabras pequeñas, no discursos elocuentes o sermones; pequeñas obras, no milagros ni batallas, ni tampoco algún esfuerzo grande y heroico o martirio, son las cosas que hacen una verdadera vida santa.[6]

Usted tiene por delante otro día nuevo. Pídale a Dios que mediante su gracia de amor y el poder incontenible del Espíritu Santo le conceda la sabiduría para escoger la luz en cada vuelta. Estoy convencido de que al conectar los puntos de las selecciones sabias, una neblina grande se desvanecerá de su visión. Una nube negra tal vez le haya seguido por tanto tiempo que ha dejado de darse cuenta de ella. Pero la neblina es una barrera que puede impedirle que vea la ciudad de Dios que está adelante. Puede convertir una jornada de once días en un peregrinaje de treinta y ocho años vagando por el desierto. Puede hacerle que deje de creer en su Dios o en usted mismo después de un rato. Es justo el tipo de nube en que el enemigo quiere tenerlo envuelto, a fin de conseguir llevarlo al destino que él ha escogido para usted.

Pero al hacer selecciones sabias, vivir en el camino santo, y mantener la visión de Cristo frente a sus ojos, la luz comenzará a dispersar la oscuridad. Usted verá la misma imagen del cielo en la tierra. Y esa vista, amigo mío, *no* es cosa pequeña.

27
Insensatez en el liderazgo
Eclesiastés 10:4-7,16-19

Entre los que disfrutan la actividad de escalar rocas, la revista *Trail* es muy popular. El número de febrero del 2004 daba direcciones para los alpinistas que descendían de la cima más alta de Gran Bretaña, Ben Nevis. La cumbre está a mil trescientos cuarenta y cuatro metros de altura, y bajar de allí en mal tiempo puede ser difícil. *Trail* ofrecía instrucciones detalladas para el descenso; pero las instrucciones estaban equivocadas.

Roger Wild, del Consejo de Alpinismo de Scotland, se dio cuenta del error y de inmediato se puso en contacto con la revista para señalarlo. *Trail* admitió que de alguna manera se dejó fuera un paso crucial en las instrucciones.

Por fortuna nadie siguió ese plan. En visibilidad limitada los alpinistas hubieran caído por un precipicio a Gardyloo Gully. La caída de más de trescientos metros es una de las más profundas de Gran Bretaña.

Guy Procter, editor de *Trail*, pidió disculpas por la frase que faltaba y que marcaba la potencialmente trágica diferencia. Señaló que *Trail* aconseja a todos los alpinistas usar un mapa oficial y una buena brújula.[1]

Una oración suprimida es una cosa «pequeña» con grandes consecuencias. Lo mismo ocurre en el asunto del liderazgo. ¿Qué tal si hallamos, demasiado tarde, que todo ha sido un caso del ciego guiando al ciego? Debemos ser cuidadosos con respecto a quién seguimos, porque es una caída muy larga hasta llegar al fondo. Salomón ahora trata el tema del liderazgo necio, y provee un consejo sensato para todos los que dirigimos en la iglesia, en los negocios, en el gobierno y en el hogar (Eclesiastés 10:4-7,16-19).

En los tiempos difíciles miramos a nuestros líderes. Las familias, iglesias, negocios, ciudades y naciones, todos ellos necesitan un liderazgo fuerte, o el futuro será desolador para los que siguen. Simplemente mire a los hijos y sucesores de Salomón, los reyes que le sucedieron en el trono de Judá. Los libros de 1 y 2 Reyes son estudios sobre el liderazgo sabio y necio. Cuando el rey era un hombre moralmente recto y un administrador sabio, la nación prosperaba. Cuando el rey era desatento, implacable, despiadado e impío, la nación entera se deslizaba a una ruina abismal.

En un discurso de 1954, Winston Churchill reflexionó sobre su liderazgo durante la Segunda Guerra Mundial cuando arengó a las Islas Británicas para resistir contra la amenaza nazi. Dijo: «Nunca he aceptado lo que mucha gente gentilmente ha dicho, es decir, que yo inspiré a la nación. Fue la nación y la raza viviendo por todo el mundo los que tuvieron corazón de león. Yo tuve la suerte de ser llamado para dar el rugido».

Líderes impulsados por el ego

Si el ánimo del gobernante se exalta contra ti, no abandones tu puesto. La paciencia es el remedio para los grandes errores.

—Eclesiastés 10:4

Este es un cuadro de un líder que grita y regaña a todos los que le rodean. Este líder maltrata verbalmente a los que quieren servirle. Piensa que está por encima de todos, lo cual le da el derecho de oprimirlos con un vocabulario cruel.

Woodrow Wilson una vez escribió que todo hombre que asume el cargo en Washington o bien crece o bien se infla. Dijo: «Cuando le doy a un hombre un cargo, lo observo con cuidado para ver si se infla o crece». El líder impulsado por su ego se infla, y muy a menudo explota por la cólera. ¿Suena parecido a su jefe?

Salomón tiene ideas para tratar con el líder impulsado por su ego. Dice: «Si el ánimo del gobernante se exalta contra ti, no abandones tu puesto. La paciencia es el remedio para los grandes errores».

Cuando vemos a un jefe o a un líder de cualquier clase que abusa de su poder, nuestro primer impulso es simplemente alejarnos. Por lo menos esa es una estrategia mejor que quedarnos y hacer algo necio. Pero Salomón dice que hay una mejor manera. No se deje ganar por el pánico, no renuncie a su empleo ni abandone su puesto. No reaccione de modo excesivo a una reacción exagerada. Simplemente aguante y trate con la persona.

En el libro de Proverbios, Salomón da un consejo similar:

La ira del rey es presagio de muerte,
pero el sabio sabe apaciguarla (Proverbios 16:14).

Con paciencia se convence al gobernante.
¡La lengua amable quebranta hasta los huesos!
(Proverbios 25:15).

La respuesta amable calma el enojo,
pero la agresiva echa leña al fuego (Proverbios 15:1).

El apóstol Pablo dice lo mismo en Romanos 12:18: «Si es posible, y en cuanto dependa de ustedes, vivan en paz con todos». (¡Con todas también!)

El rey Salomón está diciendo que podemos encontrarnos en el lugar de trabajo tratando con líderes díscolos, mal geniosos, impulsados por el ego. Manténgase tranquilo frente a sus rabietas. Siga las Escrituras sagradas. Trate de reaccionar menos de lo esperado. Recuerde que una respuesta amable calma la ira. A menudo nos sorprende lo que pasa cuando hacemos esto.

En su libro *At Ease: Stories I Tell to Friends* [Tranquilícese: historias que les cuento a los amigos], el presidente Dwight Eisenhower cuenta cómo aprendió esta lección. Cuando tenía diez años se enojó tanto con alguien que dio puñetazos contra un viejo manzano hasta que sus nudillos sangraron. Esa noche su madre fue a su dormitorio. Él estaba llorando sobre su almohada, y ella se sentó en la mecedora junto a la cama y no dijo nada por un largo rato. Luego empezó a hablar de la ira, citando Proverbios 16:32: «Más vale ser paciente que valiente; más vale dominarse a sí mismo que conquistar ciudades».

Poco se gana odiando a otro, le dijo mientras ponía un ungüento sobre sus manos lastimadas. Solo nos lastimamos nosotros mismos. Eisenhower consideraba esa conversación uno de los momentos más valiosos de su vida, y eso le llevó a desarrollar un curioso hábito como adulto. Cada vez que alguien le hacía enojar, escribía el nombre de esa persona en un pedazo de papel, lo ponía en el cajón más bajo de su escritorio, y se decía a sí mismo: «Esto termina el incidente».[2]

En otras palabras, hay tiempo para quedarnos en nuestros puestos con espíritus serenos aun cuando otros están despotricando y rabiando a nuestro alrededor. Como Rudyard Kipling dijo: «Si puedes mantener tu cabeza cuando todos los que te rodean están perdiendo la suya y echándote la culpa ... serás un hombre, hijo mío».[3] Eso es verdad, aun cuando enfrentemos tiranos egomaníacos y gobernantes arrogantes.

La misionera y autora Isobel Kuhn descubrió esto en un momento crítico. Ella servía en China con su esposo John y su hijo pequeño Danny, que tenía seis años. John estaba en un lugar distante, así que Isobel se encontraba prácticamente sola y en un peligro horrible. Los comunistas habían sobornado a los Lo-zi-lo-pa, temida pandilla local de matones, para aterrorizar el área en anticipación de una invasión a todo dar.

Los amigos y creyentes nacionales animaron a Isobel a que huyera con su hijo, porque su situación como creyente extranjera la ponía en riesgo especial. Isobel estaba paralizada por la incertidumbre. No tenía manera de hacerle saber a John que ella había huido, y él podía perder su vida tratando de hallarla. Además, escapar de China por el escabroso paso Pienna significaría un grave peligro y penuria.

En su fascinante libro, *In the Arena* [En la arena], ella escribe:

> Usé un calendario bíblico y el versículo de esa mañana era: «¡No abandones tu puesto!» (Eclesiastés 10:4). Muy apropiado. Justo como una respuesta ... En esta ocasión, con la amenaza de los despiadados Lo-zi-lo-pa cayendo sobre nosotros, sentí que el

versículo venía de Dios. Después de decidir no huir tuve una paz perfecta; otra señal de que era la voz de Dios ... Y así resultó. Día tras día pasaron en tranquilidad.[4]

Las condiciones mejoraron justo lo suficiente para que el esposo de Isobel alcanzara a su familia, y así pudieron comenzar a planear juntos una evacuación segura de esa área.

Robert Greenleaf acuñó la expresión *líder servidor* para referirse a los líderes que escogen, como su prioridad más alta, servir a sus subalternos. Así es como describe al líder servidor:

> El líder servidor es primero un servidor ... Todo comienza con el sentimiento natural de que uno quiere servir, primero que todo servir. Luego la decisión consciente lo lleva a uno a aspirar dirigir. Él o ella es muy diferente de la persona que es primero un líder, tal vez por la necesidad de aplacar un hambre nada usual de poder o adquirir posesiones materiales. Para tal persona sería una segunda opción servir, después que el liderazgo esté establecido. El que es líder primero y aquel que es siervo primero son dos tipos extremos. Entre uno y otro hay matices y combinaciones que son parte de la infinita variedad de la naturaleza humana.
>
> La diferencia se manifiesta en el cuidado que se toma el que es siervo primero para asegurarse de que se está sirviendo a las necesidades de alta prioridad de los demás. La mejor prueba, y difícil de administrar, es: ¿Crecen como personas los que reciben el servicio? ¿Se vuelven aquellos a quienes se sirve más sanos, más sabios, más independientes, y es más probable que ellos mismos lleguen a ser siervos? ¿Y cuál es el efecto sobre los menos privilegiados de la sociedad? ¿Se beneficiarán, o por lo menos, no quedarán privados incluso más?[5]

Greenleaf dice que los servidores líderes pueden estar en cargos formales de liderazgo o pueden no estarlo. Eso quiere decir que cualquiera puede ser un servidor líder. Pienso que Salomón diría que hay sabiduría en ser un servidor líder cuando uno está sufriendo maltrato de parte de un líder impulsado por su ego. Por medio de la conciliación, los servidores líderes pueden cambiar los corazones de los líderes abusivos que están sobre ellos.

Líderes indulgentes

Hay un mal que he visto en esta vida, semejante al error que cometen los gobernantes: al necio se le dan muchos puestos elevados, pero a los capaces se les dan los puestos más bajos. He visto esclavos montar a caballo, y príncipes andar a pie como esclavos.

—Eclesiastés 10:5-7

A continuación Salomón advierte en contra de los líderes indulgentes. Los líderes indulgentes ponen a gente no calificada en los cargos mientras ignoran a los que deberían estar sirviendo como subalternos. A menudo, los líderes fuertes se rodean de gente fuerte, pero los líderes débiles se rodean de gente débil. Con frecuencia estos llamados líderes son inseguros; a veces son simplemente holgazanes. De cualquier manera, no son efectivos.

Sucede todo el tiempo en nuestra sociedad que a los veteranos con experiencia, que han servido por años con lealtad, se les pasa por alto. ¿Le ha pasado eso a usted? ¿Ha estado en un ambiente donde a la gente más calificada se le reemplaza o se hace a un lado, mientras que los menos calificados toman las riendas? Usted puede ver un desastre en proceso, pero hay muy poco que pueda hacer.

Los líderes sin fuerza no son líderes sino meros títeres. James Truslow Adams, en su libro *The Adams Family* [La familia Adams], describe lo que distinguió a muchos líderes coloniales de los Estados Unidos:

> Al mirar la lista de los primeros líderes de la república: Washington, John Adams, Hamilton y otros, discernimos que todos ellos eran hombres que insistían en ser ellos mismos y que se negaron a dejarse avasallar por la gente. Con cada generación sucesiva, la demanda creciente del pueblo de que sus funcionarios electos no guíen sino que simplemente reflejen la voluntad popular ha socavado de forma continua la independencia de los que derivan su poder de la elección popular. El rechazo persistente de los Adams a sacrificar

la integridad de sus propios estándares y valores intelectuales y morales por el interés de ganar un cargo público o el favor popular es otra vara por la que podemos medir la divergencia de la vida estadounidense desde su punto inicial.[6]

Winston Churchill casi se salía de sus casillas en los años que condujeron a la Segunda Guerra Mundial porque los líderes indulgentes de Inglaterra, con una mentalidad de paz a cualquier costo, eran ingenuos en cuanto a la creciente amenaza nazi que se cernía sobre el continente. Para exasperación de Churchill, la clase gobernante británica continuaba manteniendo un horario relajado, adhiriéndose a las costumbres anticuadas de fines de semana de ocio en propiedades rurales lejos de Londres. Churchill se quejó amargamente de que el Parlamento «se toma sus fines de semanas en el campo mientras Hitler toma sus países los fines de semana».

Uno de los más connotados gurúes del liderazgo en los Estados Unidos de América, Peter Drucker, una vez observó que hay poca correlación entre la efectividad de un líder y su inteligencia, imaginación o conocimiento. Él dijo que las personas brillantes a menudo son sorprendentemente ineptas. «Ellos nunca han aprendido que las nociones se vuelven efectivas solo mediante el trabajo arduo y sistemático».[7]

EL LÍDER AMOLDADO

¡Ay del país cuyo rey es un inmaduro,
y cuyos príncipes banquetean desde temprano!

¡Dichoso el país cuyo rey es un noble,
y cuyos príncipes comen cuando es debido,
para reponerse y no para embriagarse!

—ECLESIASTÉS 10:16-17

Me gusta la manera en que *The Message* parafrasea Eclesiastés 10:6-17: «Mala suerte de la tierra cuyo rey es un cachorrillo, y cuyos príncipes fiestean toda la noche. Buena suerte la de la tierra cuyo rey es maduro, en donde los príncipes se conducen decorosamente y no se emborrachan como payasos».

Salomón habla de líderes sin experiencia que logran el cargo con ayuda de la familia y los amigos. Su liderazgo es orquestado, amañado o negociado. A menudo no tienen ni la menor idea de lo que están haciendo; por consiguiente, hacen muy poco, si acaso algo. Por la mañana, cuando deberían estar atendiendo los asuntos de su trabajo, hogar, estado o gobierno, ellos están festejando y emborrachándose, disfrutando de todas las prerrogativas de sus cargos sin invertir la pasión o perseverancia necesarias para triunfar. Ay de ti cuando tu rey es infantil, escribió Salomón, y cuando tu líder es inmaduro.

Los líderes dados a las niñerías son un terrible problema en estos días. Parece que tenemos muchos de ellos en el mundo de los deportes. Deberían ser modelos, pero más bien son desastres morales. Lo mismo es cierto con relación a muchos de nuestros políticos, comediantes y artistas, y líderes en los negocios y las finanzas.

¿Sabe cómo identificar a los líderes maduros? Ellos son los que asumen la culpa cuando las cosas marchan mal, pero comparten el crédito cuando las cosas marchan bien. En su libro sobre el liderazgo, *The Winner Within* [El triunfador por dentro], el entrenador Pat Riley relata cómo llamó a Magic Johnson aparte una tarde a mediados de 1980 para decirle que en más de veinte años como baloncestista y entrenador nunca había visto un paquete más completo: grandes habilidades combinadas con una gran actitud. Riley le pidió a Magic a quemarropa que explicara su éxito.

Magic Johnson dijo que cuando era niño y jugaba en su liga infantil en East Lansing, Michigan, su entrenador le había dicho: «Tú eres el más grande. Eres nuestro mejor jugador. Tú deberías lanzar la pelota todo el tiempo».

Magic hizo lo que se le dijo, pero eso no le satisfizo. Aunque anotaba el mayor número de canastas y su equipo ganaba consistentemente, los demás jugadores parecían sentirse miserables. Se sentían como si fueran don nadies. A Magic no le gustó eso, en especial porque se estaba abriendo una brecha entre él y sus amigos. Así que cambió su estilo. En vez de anotar todos los puntos, atraía a los defensores y entonces le lanzaba la pelota a cualquier compañero que estuviera libre. Su generosidad realzó las habilidades de los otros, y su equipo comenzó a experimentar el mismo entusiasmo que él disfrutaba.[8]

El líder amoldado, sin embargo, nunca entiende eso. Piensa que todo gira a su alrededor.

EL LÍDER MALO

Por causa del ocio se viene abajo el techo,
y por la pereza se desploma la casa.

Para alegrarse, el pan;
para gozar, el vino;
para disfrutarlo, el dinero.

—ECLESIASTÉS 10:18-19

Imagínese a un hombre sentado en casa con una botella de cerveza en su mano, viendo televisión. Se supone que debe estar trabajando, atendiendo las cosas, proveyendo para las personas que son responsabilidad suya. Se supone que debe ser mayordomo de las tareas que le han sido confiadas. Pero la casa se está cayendo. El techo tiene goteras. Las cuentas por pagar se amontonan. La panza de cerveza crece cada vez más.

Salomón no ofrece ninguna excusa para tal persona. Es simplemente un hombre malo al que no le importan para nada sus responsabilidades. Debido a su holgazanería, su liderazgo se desbarata y su reino se destruye.

Salomón tiene nociones fuertes acerca de este tema, y recuerde que este libro de Eclesiastés fue inspirado por el Espíritu Santo, así que refleja las opiniones de Dios. ¿Cómo ve Dios la ociosidad? Tome la Biblia en algún momento y lea todo Proverbios, subrayando los versículos que hablan acerca de ser perezoso, holgazán, diligente o buen trabajador. Usted obtendrá una perspectiva totalmente nueva en cuanto a la ambición y la energía de la vida.

Si queremos ser líderes sabios, ¿qué debemos hacer? ¿Cómo debemos vivir? Lo siguiente procede del diario privado de William E. Sangster, un gran líder metodista que ayudó a Londres a resistir la batalla de Gran Bretaña durante la Segunda Guerra Mundial. Después de su muerte se halló esta anotación en su diario, en la cual Sangster expresa su creciente convicción de que él debería tomar parte más activa en el liderazgo de la iglesia metodista de Inglaterra. Su actitud es un ejemplo brillante de lo que encontraremos en un líder verdadero:

> Esta es la voluntad de Dios para mí. Yo no lo escogí. Procuré escaparme de esto. Pero ha llegado. Algo más ha llegado también. Un sentido de certeza de que Dios no me quiere solo como predicador. Él me quiere también como líder ... Me siento comisionado a trabajar para Dios por el resurgimiento de esta rama de su iglesia; sin que importe mi propia reputación, indiferente a los comentarios de hombres más viejos y celosos. Tengo treinta y seis años. A fin de servir a Dios de esta manera, no debo cohibirme de la tarea, sino hacerla.[9]

¿En qué campo de la vida es usted un líder? ¿En su hogar? ¿En su trabajo? ¿En la Escuela Dominical? Si usted es sabio, se dará cuenta de que nunca está solo ante Dios... junto a usted están las almas de aquellos a quienes dirige. Su mayordomía de esas almas es asunto de consecuencias eternas... un asunto del cielo en la tierra. Recuerde que un buen líder marcha al frente de su gente, para señalar el camino; junto a su gente, para participar en la jornada; y atrás de su gente, para protegerlos y cubrir sus errores. En otras palabras, él guía de la misma manera que Cristo nos guía. Así mientras Cristo nos cubre, y nosotros cubrimos a los que dirigimos, avanzamos en sabiduría y entusiasmo hacia todo lo que Dios nos tiene guardado.

28
Trabajo, vocabulario y locura
Eclesiastés 10:8-15,20

No ha pasado mucho desde que el libro *Working Smart* [Cómo trabajar de modo inteligente] de Michael Leboeuf hacía furor en los círculos de gerencia. El autor demostraba que la clave para una mejor producción no es un mayor número de horas, sino horas más efectivas. Todos sabemos la verdad de esa proposición. No hay substituto para trabajar más tiempo, pero eso no significa mucho si no se está trabajando de la manera más inteligente posible. Trabajar en forma inteligente tiene su paga.

A este capítulo de Eclesiastés se le pudiera llamar «Cómo trabajar de forma necia». Salomón pinta un cuadro algo cómico de un trabajador ignorante e ineficaz. Nos da cinco ilustraciones de errores que cometemos en cuanto al trabajo.

Insensatez en el trabajo

El que cava la fosa,
en ella se cae.
Al que abre brecha en el muro,
la serpiente lo muerde.

El que pica piedra,
con las piedras se hiere.
El que corta leña,
con los leños se lastima.
Si el hacha pierde su filo,

*y no se vuelve a afilar,
hay que golpear con más fuerza.
El éxito radica en la acción
sabia y bien ejecutada.*

—Eclesiastés 10:8-10

Es el fin de semana, y usted está en el patio trasero de su casa abriendo un agujero. Ha decidido hacer una piscina, así que hace un hueco grande y profundo. En realidad está sudando, y la pala está haciéndole callos en las manos. Pero usted comienza a pensar en una zambullida deliciosa y fría... ¡y en el medio de su ensoñación se halla nadando en tierra suelta! Se ha caído en su propio agujero. Al pedir ayuda, sabe que *nunca* se van a olvidar de esto.

Este tipo de cosas en realidad pasan, e incluso en peores escenarios. Un amigo mío que tiene una funeraria me contó una vez de cierta ocasión cuando estaban llevando un ataúd para el entierro, y uno de los que llevaban el féretro se cayó en la tumba abierta. Era una tumba doble, en donde se entierra a dos personas, una encima de la otra. El pobre hombre se cayó hasta el fondo y aterrizó con gran estrépito sobre el ataúd que ya estaba allí.

Es importante observar por dónde camina uno... ¡y asegurarse de que el hoyo que está excavando no sea el de su propia tumba!

Mientras Salomón continúa con su patrón de trabajos en exteriores, pasa a otro ejemplo: derribar una sección de un muro. El trabajador se olvida de que a las culebras les encanta vivir en los agujeros fríos de las paredes, y cuando apoya su mano contra el muro que acaba de romper, le muerde una serpiente. Serpientes de una clase u otra siempre están al acecho, y el trabajador sabio mantiene sus ojos alerta ante esta posibilidad.

Un tercer hombre trabaja en una cantera. Se descuida y hace que una gran piedra le caiga encima. Estoy seguro de que Salomón está pensando en algún caso específico aquí, porque él tenía ochenta mil hombres extrayendo piedras en las montañas para los proyectos de obras públicas que realizó.

Para echar los cimientos del templo, el rey mandó que sacaran de la cantera grandes bloques de piedra de la mejor calidad. Los obreros de Salomón e Hiram, junto con los que habían llegado de Guebal, tallaron la madera y labraron la piedra para la construcción del templo (1 Reyes 5:17-18).

No había ninguna empresa de construcción especializada en templos de clase mundial, así que Salomón tuvo que haber visto su porción de trabajadores insensatos. Alguno de los ochenta mil fue un alma imprudente, y la triste noticia llegó al trono. Podemos imaginar a un supervisor reportándose al rey. «Perdimos a otro en la cantera», dice. Salomón quiere saber cómo. «Simplemente algún error insensato. El tipo sacó una piedra pequeña que resultó ser la cuña que impedía que una piedra de cinco toneladas rodara».

Nuestro cuarto trabajador insensato está partiendo leña. Él también se descuida, y alguien sale herido. Moisés había previsto esta clase de cosas, porque leemos en Deuteronomio 19:5:

> Si un hombre va con su prójimo al bosque a cortar leña, y al dar el hachazo para cortar un árbol el hierro se desprende y golpea a su prójimo y lo mata, tal hombre podrá refugiarse en una de esas ciudades y ponerse a salvo.

El mentecato número cinco es otro que reprobó el primer curso de carpintería en la secundaria; o por lo menos estuvo ausente el día de la lección sobre el mantenimiento de las herramientas. Este hombre no se tomó el trabajo de afilar su hacha, así que trabaja dos veces más rudo, el doble del tiempo, y obtiene la mitad de los resultados. Si fuera sabio, se tomaría el tiempo de afilar su hacha y de ese modo se ahorraría un montón de tiempo y energía. Tal como son las cosas, él trabaja más duro cuando debería estar trabajando con más inteligencia.

El mundo está lleno de trabajadores ineficaces. Por ejemplo, ¿leyó usted del hombre que murió cuando una máquina de gaseosas le cayó encima mientras trataba de inclinarla para sacarle un refresco? ¿O del abogado de Toronto llamado Garry Hoy que estaba demostrando la seguridad de las ventanas de un rascacielos en el centro de Toronto? Se lanzó con el hombro por delante contra un panel y se desplomó veinte pisos al patio del edificio Toronto Dominion Bank Tower. Había estado explicando a algunos estudiantes de leyes que estaban de visita la resistencia de las ventanas del edificio. Peter Lauwers, socio y gerente de la firma Holden Day Wilson, le dijo a un periódico de Toronto que Hoy era «uno de los mejores y más brillantes» miembros de la asociación de doscientos hombres.

Ken Charles Barrer accidentalmente se mató de un disparo en Newton, Carolina del Norte. Estaba en la cama cuando timbró el teléfono, y cuando extendió la mano para tomarlo, empuñó un Smith & Wesson calibre 38, el cual disparó cuando se lo puso en la oreja.

Un reportaje reciente contaba de seis personas, en el sur de Egipto, que se ahogaron mientras trataban de rescatar a una gallina que se había caído en un pozo. Un agricultor de dieciocho años fue el primero en descender al pozo de casi veinte metros de profundidad. Se ahogó al parecer después de que una corriente oculta de agua lo arrastró. Su hermana y dos hermanos, ninguno de los cuales sabía nadar bien, lo siguieron uno tras otro tratando de auxiliarlo, pero ellos también se ahogaron. Luego dos agricultores ancianos vinieron a ayudar, pero evidentemente a ellos también los arrastró la misma corriente. Los cuerpos de los seis fueron rescatados más tarde de un pozo en la población de Nazlat Imara, al sur del Cairo. También rescataron a la gallina. Ella sobrevivió.[1]

Todo esto reitera el punto de Salomón. Cuando use las manos, use también la cabeza. La mejor herramienta a motor que usted tiene es la que ronronea entre las dos orejas. Debemos aprender a usar esa cosa maravillosa llamada «sentido común», aunque parece cada vez menos corriente encontrar gente con buen discernimiento. Trabaje con sabiduría.

Insensatez en el vocabulario

El poeta Robert Frost una vez hizo este comentario acerca de la lengua: «La mitad del mundo se compone de gente que tiene algo para decir y no puede, y la otra mitad de los que no tienen nada que decir y siguen diciéndolo».

Otro escritor bromeó: «Nada se abre más frecuentemente por equivocación que la boca humana».

La insensatez y la lengua

Salomón concluye de forma apropiada Eclesiastés 10 con una consideración sobre la lengua. He observado, al estudiar la literatura de sabiduría de las Escrituras, que casi nunca hay una consideración de la insensatez sin alguna referencia a la forma en que una persona usa la lengua.

Jesús dice: «El que es bueno, de la bondad que atesora en el corazón saca el bien, pero el que es malo, de su maldad saca el mal» (Mateo 12:35).

Si hay un lugar en donde podemos distinguir la insensatez, es en la manera en que la gente usa la lengua. Salomón muestra cinco maneras en que el uso indebido de la lengua revela un corazón necio.

1. La lengua indómita

> *Si la serpiente muerde antes de ser encantada,*
> *no hay ganancia para el encantador.*
>
> —Eclesiastés 10:11

En la pintoresca corte de Salomón había muchos encantadores que pretendía hipnotizar serpientes. Muchas de estas serpientes eran cobras, con sus lenguas que se movían vertiginosamente y sus ojos brillantes. La serpiente se levantaba y se contoneaba a los tonos quejumbrosos de la flauta del encantador. La gente se maravillaba por la obediencia de tal criatura poderosa y escurridiza... ¡hasta que la cobra mostraba que era incluso más ladina de lo que pensaban!

El encantador, al parecer, no tenía el suficiente encanto. Es lo mismo con el «parlanchín», la persona con el don del parloteo. Salomón señala que la lengua de esta persona es mucho menos encantadora de lo que se espera, y al momento menos pensado... *muerde*. Todos hemos sido víctimas de los comentarios hirientes, y reconocemos la universalidad de este principio. Salomón hace bien al comparar la lengua con una cobra.

En Eclesiastés 3 Salomón dice que hay un tiempo para hablar y un tiempo para guardar silencio. Los charlatanes se olvidan de la segunda parte de este consejo. Siempre tienen una opinión o una respuesta. La lengua es el timón con el que se abren paso por la vida (analogía que Santiago usa en el Nuevo Testamento), y es un utensilio mucho menos fidedigno de lo que piensan.

En ocasiones me encuentro decidido a decir algo cuando sé de corazón que debo callar. *Jeremiah, simplemente mantén cerrada tu bocaza. No digas nada,* susurra el Espíritu. Siempre soy sabio cuando escucho ese consejo, y nunca lo soy cuando lo ignoro. Haga lo que haga, no sea un parlanchín porque puede salir herido en el proceso.
Esta es la pregunta que nadie quiere responder, así que respire hondo. Solo entre usted y yo, ¿tiene usted la tendencia a hablar demasiado? ¿Lo ha visto en la mirada de la gente durante sus conversaciones? Un joven conocido por su incesante charla una vez le pidió a Sócrates que le diera lecciones de oratoria. El gran orador aceptó pero le advirtió: «Tengo que cobrarte el doble de mi tarifa regular. Puedo mostrarte cómo usar la lengua, pero primero tienes que aprender cómo mantenerla quieta».

El filósofo antiguo Zenón dijo: «Tenemos dos orejas y una boca, por lo tanto debemos oír dos veces más de lo que hablamos». Buena regla para la lengua.

2. La lengua cruel

> *Las palabras del sabio son placenteras,
> pero los labios del necio son su ruina.*
>
> —ECLESIASTÉS 10:12

Compare Eclesiastés 10:12 con Proverbios 10:32, que dice: «Los labios del justo destilan bondad; de la boca del malvado brota perversidad».

Estoy seguro de que concordará con que algunos de los peores problemas de su vida han sido instigados por su lengua... o la de algún otro. Las palabras imprudentes son como los espíritus malvados que fueron liberados de la caja de Pandora. Una vez libertados, nunca más se les puede contener. Usted no puede «desdecir» algo que ya ha sido dicho como no puede «destocar» el timbre que ya ha timbrado. Santiago dice que se puede controlar un caballo o manejar un buque con más facilidad de lo que se puede guiar el arma que se esconde detrás de los dientes.

Lo fascinante en cuanto a la lengua es que así como puede ser de mala, también es capaz de hacer un bien asombroso. Salomón dice que las palabras del sabio están llenas de gracia. Robert Webber creció en el campo misionero, mientras sus padres servían en Misión al Interior de África. Una vez en sus vacaciones la familia se estableció en Montgomery, Pennsylvania, en una casa pequeña cerca de una granja. Robert tenía nueve años, y le encantaban las moras. Un día empuñó un balde y se fue a recoger moras en las matas cercanas. Sin pensarlo, se metió en la propiedad del vecino y comenzó a recoger de la cosecha del granjero.

De repente el vecino salio furioso por su puerta, agitando su puño. «¡Sal de mi terreno!», gritó. «¡Y no dejes que te pille jamás en mi propiedad de nuevo! ¿Me oyes?»

Robert quedó petrificado, y rápidamente corrió a contárselo a su padre. El señor Webber dijo: «Dame ese balde de moras. Vamos a hablar con ese hombre».

Los dos cruzaron el patio, mientras Robert pensaba para sí: *¡Qué bien! Mi papá le va decir una o dos cosas bien merecidas.*

«Señor agricultor», dijo el padre de Robert, «lamento que mi hijo haya entrado a su propiedad. Aquí tiene, quiero que tenga estas moras».

El vecino se quedó desarmado por completo. «Oiga», dijo, «lamento haberle gritado al muchacho. Yo no quiero las moras. Ni siquiera me gustan. Quédese con ellas. Y puede recoger todas las moras que quiera de mi terreno».[2]

«Las palabras del sabio son placenteras», dice Salomón, «pero los labios del necio son su ruina» (Eclesiastés 10:12).

3. La lengua insensata

> *Sus primeras palabras son necedades,*
> *y las últimas son terribles sandeces.*
> *¡Pero no le faltan las palabras!*
>
> —Eclesiastés 10:13-14

Algunos simplemente están enamorados de su propia voz. Estoy seguro de que usted conoce a alguien así. Tal vez no haya nada que decir en el mundo, pero esta gente lo dice de todas maneras; y luego lo repiten. Pocas cosas en el mundo prueban nuestra paciencia de forma más profunda. Proverbios 10:19 nos dice: «El que mucho habla, mucho yerra; el que es sabio refrena su lengua».

Los estudiantes que hablan demasiado son uno de los retos disciplinarios más grandes para los maestros de escuela de hoy, y seminarios enteros se dedican a cómo controlar a los niños que hablan sin parar. Cuando se es adulto, esto es incluso más irritante.

Roxanne Lulofs rotula a los que parlotean de forma indisciplinada como teniendo «una boca que golpea y se da a la fuga». Dice que las personas que tiene una boca de esas, por la razón que sea, se sienten obligadas a decirnos justo lo que piensan de uno y sus acciones, sin tener en cuenta cuánto nos conozcan. Su deseo es ser oídos sin oír, ser conocidos sin conocer. No les importa tener la información correcta. Lo que quieren es la atención.

Este es el epitafio de «una boca que golpeaba y se daba a la fuga».

Debajo de esta piedra, un trozo de arcilla,
Yace Arrabella Young,
La cual el 24 de mayo
Comenzó a refrenar su lengua.

4. Una lengua irrazonable

*Nadie sabe lo que ha de suceder,
y lo que será aun después,
¿quién podría decirlo?*

*El trabajo del necio tanto lo fatiga
que ni el camino a la ciudad conoce.*

—ECLESIASTÉS 10:14-15

Salomón habla de un hombre que siempre está pronosticando qué sendas hay adelante y luego se pierde camino a su oficina. Hay personas con poco sentido de dirección en la vida, y sin embargo siempre están hablando de lo que planean para el porvenir, cómo se va a desarrollar el futuro, y lo que piensan lograr. Salomón se refiere a este fenómeno varias veces en Eclesiastés:

¿Quién lo traerá para que vea lo que sucederá después de él? (3:22)

¿Y quién puede decirle lo que sucederá en esta vida después de su muerte? (6:12)

No sabe lo que está por suceder, ni hay quien se lo pueda decir. (8:7)

El mismo punto brota en el libro de los Proverbios de Salomón: «No te jactes del día de mañana, porque no sabes lo que el día traerá» (27:1).

En el atardecer de su vida, Salomón debe haberse preguntado por el futuro del reino que había edificado. Por causa de la infidelidad del rey, Dios había determinado que Israel sería una casa dividida contra sí misma. Salomón sabía que el juicio tenía que venir y que él cargaba con la responsabilidad principal. Esto brinda un toque de emoción a la fascinación de Salomón con un futuro que nadie sabía... excepto por las premoniciones negativas de su corazón.

5. Una lengua infiel

> *No maldigas al rey ni con el pensamiento,*
> *ni en privado maldigas al rico,*
> *pues las aves del cielo pueden correr la voz.*
> *Tienen alas y pueden divulgarlo.*
>
> —Eclesiastés 10:20

Este es el origen de la frase: «Me lo dijo un pajarito». Los pájaros no hablan, por supuesto, pero Salomón nos recuerda con esta ilustración que una persona sabia no dice algo en privado que no quiere que alguien lo oiga en público.

Zig Ziglar estaba jugando golf con un socio joven. Al principio del juego, miró en forma divertida al joven. El muchacho tenía más o menos un metro ochenta de estatura y pesaba como cien kilogramos. Se sentía incómodo mientras se acercaba al punto de salida de una manera poco ortodoxa. Levantó su bastón, lo agitó una o dos veces, lo dejó en el suelo, y luego repitió todo el proceso. Zig le dijo al oído a alguien que estaba cerca: «Ese joven obviamente no es un jugador de golf». Un momento después el joven lanzó la pelota como a doscientos metros justo por el medio de la calle del campo de golf. ¡Vaya opinión la de Ziglar!

Después que el joven golpeó a la pelota, se acercó a Zig, le clavó la mirada, y le dijo: «Señor Ziglar, oí lo que usted dijo».

Zig quería desaparecer. Deseaba poder esfumarse. Pero el joven continuó: «Oí lo que usted dijo cuando habló hace tres años en mi ciudad, y eso cambió mi vida por completo. Quiero que sepa, señor Ziglar, que es un honor para mí incluso el estar con usted en el mismo campo de golf».

Escribiendo en su libro *Top Performance* [Actuación cumbre], Ziglar dice que lanzó un suspiro de alivio y tomó una nueva resolución ese día para tener más cuidado al hacer sus comentarios —en especial los negativos— con respecto a otra persona.³

Así que debemos guardar nuestras lenguas, y no permitirles ser indómitas, crueles, imprudentes, irrazonables o infieles. Nuestro habla, como nuestro trabajo, es parte de las «cosas pequeñas» que guían el bienestar de nuestras vidas.

Tal vez la mejor manera de terminar este capítulo sea dándole una tarea. Antes de seguir con el siguiente capítulo, dedique unos momentos para memorizar un versículo de las Escrituras que será una ayuda constante en todo aspecto de su vida.

He aquí el tesoro más grande que le puedo dar: «Si a alguno de ustedes le falta sabiduría, pídasela a Dios, y él se la dará, pues Dios da a todos generosamente sin menospreciar a nadie» (Santiago 1:5).

Ese versículo ha significado mucho en mi vida. Hago mi «oración de Salomón» todas las mañanas al pedirle a Dios su sabiduría, tal como el joven rey lo hizo. Anoto mi petición en mi diario de oración de esta manera: «Mi Señor y Dios, sin ti soy un buque sin timón. No puedo trabajar, no puedo hablar, no puedo vivir o amar como debo, a menos que tu sabiduría ilumine mi camino. Protégeme de mi propia insensatez y enséñame tu camino».

> ¡Enséñame tu camino, oh Señor, enséñame tu camino!
> ¡Concédeme tu gracia que guía, enséñame tu camino!
> Ayúdame a andar con rectitud, más por fe, menos por vista;
> ¡Guíame con luz divina, enséñame tu camino!⁴

29
La vida es incierta: ¡Abrácela!
Eclesiastés 11:1-6

La columnista Rosemary Smith hace poco escribió con relación a dónde encuentra ella su estímulo diario. «Cuando necesito alentarme», escribe, «leo mis toallas de papel». Su marca favorita trae proverbios impresos, chistes y refranes. Un día, a punto de echarse a llorar, arrancó una toallita para limpiar un poco de café y leyó: «Cuando las papitas fritas andan por los suelos, cámbiate a las palomitas de maíz». De alguna manera eso le dio el acicate que necesitaba.

Cuando las toallas de papel le fallan, Smith busca palabras de ánimo en los letreros de las iglesias. A veces halla inspiración en las etiquetas pegadas en las defensa de los vehículos o incluso en los letreros a los lados de los camiones. Si todo falla, ella guarda una variedad de libritos llenos de consejos penetrantes. Unos de sus dichos favoritos es: «La vida es incierta. Cómete primero el postre».[1]

Ese dicho en realidad viene del título de un libro que se publicó hace varios años, basado en la historia de una mujer a la que le encantaba el postre pero que un día dejó su platillo favorito para más tarde. El problema fue que estaba a bordo del *Titánic*.

La Biblia es una fuente mucho mejor de inspiración que las toallas de papel o los letreros de las iglesias, pero mientras Salomón se acerca al final del libro de Eclesiastés, su mensaje es uno que la columnista abrazaría... la vida es incierta.

Salomón comienza su diario de Eclesiastés dándonos una conclusión acerca de la vida: todo es vanidad. Al acercarse al final del libro, él vuelve a la misma conclusión: «Vanidad de vanidades, todo es vanidad».

En su vasta sabiduría, Salomón comprende que la vida bajo el sol, sin Dios, es una experiencia sin significado. Es una vida en una máquina de ejercicios para caminar... usted se ejercita, pero no va a ninguna parte.

Salomón emplea muchas metáforas para describir la vanidad de la vida. Perseguir el viento, una bocanada de humo, polvo al viento, la risa de los necios o un recuerdo olvidado. La vida sin Dios, como Salomón lo ha demostrado de muchas maneras, no tiene absolutamente ningún significado.

Ahora, hacia el final, Salomón resuelve todas las preguntas que ha levantado, y nos da su última conclusión. Preparándose para este final sobresaliente Salomón articula algunos principios que lo abarcan todo y en los cuales debemos basar nuestras vidas. Estas son sus amonestaciones finales... cuatro de ellas:

1. La vida es incierta: ¡Abrácela! (Eclesiastés 11:1-6).
2. La vida es corta: ¡Disfrútela! (11:7--12:8).
3. La vida es misteriosa: ¡Examínela! (12:9-12).
4. La vida es obediencia: ¡Exprésela! (12:13-14).

¿HA ABRAZADO A SU VIDA HOY?

El primer punto de Salomón acerca de la vida es que es incierta; por consiguiente, hay que abrazarla. ¿Ha abrazado a su vida hoy?

Hace unos años el periódico *Herald*, de Camden, Maine, publicó dos fotografías en la misma página. La primera era un retrato del concejo municipal de Camden y el administrador apiñados alrededor de una mesa, trabajando duro. La segunda foto era de un rebaño saludable de ovejas.

Como a menudo pasa en el mundo vertiginoso de fechas límites, alguien invirtió las leyendas. La leyenda debajo de la fotografía de las ovejas identificaba, de izquierda a derecha, a los funcionarios de la ciudad. La primera fotografía, sin embargo, decía al pie: «El redil de ovejas, ingenuas y vulnerables, se apiña buscando seguridad en contra de la incertidumbre del mundo de afuera».[2]

¿Quién puede decir que las dos fotografías no terminaron con más información en las leyendas de lo que originalmente se planeó?

Después de todo, a menudo nos sentimos como se espera que los concejales se sientan: ingenuos y vulnerables, apiñados en contra de las incertidumbres del mundo de afuera. Eso es precisamente el problema que Salomón trata en estos versículos. Somos como ovejas indefensas en un mundo peligroso, dado todo lo que no sabemos sobre la manera en que funciona este mundo. Salomón nos recuerda cuatro veces en Eclesiastés 11:1-6 lo que no sabemos y no podemos saber:

- Uno no sabe qué mal habrá en la tierra.
- Uno no sabe el camino de los vientos.
- Uno no sabe las obras de Dios.
- Uno no sabe quién va a prosperar.

Considere las variables. Debido a que los hombres son malos, no sabemos lo que va a pasar. No debemos dejar nuestras casas sin echarles llave. No debemos confiarle al extraño que llama por teléfono el número de nuestra tarjeta de crédito. No debemos dejar nuestras billeteras y carteras desatendidas en público. La gente es mala, y eso invita a la incertidumbre en el mundo.

Debido a que los vientos son impredecibles, no sabemos lo que va a pasar. Diremos más acerca de esto más adelante, pero la tierra misma refleja el estado caído de la humanidad. Un torbellino nunca anuncia su horario de antemano. Un incendio forestal puede venir y destruir barrios enteros. El viento sopla por donde le place, y eso invita a la incertidumbre en el mundo.

Debido a que los planes de Dios están ocultos, no sabemos lo que va a pasar. Confiamos en él, le amamos y le obedecemos; pero no sabemos su programa. Él nos puede llamar a nuestro hogar en cualquier momento; o nos puede mandar a alguna nueva misión terrenal. Dios se mueve de maneras misteriosas, y eso invita a la incertidumbre en el mundo.

Debido a que no podemos predecir el futuro, no sabemos lo que va a pasar. Podemos trabajar duro y buscar la prosperidad, pero la economía y la compañía, e incluso nuestra capacidad para trabajar son todas intangibles. No sabemos lo que trae el futuro, y eso también invita a la incertidumbre en el mundo.

Salomón no nos dice que nos comamos primero el postre, pero nos da dos consejos mucho más prácticos y mucho más útiles.

Diversifique sus inversiones

Lanza tu pan sobre el agua;
después de algún tiempo volverás a encontrarlo.
Comparte lo que tienes entre siete,
y aun entre ocho,
pues no sabes qué calamidad
pueda venir sobre la tierra.

—Eclesiastés 11:1-2

¿Leyó bien ese titular? Lo que menos esperaría uno de Salomón es un consejo en cuanto a un portafolio diversificado de inversiones. Si yo hubiera sido Salomón, habría aconsejado: «Ya que la vida es incierta, asegúrate de que tu cimiento espiritual sea firme. Asegúrate de que tu esperanza del cielo sea segura. Asegúrate de que tu fe está en Cristo, la Roca inmutable».

Salomón dirá tales consideraciones a su debido tiempo. Pero parte del encanto y la singularidad de Eclesiastés es que está cimentado de forma sorprendente en la vida diaria del planeta Tierra. ¿Y quién puede negar que las finanzas sean una parte considerable de la vida cotidiana? No solo eso, sino que los asuntos económicos son tan inciertos como todo lo demás en la vida. Si alguna vez ha seguido el índice industrial Dow Jones, usted comprenderá perfectamente.

En realidad Pablo tampoco estaba por encima de algún consejo en cuanto a inversiones. En 1 Timoteo 6:17 advierte: «A los ricos de este mundo, mándales que no sean arrogantes ni pongan su esperanza en las riquezas, que son tan inseguras». Guarde sus inversiones con humildad.

Salomón era uno de los hombres más ricos de la historia, y su sabiduría legendaria abarcaba la administración del dinero. Hasta este día, alguno de los mejores consejos financieros jamás escritos están contenidos en el libro de Proverbios. Aquí, en este pasaje de Eclesiastés, vemos el invento y la promoción de la estrategia ampliamente elogiada de la diversificación de las finanzas.

Note el versículo 1: «Echa tu pan sobre las aguas: porque después de muchos días lo hallarás» (RVR). Este es uno de los versículos más citado de Eclesiastés, pero ¿qué significa?

Resulta que Salomón tenía una impresionante flota de barcos. «El rey Salomón también construyó una flota naviera en Ezión Guéber, cerca de Elat en Edom, a orillas del Mar Rojo» (1 Reyes 9:26).
El siguiente capítulo habla acerca de barcos que transportan oro, piedras preciosas y maderas costosas (1 Reyes 10:11). Leemos de sus mercaderes viajantes, sus ingresos del comercio internacional, e incluso de más barcos trayendo riquezas del mundo, incluyendo «oro, plata y marfil, monos y mandriles» (versículos 15,22).

En ese entonces como ahora, uno de los principales artículos de consumo era el grano. Los mercaderes de los días de Salomón llenaban sus barcos de grano y los despachaban. Los israelitas estaban «echando su pan sobre el agua». Pero note que Salomón usa la palabra en plural: «Echa tu pan sobre *las aguas*». En otras palabras, no ponga todo su grano en un solo barco. Ponga su trigo en varios barcos, y despáchelos de una manera diversa de modo que si uno de los barcos se hunde, usted no se arruinará.

Mi abuela decía que esto es no poner todos los huevos en una sola canasta; nosotros lo llamamos diversificación de nuestro portafolio. Salomón nos está diciendo que ya que la vida es tan incierta, debemos esparcir nuestras inversiones. En realidad, va tan lejos como para recomendar que diversifiquemos usando siete u ocho lugares. Mire Eclesiastés 11:2: «Comparte lo que tienes entre siete, y aun entre ocho, pues no sabes qué calamidad pueda venir sobre la tierra».
Ese es el consejo de Dios con respeto a nuestras inversiones financieras. Espárzalas porque la vida es incierta.

Sea diligente en su intervención

*Cuando las nubes están cargadas,
derraman su lluvia sobre la tierra.*

*Si el árbol cae hacia el sur,
o cae hacia el norte,
donde cae allí se queda.*

*Quien vigila al viento, no siembra;
quien contempla las nubes, no cosecha.*

Así como no sabes por dónde va el viento ni cómo se forma el niño en el vientre de la madre, tampoco entiendes la obra de Dios, creador de todas las cosas. Siembra tu semilla en la mañana, y no te des reposo por la tarde, pues nunca sabes cuál siembra saldrá mejor, si ésta o aquélla, o si ambas serán igual de buenas.

—Eclesiastés 11:3-6

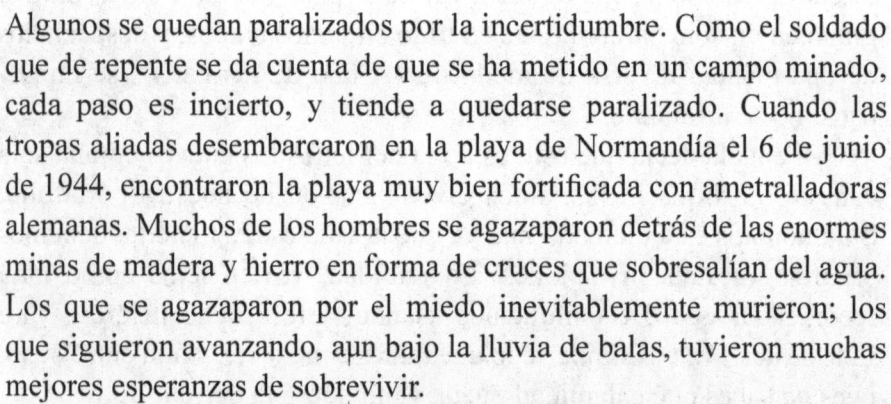

Algunos se quedan paralizados por la incertidumbre. Como el soldado que de repente se da cuenta de que se ha metido en un campo minado, cada paso es incierto, y tiende a quedarse paralizado. Cuando las tropas aliadas desembarcaron en la playa de Normandía el 6 de junio de 1944, encontraron la playa muy bien fortificada con ametralladoras alemanas. Muchos de los hombres se agazaparon detrás de las enormes minas de madera y hierro en forma de cruces que sobresalían del agua. Los que se agazaparon por el miedo inevitablemente murieron; los que siguieron avanzando, aun bajo la lluvia de balas, tuvieron muchas mejores esperanzas de sobrevivir.

El consejo de Salomón es que continúe avanzando; mientras mayor sea la incertidumbre, más decididos deberíamos ser. Cuando él oía a la gente decir: «La vida es incierta, así que démonos por vencidos», respondía: «La vida es incierta, así que arremánguense la camisa».

Prepárese para lo peor, y trabaje por lo mejor. Una y otra vez la Biblia nos dice que trabajemos, que seamos fieles, diligentes, fuertes, que usemos nuestros dones y recursos sabiamente. «[Redima] el tiempo», dice Efesios 5:16, «porque los días son malos».

Después de todo, afirma el rey, estamos rodeados por intangibles y variables. Salomón se para en el campo, entre el cielo y el polvo y las aguas, y sabe que lo rodean fuerzas más grandes. No se nos dio el dominio de las fuerzas naturales. Nadie debajo del sol puede saber cuándo va a caer la lluvia, y sin embargo ella mantiene dentro de su curso caprichoso el futuro de todo lo que cultivamos, de todo lo que comemos.

Salomón descansa sobre un árbol caído y observa que esta madera sólida, por lo menos, no es un misterio; es tangible, robusta, y sabemos sus temporadas de florecer y de descomposición. Pero la lluvia, las nubes y sus programas... eso está más allá de nuestro dominio.

El rey siente la brisa en su cabello y amplía su observación. Comenta que el viento también es un extraño furtivo entre nosotros. Se mueve y deja de moverse sin importarle los asuntos de los hijos de Dios. No respecta a reyes, ni tampoco desprecia a los campesinos. Sopla por entre ellos, anunciando su presencia al alborotar las hojas o haciendo ondular al trigo, antes de seguir a otro destino que no podemos saber.

A los oídos de Salomón el viento arrastra la risa de un niño a la distancia, y otra vez reflexiona sobre el misterio del mundo... no solo a nuestro alrededor, sino también dentro de nosotros. El más grande de los acertijos, tal vez, es el ser que vive y respira dentro del vientre de una madre. Desde la simiente más diminuta brota toda la complejidad del espíritu humano.

Salomón sonríe ligeramente, y los años se muestran alrededor de las esquinas de sus ojos. Con toda su sabiduría divina y mundialmente conocida, con todos sus años, experiencia, autoridad y relaciones internacionales... ni aun así posee la semilla más diminuta de mostaza de comprensión de este milagro. Todo lo que Salomón puede hacer es ver más allá del cielo... ahí está el que utiliza el viento, que envía la lluvia, que con sus manos forma al niño.

Salomón se levanta del árbol caído y ofrece su respuesta. Para el hombre más sabio del mundo, tanto como para el necio más desfachatado, el mundo es como el viento, incierto e inescrutable. El único que sabe es el único que controla, y eso es un pensamiento prometedor. Nos resta a nosotros sembrar vigorosamente nuestras semillas y confiar en la lluvia aun si no es digna de confianza, contar con el viento ya sea que revuelva el pelo o derribe el granero, abrazar al recién nacido por lo que es: una criatura y don de Dios.

El mundo es un misterio y la vida tan solo un vapor, nos dice Salomón; pero el trabajo duro, vivir sabiamente, y un semblante gozoso no son tales cosas. Son la mejor posibilidad para los que harán lo mejor de la tierra en su camino al cielo. La vida es incierta; abrácela con gozo.

Hace más de doscientos años la cámara de diputados de Connecticut estaba en sesión en un día brillante y soleado de primavera. De repente, el cielo se oscureció y una sombra siniestra inundó la cámara. Los diputados se alarmaron al mirar por las ventanas aturdidos. Era una época que carecía de la ciencia necesaria para predecir los eclipses solares. Nadie esperaba o comprendía la repentina envoltura de oscuridad.

Un clamor se levantó entre los diputados. *¡Que se termine la sesión! ¡Apurémonos a salir de aquí para poner nuestras propias casas en orden!*, fue el consenso. Algunos legisladores creyeron que la Segunda Venida de Cristo de seguro estaba cerca.

Pero el portavoz de la cámara, hombre devoto, se levantó para hablar. Con gentileza reconoció que la cámara estaba perturbada por la oscuridad y que algunos tenían miedo. «Pero el Día del Señor o bien está cerca o no lo está», dijo. «Si no lo está, no hay causa para terminar la sesión. Y si el Señor está volviendo, por mí, prefiero que me encuentre haciendo mi trabajo. Por consiguiente, pido que se saquen las velas».[3]

En estos días de incertidumbre, no podemos pedir otro mejor recurso. Aunque la oscuridad caiga, la luz de seguro la derrota. Así que saque las velas. Póngalas bien arriba para que despidan su luz mientras dure su cera, mientras nuestra fuerza las sostenga. El Señor puede venir hoy mismo, o puede venir en mil años. En cualquier caso, dediquémonos a los negocios del Padre.

La vida es incierta: ¡Abrácela!

Aprovechemos el día, levantemos su bandera, y pongamos nuestros pensamientos en las cosas eternas.

El mañana, Señor, es tuyo
Alojado en tu mano soberana;
Y si el sol sale y brilla,
Brilla por tu orden.

El momento presente vuela,
Y se lleva nuestra vida;
Oh, haz a tus siervos en verdad sabios,
Para que ellos puedan vivir ahora.[4]

30
La vida es corta: ¡Disfrútela!
ECLESIASTÉS 11:7—12:8

El Dr. Benjamín Elijah Mays, gran educador cristiano y presidente de la Universidad Morehouse, escribió un poema clásico que vale la pena memorizar. Se titula «Life Is Just a Minute» [«La vida es solo un minuto»].

> La vida es solo un minuto... solo sesenta segundos en ella.
> Impuesta sobre uno... no puede rechazarla.
> No la buscó... no la escogió.
> Pero depende de uno usarla.
> Uno debe sufrir si la pierde.
> Dar cuentas si abusa de ella.
> Solo un diminuto, pequeño minuto,
> ¡Pero la eternidad está en él![1]

El Dr. Mays debe haber estado leyendo Eclesiastés cuando escribió eso, porque capta el tema de los dos últimos capítulos. La vida es incierta, así que debemos abrazarla. La vida es corta, así que debemos disfrutarla.

¿Cómo disfrutamos la vida? Salomón va a sugerir cuatro maneras específicas para nuestra consideración.

VIVA CADA DÍA POR COMPLETO

Grata es la luz, y qué bueno que los ojos disfruten del sol. Mas si el hombre vive muchos años, y todos ellos los disfruta, debe recordar que los días tenebrosos serán muchos y que lo venidero será un absurdo.

—ECLESIASTÉS 11:7-8

No sabemos cuántos años vamos a vivir, así que debemos vivir cada día con gusto. Escuche estos mismos versículos en *The Message*:

Oh, qué dulce es la luz del día,
Y qué maravilloso es vivir bajo la luz del sol.
Pero incluso si vives por largo tiempo, no des ni un solo día por sentado.
Deléitate en cada hora llena de luz,
Recuerda que también habrá muchos días oscuros
Y que la mayor parte de lo que viene por tu camino es humo.

Esa oración inicial resuena en mi espíritu. Me encanta el amanecer. Me encanta ver el sol asomándose por la ventana cuando me levanto por la mañana. El salmista dijo: «Desde la salida del sol hasta su ocaso, sea alabado el nombre del SEÑOR» (Salmo 113:3).
Ese es el tema detrás del himno anónimo «Cuando la mañana dora los cielos». Hay muchas, muchas estrofas; más de las que puedo citar aquí. Pero estas son unas pocas:

Cuando la mañana dora los cielos mi corazón se despierta y grita:
¡Alabado sea Jesucristo!
Por igual en el trabajo y la oración, a Jesús alabo:
¡Alabado sea Jesucristo!

Cuando comiences el día, oh, nunca dejes de decir:
¡Alabado sea Jesucristo!
Y en tu trabajo alégrate, canta con corazón y voz:
¡Alabado sea Jesucristo!

Canten, soles y estrellas del espacio, canten, ustedes que ven su rostro,

La vida es corta: ¡Disfrútela!

Canten, ¡Jesucristo sea alabado!
Por toda la creación de Dios, por siempre y eternamente
¡Que Jesucristo sea alabado![2]

Alabamos a Dios porque es correcto, porque es apropiado, y porque se nos ordena hacerlo. Pero alabar a Dios también ejerce un efecto radical en nosotros. Le reto a comenzar estos siguientes siete días con una alabanza y adoración intensa y de todo corazón. Lea un salmo de alabanza cada día, y reflexione sobre un himno poderoso como el de arriba. Alábelo por el sol y la lluvia... por cualquier bendición que venga ese día. Exalte a Dios por la pura bondad de una vida que muestra su presencia. Siéntese a los pies de Dios tan solo por unos momentos, y entonces observe el efecto en su día.

Sigmund Freud sufría de un cáncer horrible en la boca. En 1926 también se enfermó de problemas del corazón y pasó su tiempo en un sanatorio. Regresó a Viena anhelando dar sus paseos matutinos, y por primera vez experimentó las glorias de la primavera en Viena. «Qué lástima», escribió, «que uno tiene que volverse viejo y enfermarse antes de hacer este descubrimiento».

Keith LeClair fue uno de los astros más jóvenes y brillantes del béisbol en los Estados Unidos. Como principal director técnico a los veinticinco años, dirigió a la Universidad de Carolina Occidental a jugar en la serie mundial de universidades. LeClair fue nombrado el entrenador del año de la conferencia del sur tres veces antes de dejarla para aceptar el programa de Carolina del Este en 1998. Continúo su éxito con los Piratas y convirtió el programa en un contendiente perpetuo. De repente, su carrera llegó a una parada dramática cuando recibió el diagnóstico de que sufría de ALS, esclerosis lateral amiotrópica, más comúnmente llamada enfermedad de Lou Gehrig.

«No hace mucho el béisbol absorbía toda mi vida los trescientos sesenta y cinco días al año», dijo LeClair. «Le di a la profesión de director técnico todo lo que tenía hasta después de la temporada del 2002, [cuando] un médico dijo: "Lo siento, pero estás enfermo de ALS y no hay nada que pueda hacer para ayudarte". De repente el béisbol ya no me parecía importar tanto. Más bien, mis pensamientos se enfocaron en Dios y en mi familia».

LeClair ahora comienza cada día con las Escrituras, y ha adquirido un nuevo aprecio por las bellezas de cada mañana. «Me pasma pensar en toda la ayuda que Dios ha provisto para nuestra familia, y eso me mantiene avanzando para ver otro día», dijo LeClair en un artículo reciente.[3]

Me alegro de poder hacer este descubrimiento de nuevo cada mañana. Si usted le diera una ojeada a mi diario, encontraría que casi cada entrada dice de una forma u otra: «Gracias, Señor, por este día, por el descanso de la noche, y por el privilegio de estar vivo un día más sobre esta tierra para servirte».

Robert Louis Stevenson dice: «El que ha dejado de estar agradecido se ha quedado dormido en la vida». Desarrolle la actitud de vivir cada día por completo.

DISFRUTE SU JUVENTUD A CABALIDAD

Alégrate, joven, en tu juventud; deja que tu corazón disfrute de la adolescencia. Sigue los impulsos de tu corazón y responde al estímulo de tus ojos, pero toma en cuenta que Dios te juzgará por todo esto. Aleja de tu corazón el enojo, y echa fuera de tu ser la maldad, porque confiar en la juventud y en la flor de la vida es un absurdo.

—ECLESIASTÉS 11:9-10

A estas alturas usted se ha dado cuenta de que Salomón tiene una cuerda favorita en su violín, y es *el disfrutar de la vida*. Aquí les dice a los jóvenes que disfruten. Anima a los jóvenes a vivir con aventura y entusiasmo, porque estos son sus mejores días.

Al observar a los jóvenes de mi iglesia y comunidad, me parece que siempre tienen ansias de envejecer. Los de dieciséis años quieren tener dieciocho, y los de dieciocho no se aguantan para tener veintiuno.

¡En alguna parte en el camino ese proceso comienza a invertirse! Deberíamos estar diciéndoles a nuestros hijos que disfruten de sí mismos.

La vida es corta: ¡Disfrútela!

La juventud tiene muchas ventajas: menos responsabilidades, montones de energía, muchos buenos amigos, y montañas de oportunidad. He observado a mis propios hijos y nietos en los últimos años. Un día, después de una práctica de fútbol, mis hijos y yo estábamos hablando de lo divertido que es jugar fútbol en la universidad, y sin embargo todos estuvimos de acuerdo en que era *más* divertido jugar en la secundaria. El fútbol de la universidad es un negocio repleto de presión, pero en la secundaria hay más camaradería, espíritu escolar, familia, amigos, y el aura llena de energía de las noches del viernes en la cancha.

En tanto que la gente joven enfrenta hoy muchos retos y dificultades, también es verdad que la vida tiende a hacerse más dura y más pesada conforme envejecemos. Salomón nos aconseja regocijarnos en nuestra juventud.

Pero hay una advertencia. Siembre alegremente, pero siembre semillas saludables y no abrojos. La juventud no es excusa para hazañas que no honran a Dios.

Si yo fuera joven, vería mi vida como un tazón del mejor helado de chocolate. Saborearía cada bocado. Sería necio si me apurara para terminar cuando hay tanto en el tazón. Dedicaría un momento para agradecer a Dios antes de meter la cuchara, y estaría agradecido porque él ha diseñado esta golosina para que se derrita tan deliciosamente en mi lengua. Dios estaría siempre en mis pensamientos de gratitud. La juventud es para disfrutarla y dedicarla a aquel que la planeó para nosotros.

Si fuera padre de nuevo, dejaría que mis hijos fueran niños. No querría que crecieran demasiado aprisa, y cuando se tropezaran en el camino del aprendizaje, con delicadeza los levantaría y les enseñaría cómo caminar derecho. Los chicos tienen montones de energía y una imaginación sin freno, pero yo vería en ello el gozo de Dios en vez de hacerlos callar e imponer sobre su vitalidad natural restricciones no naturales.

EXPRESE SU FE DE FORMA SENSATA

Acuérdate de tu Creador
en los días de tu juventud,
antes que lleguen los días malos
y vengan los años en que digas:

> *«No encuentro en ellos placer alguno»;*
> *antes que dejen de brillar*
> *el sol y la luz,*
> *la luna y las estrellas,*
> *y vuelvan las nubes después de la lluvia.*
>
> —Eclesiastés 12:1-2

Pienso en Salomón, sentado en el patio del palacio y observando a sus hijos corretear alegremente por debajo de los árboles. Con todo el peso del imperio sobre sus hombros, la presencia de los niños debe haberle hecho sentirse joven otra vez.

Un adolescente se sienta a los pies del rey. Tal vez un nieto, una linda muchacha. Salomón se percata de la rapidez con que está creciendo. Sonríe y comienza decirle por qué debe tener cuidado de no perder a Dios en todo el alboroto de la adolescencia. El rey sabe lo fácil que es para los jóvenes decir: «¡Tengo mucho que vivir; todo el mundo está allá afuera esperándome! Y el Señor siempre estará allí para mí más tarde».

Él ya puede ver la mirada condescendiente en los ojos de la joven que está delante de él. Le dice: «¡En realidad, escúchame! *Ahora* es el tiempo preciso para que te acerques a tu Dios. Mientras más esperes, menos le desearás, y más evasivo resultará ser él. *Ahora* es el tiempo cuando tomarás tu decisión central sobre la que girarás todo tu futuro. Por favor no avances sin tu Señor».

La palabra «acuérdate» tiene que ver con los recuerdos para nosotros. Pero en la forma en que Salomón usa este término —acuérdate de tu Creador— significa consagración y participación. *Apégate a Dios*. Apégate a Dios a diario al pasar tiempo juntos. Apégate a Dios mediante su Palabra. Apégate a él en el servicio y con otros de sus hijos. Apégate a él y hónrale.

Es tradicional que los niños sean criticados por los que ya no lo son. El viejo cascarrabias y antiguo niño Martín Lucero dijo de los adolescentes de su día: «Los jóvenes de hoy son por completo disolutos y desordenados».

La vida es corta: ¡Disfrútela!

Platón, el filósofo y anteriormente niño, coincidió con él. «La juventud es rebelde, busca la pasión, y es irresponsable», escribió.
«No tienen respeto a sus mayores», añadió Sócrates, que en un tiempo también fue joven. «Los muchachos de hoy aman los lujos. Tienen malos modales y desprecian la autoridad. Les faltan el respeto a sus padres y les encanta parlotear».

Existió también un egipcio hace unos seis mil años —anónimo pero presumiblemente en un tiempo más joven— que talló en una tumba esta inscripción: «Vivimos en una era decadente. Los jóvenes ya no respetan a sus padres. Son groseros e impacientes. Habitan en las cantinas y no tienen dominio propio».

Pues bien, la próxima vez que usted piense que la generación moderna está yendo de mal en peor, recuerde que Dios siempre tiene un puñado rico de héroes adolescentes listos para cambiar al mundo. En la Biblia leemos de José el soñador, de Daniel en Babilonia, de David el que mata gigantes, y de la virgen María (probablemente todavía adolescente cuando dio a luz a Jesús).

Siendo todavía un adolescente Carlos Spurgeon predicaba a grandes multitudes, pero cuando se referían a su juventud, contestaba: «No se preocupe por mi edad. Piense en el Señor Jesucristo y su preciosidad».

En nuestros propios días nos hemos sentido profundamente conmovidos por jóvenes como la muchacha de diecisiete años, Cassie Bernall, de Littleton, Colorado, que murió a tiros por su fe durante la tragedia de Columbine.

Alentemos a nuestros jóvenes y oremos por ellos. Dios los va a usar para cambiar el mundo, y necesitan un buen comienzo. Necesitan acordarse de su Creador en los días de su juventud.

ABRACE SU VEJEZ CON AGRADECIMIENTO

Un día temblarán los guardianes de la casa,
y se encorvarán los hombres de batalla;
se detendrán las molenderas por ser tan pocas,
y se apagarán los que miran a través de las ventanas.
Se irán cerrando las puertas de la calle,

irá disminuyendo el ruido del molino,
las aves elevarán su canto,
pero apagados se oirán sus trinos.
Sobrevendrá el temor por las alturas
y por los peligros del camino.
Florecerá el almendro,
la langosta resultará onerosa,
y no servirá de nada la alcaparra,
pues el hombre se encamina al hogar eterno
y rondan ya en la calle los que lloran su muerte.

Acuérdate de tu Creador
antes que se rompa el cordón de plata
y se quiebre la vasija de oro,
y se estrelle el cántaro contra la fuente
y se haga pedazos la polea del pozo.
Volverá entonces el polvo a la tierra,
como antes fue,
y el espíritu volverá a Dios,
que es quien lo dio.

Lo más absurdo de lo absurdo,
¡todo es un absurdo!
—ha dicho el Maestro.

—Eclesiastés 12:3-8

Se puede disfrutar de la vida solo día a día, mordisco a mordisco. Disfrutamos de nuestra juventud a cabalidad, expresamos nuestra fe sensatamente, y al final aprendemos a abrazar el proceso de envejecer con agradecimiento.

Note lo maravillosamente ingenioso que es Dios mientras inspira a Salomón para escribir estas páginas. Él sabe que nuestras sonrisas se desvanecerán un poco al traer a colación este tema en particular.

Pero Salomón mantiene una luz poderosa sobre el tema... y una total jocosidad. ¿No es eso exactamente lo que necesitamos cuando nos inquietamos por las arrugas nuevas? Necesitamos tomarnos un poco menos en serio. Necesitamos una buena risa.

Salomón nos da un cuadro poético del proceso de envejecer. Recorramos este pasaje mirando las frases que escoge:

Un día temblarán los guardianes de la casa. Esos son sus brazos y sus manos. Conforme envejecemos, comienzan a temblar y a sacudirse más.

Y se encorvarán los hombres de batalla. Las rodillas y los hombros se debilitan, son más frágiles conforme envejecemos, doblándose y cediendo, y desplomándose.

Se detendrán las molenderas por ser tan pocas. ¿Qué son «las molenderas»? ¡Sus dientes, por supuesto! Podemos estar agradecidos por el adelanto en la atención dental, pero con todo perdemos un diente aquí y allá.

Y se apagarán los que miran a través de las ventanas. ¿Está captando ya la idea? Nuestros ojos, las ventanas de la mente y el cuerpo. Nadie usaba anteojos en el tiempo de Salomón; tenían que vivir con la vista borrosa.

Se irán cerrando las puertas de la calle, irá disminuyendo el ruido del molino. Nuestros oídos y nuestra audición comienzan a fallar. No podemos oír los sonidos de la calle o los molinos a la distancia.

Las aves elevarán su canto. Los adolescentes pueden dormir hasta el mediodía, pero eso es una habilidad que perdemos conforme envejecemos. Nosotros los viejos nos levantamos con las gallinas. Mis padres solían quedarse a veces en nuestra casa. No importaba a qué hora me levantara, ya mi padre estaba sentado a la mesa de la cocina. Le preguntaba: «Papá, ¿te fuiste a la cama anoche?» Seguro... solo que le gustaban esas horas tempranas.

Pero apagados se oirán sus trinos. Su voz comienza a temblar y a debilitarse. Ya no canta tan fuerte o claramente como lo hizo un día.

Sobrevendrá el temor por las alturas y por los peligros del camino. Llegamos a tener menos ansias de subir escaleras y gradas conforme envejecemos. No nos gusta ni siquiera una vereda alta.

Florecerá el almendro. ¿Qué árbol florece conforme usted envejece?

¡De su cabeza brotarán cabellos blancos! En vez de informar a su esposo o esposa que ha visto otra cana, por qué no decir: «¡Precioso almendro, cariño!»

La langosta resultará onerosa. Para el final del verano el saltamontes pierde su salto. Es más como un «cojeamontes».

Y no servirá de nada la alcaparra. La versión Reina Valera dice: «Y se perderá el apetito». Usted puede descifrar este punto por cuenta propia. Pista: hay una nueva línea de fármacos para tratar esta situación.

Pues el hombre se encamina al hogar eterno y rondan ya en la calle los que lloran su muerte. Esto se refiere al funeral inevitable y la procesión fúnebre.

Esta descripción del envejecimiento en la Biblia me hacer recordar a una pareja de Florida que quería casarse. Jacob tenía noventa y dos años, y Rebeca ochenta y nueve. Mientras conversaban sobre su boda, pasaron por una farmacia, y Jacob sugirió entrar. Dirigiéndose al hombre detrás del mostrador él dijo:

—Nos vamos a casar. ¿Venden ustedes medicina para el corazón?

—Sí, por supuesto que la vendemos —dijo el farmacéutico.

—¿Qué tal medicina para la circulación sanguínea?

—De todos los tipos.

—¿Medicina para el reumatismo y la escoliosis?

—Definitivamente.

—¿Medicina para los problemas de la memoria, la artritis, la ictericia?

—Sí, una gran variedad —dijo el farmacéutico—. Cualquier cosa que ordene el médico.

—¿Y qué de vitaminas, pastillas para dormir, Geritol?

—Absolutamente.

—¿Y sillas de ruedas y caminadores?

—De todas velocidades y tamaños.

—¡Maravilloso —dijo Jacob—, nos gustaría usar esta farmacia como nuestra tienda de bodas!

Viva lo suficiente, y al oír esto, no se reirá sino que dirá: «¡Mmm, buena idea!» Sin importar si usted acaba de salir del cascarón o está para ser despachado, ¿por qué no disfrutar la vida a plenitud?

Salomón continúa en el versículo 6 para darnos cuatro imágenes de lo que es morir.
- Es como un cordón de plata que se rompe y se cae.
- Es como una vasija dorada que cae al piso y se destroza.
- Es como el cántaro que se quiebra junto a la fuente.
- Es como una polea rota en el pozo.

Caído, destrozado, quebrado, roto. Estas son las imágenes de una belleza perdida. Juntas dan un cuadro que parte el corazón.

En una ocasión Art Linkletter dijo que ir de bajada es mejor que estar ya dos metros bajo tierra. Cualquier cosa que sea la vida para nosotros, sea cual sea el punto en que nos encontremos en edad o etapa, todo momento es una dádiva de Dios... envuelto de forma resplandeciente, esperando que se le abra, admire, y que nos deleitemos en él. La naturaleza agridulce de la pérdida hace el presente más precioso; saber que el cordón de plata un día se romperá hace que lo apreciemos mucho más mientras está en nuestras manos.

No debemos pasar mucho tiempo rezongando por lo fugaz de la vida, porque eso derrota el mismo propósito. Hay que aprovechar el tiempo, invertirlo con gozo y significado.

Eso incluye el *ahora*. ¡Vaya, por consiguiente, y diviértase!

31
La vida es misteriosa: ¡Examínela!
ECLESIASTÉS 12:9-12

Así que usted termina el curso. ¿Qué ocurre? ¡El examen final!

Allí está el rey Salomón frente a la clase, repartiendo a cada uno una copia del examen. «Examinemos su sabiduría», entona. «Usen un lápiz número dos, y mantengan los ojos en su propio rollo».

El examen va a cubrir todos los doce capítulos de Eclesiastés. Se le va a preguntar sobre la vida, la muerte, el placer, el sufrimiento, la comida, el trabajo, el dinero, la pobreza, la sabiduría, la insensatez... más o menos todo lo que está debajo del sol.

—¡Eso es mucho material! —le dice en voz baja al compañero en el siguiente pupitre—. ¿Qué tal si no tengo la menor idea de lo que preguntan?

—Cuando no sepas una, la respuesta probable es "vanidad" —le contesta su compañero también en voz baja—. Sirve siempre. Cuando me atasco simplemente escribo: "La vida está llena de tales preguntas que no se puede responder. Esto también es vanidad". Al maestro le gusta eso.

—Espero que estuviera hablando en serio cuando dijo que la verdadera sabiduría es darse cuenta de que *no* se sabe. Si eso es así, recibiré un diez —murmura usted.

Salomón viene al examen con estos versículos finales, pero de modo característico, invierte la formula. Para Salomón el examen es primero, las lecciones después. Es algo parecido a la escena de Lewis

Carroll en *Alicia en el país de las maravillas*, cuando el rey pregunta al jurado que considere su veredicto. «No, no», objeta la reina. «La sentencia primero, el veredicto después».

En la escuela estudiamos y después rendimos un examen. Salomón afirma que en el mundo real enfrentamos el examen, y *después* estudiamos. Nos dice que la sabiduría viene por instrucción, por perspectiva y por inspiración.

Este mundo necesita con desesperación gente sabia. A fines del siglo dieciocho en Francia, un joven llamado Jean-Baptiste Vianney quería ser predicador. Su familia era muy pobre, y la falta de fondos obstaculizó sus estudios. Cuando finalmente halló la manera de estudiar, sus estudios fueron interrumpidos por los terrores de la revolución francesa, y luego por las guerras de Napoleón.

Resultó que Jean-Baptiste no era un estudiante brillante en particular, y cuando al fin fue ordenado a los veintinueve años, sus superiores lo describieron como académicamente subcalificado. Lo enviaron a la pequeña y oscura aldea de Ars-en-Dombes, en donde, para la sorpresa de todos, llegó a ser un predicador poderoso cuyos sermones impactaron de forma contundente las vidas cotidianas de sus feligreses.

Jean-Baptiste era en especial hábil para asesorar individualmente, y parecía estar bendecido con una perspectiva psicológica extraordinaria. Poseía una habilidad especial para ayudar a la gente a saber cómo aplicar la Palabra de Dios a sus vidas diarias y así poder hallar libertad para vivir realmente. Algunos llegaron a convencerse de que él podía leer los pensamientos; y conforme su fama se extendía la gente venía de cientos de kilómetros para oírle predicar y buscar su consejo. Durante el último año de su vida cien mil personas viajaron de toda Europa para oírle. Fue como un Salomón del siglo dieciocho.[1]

¿No podríamos usar unos pocos como él ahora? Si usted está de acuerdo, entonces ¿por qué no se ofrece como voluntario? Usted puede ser Salomón. Usted puede ser sabio. Usted puede adquirir las habilidades bíblicas, espirituales y mentales para ayudar a la gente.

La vida es misteriosa: ¡Examínela!

La sabiduría viene por la instrucción

Además de ser sabio, el Maestro impartió conocimientos a la gente. Ponderó, investigó y ordenó muchísimos proverbios.

—Eclesiastés 12:9

Salomón impartió al pueblo conocimientos mediante el uso de proverbios. Un proverbio es un dicho terrenal que contiene una verdad celestial. Es la sabiduría de Dios envuelta en un lindo paquete. Es sabiduría destilada, una palabra práctica para un mundo complicado. Los Proverbios son «sólidos bocadillos» de Dios.

El preámbulo de Salomón en Proverbios dice:

Estos proverbios tienen como propósito
que ustedes los jóvenes
lleguen a ser sabios,
corrijan su conducta
y entiendan palabras
bien dichas y bien pensadas.

También sirven para enseñar
a los que no tienen experiencia,
a fin de que sean cuidadosos,
honrados y justos en todo;
que muestren astucia y conocimiento,
y piensen bien lo que hacen.

Ustedes, los sabios e inteligentes,
escuchen lo que voy a decirles.
Así se harán más sabios
y ganarán experiencia.
Así podrán entender
lo que es un proverbio
lo que es un ejemplo,

y lo que es una adivinanza (Proverbios 1:2-6; *La Biblia en Lenguaje Sencillo*).

Algunos definen a la sabiduría como «ver la vida desde el punto de vista de Dios». Yo prefiero decir que la sabiduría es la capacidad de aplicar la verdad bíblica a las situaciones de la vida real.

Sin la Biblia nadie puede ser sabio, porque la sabiduría es la capacidad de ver más de las cosas según son «bajo el sol». Es la capacidad de percibir cómo el Dios del cielo ve una situación y aplicar a ella su divina sabiduría.

Al estudiar los Proverbios de Salomón creceremos en sabiduría. A veces una simple frase de verdad, una frase inspirada por el Espíritu, puede cambiar la actitud completa y la vida de una persona.

La sabiduría viene por perspectiva

Procuró también hallar las palabras más adecuadas y escribirlas con honradez y veracidad.

—Eclesiastés 12:10

La enseñanza de Salomón fue como la de Jesús, el cual (siendo Dios encarnado) poseía una ampliación infinita de la sabiduría de Salomón. Las palabras de Cristo fueron adecuadas, llenas de gracia y verdad.

¿Alguna vez ha luchado por encontrar justo las palabras correctas para decirle algo a alguien? Pues bien, recuerde la oferta de Dios en Santiago 1:5: «Si a alguno de ustedes le falta sabiduría, pídasela a Dios, y él se la dará, pues Dios da a todos generosamente sin menospreciar a nadie».

¡Cuántas veces me he encontrado en una crisis o una situación tensa y me he apropiado de esta verdad! He estado con mis hijos, mis feligreses, o con alguien que necesita mi ayuda, y he susurrado una oración a Dios: «¡Señor, dame sabiduría!» Si usted ha estado perseverando en las Escrituras, es sorprendente e inspirador cómo la palabra precisa simplemente sale de su boca. Usted puede tener escasa educación o ninguna, pero tiene acceso a la sabiduría más grande del universo.

Alexander Grigolia emigró a los Estados Unidos de América procedente de la Georgia soviética, aprendió inglés, recibió tres doctorados, y llegó a ser un profesor triunfador en la Universidad de Pennsylvania. Pero a pesar de su libertad y logros, había una sombra grande en su corazón, una desdicha que no podía quitarse.

Un día, mientras hacía lustrar sus zapatos, notó que el lustrabotas hacía su trabajo con un sentido de alegría, cepillando, sacando brillo, sonriendo y charlando. Finalmente el Dr. Grigolia no pudo aguantar más. Con su acento ruso le preguntó: «¿Por qué es usted tan feliz?» Mirando hacia arriba, el lustrabotas hizo una pausa y respondió: «Jesús. Él *me ama*. Él murió para que Dios pudiera perdonar mi maldad. Él me hace feliz».

El profesor volvió a ensimismarse en el periódico, y el lustrabotas volvió a su tarea. Pero el Dr. Grigolia nunca pudo escaparse de esas palabras, y con el tiempo lo llevaron al Salvador. Más adelante llegó a ser profesor de antropología en la Universidad Wheaton, donde enseñó a un joven estudiante llamado Billy Graham. Un profesor triunfador tuvo que arrodillarse ante la sabiduría de un lustrabotas simple e iletrado.

La sabiduría viene por inspiración

> *Las palabras de los sabios son como aguijones. Como clavos bien puestos son sus colecciones de dichos, dados por un solo pastor. Además de ellas, hijo mío, ten presente que el hacer muchos libros es algo interminable y que el mucho leer causa fatiga.*
>
> —Eclesiastés 12:11-12

La sabiduría viene por instrucción, por perspicacia y por inspiración. La mejor sabiduría, la más profunda, la más fina y la más duradera es la que viene del «Pastor». Note que la palabra *Pastor* está con mayúscula en la mayoría de las versiones de la Biblia. Ese Pastor es Dios. La sabiduría que él da es como los clavos que sujetan la verdad en las paredes de nuestros corazones por medio del Espíritu Santo. En otra parte a la Palabra de Dios se le asemeja a una espada de dos filos y a un martillo que hace pedazos las piedras.

En el versículo 12 Salomón nos advierte en contra de estudiar muchos libros a exclusión de la Biblia. «Ten presente que el hacer muchos libros es algo interminable y que el mucho leer causa fatiga». Ese es un versículo favorito de los universitarios, pero Salomón no nos está diciendo que no amemos o apreciemos los libros. Nos está advirtiendo que no debemos estudiar otros libros a exclusión de las Sagradas Escrituras. Los demás libros nos sirven para nuestra información, pero la Biblia nos fue dada para nuestra transformación. Una vez le preguntaron a Ruth Bell Graham la mejor manera de llegar a ser sabia. Su respuesta: «Lea, lea y lea... pero use la Biblia como base».[2] ¡Tiene razón!

En uno de sus impresionantes sermones, Carlos Spurgeon tronó:

> ¡Ah! Ustedes saben más de sus libros de contabilidad que de su Biblia; ustedes saben más acerca de sus registros diarios que de lo que Dios ha escrito; muchos de ustedes leerán una novela de principio a fin, ¿y qué obtendrán? Una boca llena de espuma cuando hayan terminado. Pero no pueden leer la Biblia, esa comida sólida, duradera, sustancial y satisfactoria que permanece sin comer, encerrada en el anaquel del abandono.[3]

La Biblia es un libro de todos los días para mí. Lo ha sido por muchos años, y lo va a ser hasta el día en que muera. Pasar un día sin sumergirme en su frescura sería lo mismo que pasar un día sin bañarme, o sin respirar. Como D. L. Moody dijo: «Los que más leen la Biblia la encuentran siempre nueva». ¡La Biblia que se está desbaratando, se ha dicho, por lo general pertenece a alguien que permanece íntegro!

Yo trato de leer la Biblia todos los días, pero también leo lo que me ayuda a comprenderla. Leo periódicos, revistas, y a veces algunos éxitos de librería. Trato de leer los clásicos de las edades. Pero uso las palabras del Pastor como la cuadrícula sobre la cual trazo toda la demás información, ya que creo que la Biblia nos da las respuestas finales a la vida. Lo que Salomón está diciendo, creo, es que nuestra fe no es primordialmente un asunto de búsqueda, es un asunto de encontrar. No se trata de preguntas; se trata de respuestas.

En *The Great Divorce* [El gran divorcio], de C. S. Lewis, hay una escena en la que los protagonistas están en los límites del cielo, y a un buscador perpetuo que está fuera del cielo se le está diciendo que entre. El personaje llamado Espíritu Blanco le recibe en los límites y le dice:

—Lo único que te puedo dar cuando entres es perdón por haber pervertido todos tus valores y todo tu cerebro y toda tu inteligencia. No hay espacio en este lugar llamado cielo para las preguntas. Te voy a llevar a la tierra, no de las preguntas, sino de las respuestas, y verás la cara de Dios.

—¡Ah, pero debemos interpretar esas hermosas palabras a nuestra propia manera! —responde el hombre.

—En un tiempo fuiste un niño. En un tiempo sabías para qué eran las preguntas. Hubo un tiempo cuando hacías preguntas porque querías respuestas, y te alegrabas cuando las encontrabas. Conviértete en ese niño de nuevo, incluso ahora —le señala el Espíritu Blanco.

—Ah —dijo el preguntón— pero cuando fui hombre dejé las cosas de niño.

El encuentro termina cuando el preguntón menciona que tiene una cita y pide disculpas, dejando los límites del cielo y apurándose a su grupo de discusión en el infierno. He aquí un personaje expuesto a la respuesta, pero porque pensó que la realidad estaba en la búsqueda, no podía aceptar el hecho de que *la respuesta estaba disponible*.[4]

A menudo nos preguntamos si aquellos en el campo de los no absolutos —los que aducen que la «verdad» de uno es tan buena como la de cualquier otro— en realidad *quieren* hallar la verdad final. Si pudieran pararse en los mismos límites del cielo, ¿podrían abrazar las respuestas finales, o se darían la vuelta y retrocederían para seguir jugando el juego de la especulación interminable?

Hay solo una verdad de un Pastor. Jesús dijo: «Tu palabra es verdad». No debemos quedarnos atrapados tanto en las interrogaciones postmodernas como para olvidarnos de que las preguntas son para obtener respuestas, y las respuestas están disponibles en la Palabra de Dios.

Conclusión
La vida es obediencia: ¡Exprésela!
ECLESIASTÉS 12:13-14

OIGAMOS LA CONCLUSIÓN a todo el asunto:

> *El fin de este asunto es que ya se ha escuchado todo. Teme, pues, a Dios y cumple sus mandamientos, porque esto es todo para el hombre. Pues Dios juzgará toda obra, buena o mala, aun la realizada en secreto.*
>
> —ECLESIASTÉS 12:13-14

El viejo Salomón está sentado en su cámara privada, el lugar donde estudia y se sumerge en los pensamientos profundos, el lugar donde su camino se cruza con el camino del Pastor que le ha pastoreado por tantos años de obediencia, cuidado, crecimiento y peregrinaje... y no pocos mordiscos de lobos.

Mientras Salomón considera «el fin de este asunto», no piensa solo en el final del libro, ni tampoco en el final de la vida de un rey, sino en el comienzo de la sabiduría en la vida ante el Rey. Todo se reúne allí. Salomón piensa en la niñez junto a su querido padre, el rey David. Piensa en esa noche cuando le hizo a Dios su gran petición, en los años de construcción, conquista y prosperidad, en los consejeros, las demasiadas esposas... todo se mezcla borrosamente y él se siente más pequeño que nunca ante el Dios de sus padres.

Habiendo tenido las joyas más grandes del mundo, construido el templo más grande del mundo, y guiado a la nación más grande

Conclusión

del mundo, Salomón ha buscado el tesoro final: nada menos que el significado de la vida misma. Ha sentido hambre por la imagen del cielo en la tierra, por un bocado de prueba del cielo divino.

Las imágenes pasan ante él: las bibliotecas más grandes del universo, los sabios de todo el mundo, los sacerdotes, príncipes y profetas, los barcos de tierras exóticas desconocidas con anterioridad. Y todo llega a ser... *nada*.

Nunca hubo ni la menor vislumbre del cielo en la tierra. Pero hubo algo que el padre de Salomón le enseñó, algo dado a conocer a Abraham, a Isaac y a Jacob, a José y a todos los hermanos y sus tribus, algo, una cosa pequeña y sencilla que usted puede oír de la lengua del más pobre de los pordioseros en la calle. Y de alguna manera esta frase tan breve pregona toda la sabiduría y la enseñanza del mundo.

Y la frase es:

Teme, pues, a Dios y cumple sus mandamientos, porque esto es todo para el hombre (Eclesiastés 12:13).

Todo, en realidad.

Pues Dios juzgará toda obra, buena o mala, aun la realizada en secreto (12:14).

Usted puede no tener riquezas, ningún poder, nada de gloria, ninguno de los placeres ordinarios de la vida, y si supiera esa *única cosa* —lo suficiente sencilla para cualquier niño— tendría el mapa para hallar el cielo en la tierra. Hay eternidad puesta en nuestro corazón; la luz llama a la luz; lo profundo llama a lo profundo. Por lo tanto debemos avanzar o ser por siempre criaturas desdichadas y miserables.

Teme a Dios: ese es el punto de partida. *Cumple sus mandamientos*: ese es el camino. Recórralo con toda seriedad, con los ojos fijos adelante mientras sigue por el sendero estrecho, y en realidad captará vislumbres de la ciudad eterna.

Y así Salomón llega al final del viaje, y su alma descansa. Es como si el pago final de ese obsequio que le pidió hace tantos años atrás acabara de ser hecho. De seguro este es el punto final de toda sabiduría.

Conclusión

Una sola lágrima cae del ojo del hombre más rico, más sabio y más poderoso del mundo. En su diario escribe en letras grandes, con líneas sinuosas por una mano temblorosa a causa de los años y la emoción: «TEME A DIOS». Temer a Dios significa sacudirse por el asombro de su presencia santa y todo consumidora; permanecer siempre y para siempre en una exclamación que nos deja sin aliento por lo que Dios es y por lo que ha hecho, y por la forma vasta e infinita en que su grandeza supera nuestra breve existencia que es como neblina.

Justo debajo de eso Salomón garrapatea: «¡CUMPLE SUS MANDAMIENTOS!» Sí, asiente Salomón con la cabeza, esa es la única manera. Busca lo que Dios ha hecho, y *ve y hazlo* cueste lo que cueste. Todo lo demás es vanidad, dolor de cabeza, deambular a ciegas.

En 1866, D. L. Moody estaba celebrando una serie de reuniones evangelizadoras en Brockton, Massachussets. Daniel B. Towner, director del departamento de música en el Instituto Bíblico Moody de Chicago, dirigía la música en esas reuniones.

Un joven pasó a dar su testimonio de seguir a Cristo, y concluyó su comentario con estas palabras: «No estoy muy seguro, pero voy a confiar, y voy a obedecer».

El señor Towner quedó tan conmovido con estas palabras que las escribió y se las mandó al reverendo J. H. Sammis, ministro presbiteriano y más adelante profesor en el Instituto Moody. El reverendo Sammis amplió estas palabras a las estrofas y el estribillo del querido himno «Confiar y obedecer». Podemos escribir esas palabras justo debajo de las palabras que Salomón ha escrito:

> Cuando andamos con Dios a la luz de su Palabra
> ¡Qué gloria derrama él en nuestro camino!
> Mientras hacemos su buena voluntad, él sigue con nosotros,
> Y con todos los que confían en él y le obedecen.
> Confiar y obedecer porque no hay otra manera
> De ser felices en Jesús, que confiar y obedecer.[1]

Dios le creó con un lugar en su corazón que solo él puede llenar. Él ha puesto eternidad en su corazón. La vida para usted y para mí es como un viaje al centro comercial la noche de navidad. Hay color y música, y fragancias mezcladas por todas partes, todas sensuales, todas seductoras, todas compitiendo por nuestra atención... todas las vanidades y búsquedas que terminan vacías. Salomón trató cada una de ellas.

Entonces, en una esquina del fondo vemos una puerta estrecha. Es silenciosa, sencilla, no tiene marcas, y por lo general la ignoran los que pasan por allí con apuro. Pero nosotros sabemos que nuestro Salvador ha dejado esa puerta abierta un ápice para nosotros y que nos lleva a un lugar donde encontraremos todo lo que nuestro corazón ha deseado.

La puerta está abierta apenas una rendija, como si fuera una invitación, y vemos una luz brillante tratando de abrirse paso. Sabemos instantáneamente que es la luz de otro mundo. Es la luz del cielo en la tierra.

El Buen Pastor dijo: «Yo he venido para que tengan vida, y la tengan en abundancia» (Juan 10:10). La puerta puede ser sencilla, pero el mundo detrás de ella es rico en realidad. Rico y gozoso, lleno de placeres. A decir verdad, todas las cosas vanas que más nos han hechizado en esta vida terrenal, los placeres y búsquedas que sentimos y saboreamos tan vacíos, ahora son tan maravillosos como siempre deberían haber sido. El Pastor hace que cada rayo de sol en sí mismo se sienta más brillante.

Amigo y amiga mía, abra esa puerta. Comience la aventura que será la más grande de su vida y el gozo será el más abundante. Si usted no conoce a mi Señor Jesucristo, le pido que le conozca en este mismo momento elevando la siguiente oración:

Señor, me doy cuenta ahora de que toda mi vida ha sido una búsqueda del cielo en la tierra. Anhelo saber, saborear, sentir la verdad que es real, el amor que es genuino, al Maestro que nunca me defraudará. Tú moriste por mí hace muchos años en una dolorosa cruz, y me doy cuenta ahora de que llevaste el pago de todos mis pecados... de cada uno de ellos. ¡Cómo anhelo sentir alivio de su carga! Así como tú resucitaste de los muertos, venciendo a la muerte para siempre, en este momento escojo recibir la vida eterna, saber que la muerte no tiene dominio sobre mí. Te buscaré por ese camino a la ciudad eterna con cada aliento que me quede por el resto de esta vida hasta el día en que tú y yo nos veamos cara a cara. Amén.

Notas

Prefacio
1. *Celebrity Skin,* compuesto por Courtney Love, Copyright © 1998, Mother May I Music. BMI.

Introducción
1. *Christianity Today,* 1 de abril de 1977, pp. 25-26.
2. Carl Jung, *Modern Man in Search of a Soul* (Harvest Books, 1955), p. 70.
3. Victor E. Frankl, *Man's Search for Meaning* (New York: Washington Square Press, 1984), p. 128.
4. Rick Warren, *The Purpose-Driven Life* (Grand Rapids: Zondervan, 2002), pp. 19-20. Hay edición en español.
5. Abba Eban, *Abba Eban: An Autobiography* (New York: Random House, 1977), p. 609.
6. Jon Krakauer, *Into Thin Air* (New York: Doubleday/Anchor Books, 1997), pp. 3-4.

Capítulo 1
1. Thomas Toivi Blatt, *From the Ashes of Sobibor* (Evanston, IL: Northwestern Univ. Press, 1997).
2. Bertrand Russel, *Autobiography* (Londres, Routledge, 2000), p. 237.
3. Harold Kushner, *When All You've Wanted Isn't Enough,* (Random House, 1988), p. 20.
4. Douglas Caffey, *Brevity of Life.* Copyright © 2002. Reservados todos los derechos. Usado con permiso. Traducción al español de Miguel A. Mesías E.
5. «Dust in the Wind», letra y música de Kerry Livgren, Copyright © 1977. EMI.
6. James S. Hewett, *Illustrations Unlimited* (Wheaton: Tyndale House Publishers, 1988), pp. 291-292.

Capítulo 2
1. Paula Guran, *OMNI Online*, enero. 1998 http://www.darkecho.com/ darkecho/archives/ koja.html
2. Michael Crichton, *Timeline* (New York: Ballantine Books, 1999), p. 443.
3. Victor Frankl. *Man's Search for Meaning* (Boston: Beacon Press, 1000), pp. 169-170.
4. Clifton Fadiman y Andre Bernard, eds., *Bartlett's Book of Anecdotes* (Boston, MA: Little, Brown & Co., 2000), p. 146.
5. Rudyard Kipling, *The Years Between*. «The Holy War 1917», (Londres: Methuen, 1919).
6. Chris Ross, *The Jacksonville Daily Progress*. Sábado, 2 de noviembre del 2003.
7. «Higher Ground», palabras de Johnson Oatman, Jr., 1898, música de Charles H. Gabriel, 1892.
8. Howard Mumma, «Conversations with Camus», *Christian Century* 117, No. 18: 644.
9. Información sobre Pascal tomada de: www.gospelcom.net; Emile Caillet y John C. Blankenagel, trads., *Great Shorter Works of Pascal* (Philadelphia: Westminster Press, 1948); y www.apologetics.org/ articles/pascal.html

Capítulo 3
1. Lawrence Taylor, Steve Serby, *LT: Over the Edge* (New York: HarperCollins, 2003).
2. Jim Sami, «L.T. Comments Rile TV Analysts», *Smith Florida Sun-Sentinel*, 1 de diciembre del 2003.
3. James Dobson, carta circular mensual, mayo de 1996.
4. T. S. Elliot, «Choruses from The Rock», 1934.
5. *The Star*, Johannesburg, África del Sur (13 de diciembre del 2003), p. 1.
6. Vance Havner, *The Secret of Christian Joy* (Old Tappan, NJ: Fleming H. Revell, 1938), p. 40.
7. David W Henderson, *Culture Shift: Communicating Gods Truth to Our Changing World* (Grand Rapids, MI: Baker, 1998), p. 186.
8. David Kidner, *A Time to Mourn, and a Time to Dance* (Downers Grove, IL: InterVarsity Press, 1976), p. 35.
9. CNN.com Report, «Nigeria No.1 in Happiness, U. S. Ranks 16th», 2 octubre, 2003.
10. C. S. Lewis, «The Weight of Glory», *The Weight of Glory and Other Essays* (New York: Macmillan, 1980), p. 7.

Notas

Capítulo 4
1. Mart De Haan, «Winning Big», http://www.christianitytoday.com/ss/devotional/0072.html
2. Derek Ratcliffe, «Image and Reality: More Reflections on TV Natural History» en *ECOS,* publicación de la British Association of Natural Conservationalists, Vol. 21, NU, 1 de julio del 2000, p. 5.
3. http://www.uefa.com/news/newsId=131979.printer.htmx
4. Andrew Curry, «Why We Work», *U.S. News and World Report.* 24 febrero, 2003.
5. James Shirley, «Death the Leveler», *The Oxford Book of English verse* (Oxford: Clarendon, 1919).
6. William Lane Craig, *Reasonable Faith* (Wheaton, IL: Crossway Books, 1994), pp. 58-59.
7. «Like Smoke and Cotton Candy», *Generation Magazine* 2, No. 2.
8. Clara T. Williams, «Satisfied», 1875.

Capítulo 5
1. «Turn, Turn, Turn», compuesto por Pete Seeger Copyright © 1962. Melody Trails. Inc. BMI.
2. Dr. David Jeremiah, *A Bend in the Road* (Nashville: Word Publishing, 2000).
3. Rabbi Harold Kushner, *When Bad Things Happen to Good People.* New York: HarperCollins, 1982).
4. Donald Regan, *For the Record: From Wall Street to Washington.* (San Diego: Harcourt Brace Jovanovich Publishers, 1988), p. 232.
5. Robert J. Morgan, *From this Verse: 365 Inspiring Stories about the Power of God's Word* (Nashville: Thomas Nelson, 1998).
6. Thomas O. Chisholm y William Runyan, «Great is Thy Faithfulness», (Carol Stream, IL: Hope Publishing Co., 1951). Hay versión en español.

Capítulo 6
1. «Philip Guston-exposing a futile existence», *Times Online,* 25 enero del 2004.
2. William Shakespeare, *Macbeth.* Acto 5, Escena 5.
3. Brother Lawrence, *The Practice of the Presence of God* (Fleming H. Revell, 1999).
4. *In His Time,* letra y música de Diane Ball. Copyright © 1978. Maranatha!Music, ASCAP.
5. Malcolm Muggeridge, *A Twentieth Century Testimony* (Nashville: Thomas Nelson, Inc., 1978), p. 18.

6. Allan C. Emery, *Turtle on a Fencepost* (Nashville: Thomas Nelson, 1980), pp. 110-111.
7. Frederick W. Faber, *Jesus and Mary* (Londres: Richardson and Son, 1852).
8. Tommy Nelson, *The Problem of Life With God—Living with a Perfect God in an Imperfect World.* (Nashville: Broadman & Holman, 2002), p. 49.
9. C. S. Lewis, *Mere Christianity* (New York: Macmillan Publishing, 1952), p. 120. Hay versión en español con el título de *Cristianismo básico*.
10. Tom Bisset, *Good News About Prodigals* (Grand Rapids: Discovery House Publishers, 1997), pp. 127-130.

Capítulo 7
1. «*God Moves in a Mysterious Way*», compuesto por William Cowper, 1774.
2. Jim McGuiggan, *The Irish Papers: Lessons from Life* (Fort Worth, TX: Star Bible & Tract Corporation, n.f.).
3. *Westminster Larger Catechism* (Phillipsburg, NJ: P & R Publishing, 2002).
4. Tomado de «Ma Sunday Still Speaks: A Transcription of the tape recording she made shortly before her death», publicado por Winona Lake Christian Assembly, Winona Lake, IN, 1957.

Capítulo 8
1. Bob Woffinden, «Ear-print Landed Innocent Man in Jail for Murder», *The Guardian Unlimited,* 23 enero del 2004.
2. Bureau of Justice Statistics, www.ojp.esdoj.gov/bjs, reportaje de la *Associated Press,* 28 de mayo del 2004.
3. Paul Harvey Jr., ed., *Paul Harvey's For What It's Worth* (New York: Bantam Books, 1991), p. 129.
4. James Russell Lowell, «The Present Crisis», *Boston Courier,* 11 diciembre, 1845.
5. William Wadsworth Longfellow, *Poems and Other Writings* (New York: Library of America, 2000).
6. Maurice S. Rawlings, *To Hell and Back* (Nashville: Thomas Nelson, 1993), p. 20.
7. «God Holds the Key of All Unknown», Letra de J. Parker. Fecha desconocida.

Capítulo 9

1. Tommy Nelson, *The Problem of Life with God: Living with a Perfect God in an Imperfect World* (Nashville: Broadman & Holman Publishers, 2002), pp. 59-60.
2. Mark Sidwell, *Free Indeed: Heroes of Black Christian History* (Greenville, SC: Bob Jones Univ. Press, 2001), p. 83.
3. «We'll Understand It Better By and By», escrito por Charles A. Tindley. Copyright © 1905, Tindley Music Company. BMI.
4. Robert J. Morgan, *Real Stories for the Soul* (Nashville, TN: Thomas Nelson, 2001), pp. 20-22.
5. «Professional Jealousy Grips the Nation», colocado en PersonnelToday.com: A Website for HR Professionals. 2 de febrero del 2004.
6. Martha Irvine, «Young Adults Yearning for the Simple Life», *Salt Lake Tribune*, 26 de enero del 2004. Reimpreso de la Associated Press.

Capítulo 10

1. T. S. Eliot, «The Cocktail Party», *Complete Poems and Play* (New York: Harcourt, Brace, & Co., 1952), p. 364.
2. Warren Wiersbe, *An Old Testament Study: Ecclesiastes: Be Satisfied—Looking for the Answer to the Meaning of Life* (Wheaton, IL: Victor Books, 1990), pp. 58-59.
3. Steve Campbell, «The Ring is the Thing», *Houston Chronicle*, 28 de enero del 2004.

Capítulo 11

1. Craig Brian Larson, ed., *750 Engaging Illustrations for Pastors, Teachers, and Writers* (Grand Rapids, MI: Baker Books, 2002), p. 51.
2. Julie Juola-Exline, «When God Disappoints: Difficulty in Forgiving God and Its Role in Negative Emotions», *Journal of Health Psychology* 3, No.3, 1999.
3. Eva J. Alexander, «Rescuing Women», *Decision*, octubre de 1997, pp. 4-5.

Capítulo 12

1. Rev. John Rusk, *The Authentic Life of T. DeWitt Talmage* (L. G. Stahl, 1902), p. 371.
2. Robert Andrews, ed. *The Columbia Dictionary of Quotations* (Columbia University Press, 1993).

Notas

Capítulo 13
1. «Hundreds of Coins Found in Patient's Belly», www.cnn.com, 20 de febrero del 2004.
2. Citado en Dough Rehberg, sermón «How to Die», www.hebrononlin.org/archives01-12-03.pdf.
3. William MacDonald, *Changing the Wind* (Chicago: Moody Press, 1975), p. 47.
4. Peter Collier y David Horowitz, *The Rockefellers, an American Dynasty* (New York: Holt, Rinehart and Winston, 1976), p. 48.

Capítulo 14
1. «Lottery Winner Dies in Accident Hours After Show», *Associated Press,* www.crm.com, 24 de enero del 2004.
2. Chuck Rasmussen, www.christianglobe.com/illustrations.
3. *Associated Press,* citado en http://www.azcentral.com/news/articles/1224jackpot-winner24-ON.html
4. Jerry White, *The Power of Commitment* (Colorado Springs: NavPress, 1985), p. 46.
5. Warren Wiersbe, *An Old Testament Study: Ecclesiastes: «Be Satisfied—Looking for the Answer to the Meaning of Life* (Wheaton, IL: Victor Books, 1990, pp. 74-75).
6. John Woodbridge, ed., *More Than Conquerors* (Chicago: Moody Press, 1992), pp. 340-343.

Capítulo 15
1. Barbara Davies, «"Depressed" Colly Books into Priory», Mirror.co.uk, 3 de mayo del 2004.
2. Marvin Lubenow, *Bones of Contention: A Creationists Assessment of Human Fossils* (Grand Rapids: Baker Book House, 1992), p. 44.
3. Letra y música de George A. Young, Copyright © 1903.
4. Robert J. Morgan, *Then Sings My Soul* 2 (Nashville: Thomas Nelson, 2004), p. 245.

Capítulo 17
1. Warren Wiersbe, *An Old Testament Study: Ecclesiastes: «Be Satisfied—Looking for the Answer to the Meaning of Life* (Wheaton, IL: Victor Books, 1990), p. 84.
2. Bill Bright, *Slave by Choice: The Liberating Joy of Belonging to Jesus* (Santa Clarita, CA: New Life Publications, 2002).
3. Hudson Taylor, *To China with Love* (Grand Rapids, MI: Baker Books, 1972), pp. 62-63.

4. *Our Daily Bread,* publicado por Radio Bible Class, fecha desconocida.

Capítulo 18
1. Conrad Hilton, *Be My Guest* (New York: Simon & Schuster, 1994), pp. 76-77.
2. Gordon MacDonald, *Ordering Your Private World* (Nashville: Thomas Nelson, 1984), pp. 115-116.
3. Moody Bible Institute Stewardship Department, *Today in the Word,* 9 de noviembre de 1995, p. 16.
4. J. Oswald Sanders, *Spiritual Leadership* (Chicago: Moody Press, 1967), p. 143.
5. Gordon MacDonald, *Restoring Your Spiritual Passion* (Nashville: Thomas Nelson, 1986), pp. 192-193.

Capítulo 19
1. Robert Frost, «Servant to Servant», *North of Boston* (New York: Henry Holt & Co., 1915).
2. Stephen Covey, *Seven Habits of Highly Effective People* (Free Press, 1989).
3. André Castelot, *Napoleon,* Guy Daniels, trad., (New York: Harper & Row, 1971), p. 231.
4. C. S. Lewis, *The Screwtape Letters* (New York: Macmillan Co., 1961), p. 56.
5. «O Child of God», letra de Fanny Crosby, 1886. Música de Ira D. Sankey.

Capítulo 20
1. W. Michael Cox y Richard Ailm, «The Good Old Days Are Now», http://reason.com/9512/COXfeat.shtml
2. Arthur Bennett, «The Valley of Vision», Arthur Bennett, ed., *The Valley of Vision, A Collection of Puritan Prayers and Devotions* (Edinburgh: Banner of Truth Trust, 1975), xxiv.

Capítulo 21
1. *Nelson's Complete Book of Stories, Illustrations, and Quotes* (Nashville: Thomas Nelson, 2000), pp. 653-654.
2. «State of the World 2004: Richer, Fatter, and Not Much Happier», Worldwatch Institute, www.worldwatch.org, 8 de enero del 2004.
3. Warren Wiersbe, *An Old Testament Study: Ecclesiastes: Be Satisfied: Looking for the Answer to the Meaning of Life* (Wheaton, IL: Victor Books, 1990), pp. 89-90.

Capítulo 22
1. Ray Stedman, «Whoever Said Life Was Fair?», *Discovery Papers,* 31 de octubre de 1982 (Palo Alto, CA: Peninsula Bible Church Discovery Publishing, 1982), p. 3.
2. Michael Guido, *The Michael Guido Story* (Metter, GA: The Guido Evangelistic Association, Inc., 1990), p. 134.

Capítulo 23
1. Rick Reilly, «Destiny Frowns on Kurt Warner», *Sports Illustrated,* 1 de diciembre del 2003.
2. Clark Clifford, *Counsel to the President* (New York: Random House, 1991), pp. 140-141.
3. Constance E. Padwick, *Henry Martyn* (Chicago: Moody Press, 1980), p. 162.
4. Arthur W. Pink, *The Seven Sayings of the Savior on the Cross* (Grand Rapids: Baker Book House, 1958), p. 110.
5. Ruth Bell Graham, *Prodigals and Those Who Love Them* (Colorado Springs, CO: Focus on the Family Publishers, 1991).
6. Warren Wiersbe, *An Old Testament Study: Ecclesiastes: Be Satisfied:-- Looking for the Answer to the Meaning of Life* (Wheaton, IL: Victor Books, 1990), p. 100.
7. Ravi Zacharias, *Can Man Live Without God?* (Dallas: Word Publishing, 1994), p. 26.

Capítulo 24
1. Warren Wiersbe, *An Old Testament Study: Ecclesiastes: Be Satisfied:-- Looking for the Answer to the Meaning of Life* (Wheaton, IL: Victor Books, 1990), p. 84.
2. J. C. Ryle, «A Common End», http://christianbeliefs.org/articles/death.html
3. Ray C. Stedman, «Ah, Sweet Mystery of Life», http://www.pbc.org/dp/stedman/eccles/ pdf/3813.pdf
4. S. I. McMillen y David Stern, *None of These Diseases* (Grand Rapids: Fleming H. Revell, 2000), pp. 227-228.
5. Antigua fábula relatada de nuevo por W. Somerset Maugham en su obra «Sheppey» en 1933.
6. De «Nightline» en ABC; transcripción de la entrevista de Ted Koppel's a David Letterman.
7. Citado en Mark Noll, *The Scandal of the Evangelical Mind* (Grand Rapids: MI: W. B. Eerdmans, 1994).

Notas

Capítulo 25
1. «Thorpe qualifies for Athens», BBC SPORT; http://news.bbc.co.uk/sport2/hi/other_sports/3576529.stm
2. «Did They Have to Die?», *Christianity Today* 40, 1996, #10, p. 20.
3. Citado en Raymond V. Edmon, *In Quietness and Confidence.* (Wheaton, IL: Scripture Press, 1953).

Capítulo 26
1. Scott Bowles, «Hesitation Is a Fatal Mistake As California Firestorm Closes In», *USA Today,* 30 de octubre del 2003.
2. Chuck Shepherd, «News of the Weird», *The Readers Guide,* 16 de enero del 2004.
3. Véase www.spurgeon.org/sermons/0248.htm
4. Hannah Ward y Jennifer Wild, eds., *The Doubleday Christian Quotation Collection* (New York: Doubleday, 1998).
5. Craig Brian Larson, ed., *750 Engaging Illustrations for Pastors, Teachers, and Writers* (Grand Rapids, MI: Baker Books, 2002), p. 159.
6. Horatius Bonar, *God's Way of Holiness* (Presbyterian & Reformed Publishing Co., 1979).

Capítulo 27
1. «The Quickest Way to Gardyloo Gully», news.telegraph.co.uk, 22 de enero del 2004.
2. Dwight Eisenhower, *At Ease: Stories I Tell to Friends* (New York: Doubleday, 1967).
3. Rudyard Kipling, *Rudyard Kipling Complete Verse* (New York: Anchor, 1989), p. 578.
4. Isobel Kuhn, *In the Arena* (Singapore: OMF International, 1995), pp. 189-193.
5. Robert Greenleaf, *The Servant as Leader* (Indianapolis: Robert K. Greenleaf Center, 1982). Véase también http://www.greenleaf.org
6. Suzy Platt, ed., *Respectfully Quoted* (New York: Barnes and Noble Books, 1993), pp. 193-194.
7. Peter F. Drucker, *The Effective Executive* (New York: Harper & Row Publishers, 1967), p. 1.
8. Pat Riley, *The Winner Within* (New York: Berkley Books, 1994), pp. 36-37.
9. Citado en J. Oswald Sanders, *Spiritual Leadership* (Chicago: Moody Press, 1967), p. 22.

Capítulo 28
1. Todos estos ejemplos vienen de un sitio en Internet dedicado a «The Darwin Awards» para la conducta necia, que se halla en http://www.ljayp.net/humor/dumb.htm
2. Dr. Robert Webber, «A Father's Influence», Gloria Gaither, ed., *What My Parents Did Right* (Nashville: Starsong Publishing Group, 1991), pp. 207-208.
3. Zig Ziglar, *Top Performance* (Grand Rapids, MI: Revell, 2003).
4. Himno de Benjamin Ramsey, 1919.

Capítulo 29
1. Rosemary Smith, «Life is Proverbs to Eat Along the Way», http://www.news-journalonline.com/NewsJournalOnline/Opinion/Columnists/Close/03ColumnsCLOSE01220.htm
2. Paul Lee Tan, ed., *Encyclopedia of 7,700 Illustrations: Signs of the Times,* Electronic Edition, 1996.
3. Según se relata en «Tahtinen: We Will Prevail», www.admin.mut.edu/urel/breaking/2002/all.mem.html.
4. Himno de Philip Doddridge, 1755.

Capítulo 30
1. Dr. Benjamin Mays, «Life is Just a Minute».
2. Edward Caswall, trad., «When Morning Gilds the Skies», 1744.
3. Véase www.baseballamerica.com/today/features/040407leclair.html

Capítulo 31
1. Véase http://justice.anglican.org/resources/bio/217.html.
2. Ruth Bell Graham, *Legacy of a Pack Rat* (Nashville: Thomas Nelson, 1989), p. 187.
3. Véase www.spurgeon.org/sermons/0015/htm.
4. C. S. Lewis, *The Great Divorce* (New York: Macmillan, 1946).

Conclusión
1. «Trust and Obey», de John H. Sammis, 1887.

DISFRUTE DE OTRAS PUBLICACIONES DE EDITORIAL VIDA

Desde 1946, Editorial Vida es fiel amiga del pueblo hispano a través de la mejor literatura evangélica. Editorial Vida publica libros prácticos y de sólidas doctrinas que enriquecen el caudal de conocimiento de sus lectores.

Nuestras Biblias de Estudio poseen características que ayudan al lector a crecer en el conocimiento de las Sagradas Escrituras y a comprenderlas mejor. Vida Nueva es el más completo y actualizado plan de estudio de Escuela Dominical y el mejor recurso educativo en español. Además, nuestra serie de grabaciones de alabanzas y adoración, Vida Music renueva su espíritu y llena su alma de gratitud a Dios.

En las siguientes páginas se describen otras excelentes publicaciones producidas especialmente para usted. Adquiera productos de Editorial Vida en su librería cristiana más cercana.

NVI Biblia de premio y regalo

Esta Biblia es el regalo perfecto para las ocasiones especiales. Incluye una ilustración atractiva en la página de presentación, dos mapas de colores al final, las palabras de Jesús en letra roja y un precio muy económico.

0-8297-3237-3

UNA VIDA CON PROPÓSITO

Rick Warren, reconocido autor de *Una Iglesia con Propósito*, plantea ahora un nuevo reto al creyente que quiere alcanzar una vida victoriosa. La obra enfoca la edificación del individuo como parte integral del proceso formador del cuerpo de Cristo. Cada ser humano tiene algo que le inspira, motiva o impulsa a actuar a través de su existencia. Y eso es lo que usted podrá descubrir cuando lea las páginas de *Una vida con propósito*.

0-8297-3786-3

Nos agradaría recibir noticias suyas.
Por favor, envíe sus comentarios sobre este libro
a la dirección que aparece a continuación.
Muchas gracias.

Editorial Vida
Vida@zondervan.com
www.editorialvida.com

www.ingramcontent.com/pod-product-compliance
Lightning Source LLC
LaVergne TN
LVHW030633080426
835508LV00023B/3348